丛书编委会

主　任　刘继南

委　员（按姓氏笔画排列）
　　　　　山红红　马延军　王迎军　王温凤
　　　　　许学峰　李晓华　杨旭东　邹晓巧
　　　　　闵惠泉　张李玺　张秀琴　陈乃芳
　　　　　陈维嘉　郑晓静　秦　和　高晓虹

中外女性领导力研究丛书

中国当代传媒杰出女性个案研究

张敬婕 著

中国传媒大学 出版社
·北京·

总　序

吴启迪

　　本套丛书系教育部哲学社会科学研究重大攻关项目"高等教育大众化与媒介融合时代菁英女性培养与领导力提升研究"（项目号：15JZDW002）的成果。

　　20世纪90年代以来，国际社会呼吁性别议题和性别关切应该纳入社会发展主流，借此改变人类文明进程。1995年在北京举行的联合国第四届世界妇女大会上明确提出"社会性别主流化"的行动纲领。这一行动纲领具有长期的指导意义，是引领人类性别文明的"亚历山大灯塔"。"社会性别主流化"意味着：在社会实践或研究领域洞悉性别问题，作为原因、作为交织影响或作为结果；在法规政策制定和实施中确立性别支持框架，作为顶层设计、作为微观透视或作为合法性论证；在媒体呈现报道里规避性别污名化或复制性别歧视偏见，作为议程设置、作为新闻人价值立场或作为普遍的职业操守。社会性别主流化自然亟待全社会的努力，但是从吁求到行动，及至落地生根，都离不开菁英女性作为先行者的探索和开拓，作为"光源"的引导和辐射。菁英女性的培养和领导力提升，是性别平等事业新历史节点的关键所在。

　　高等教育大众化及至普及化时代，女性在各行各业的领导力呈现，成为性别平等的新表征。自 2006 年起,世界经济论坛每年发布《全球性别差距报告》,从经济机会、政治赋权、教育成就、健康和生存四个维度对全球不同国家的性别差距状况进行衡量。根据世界经济论坛最新发布的报告(2020),教育成就以及健康和生存两个子指数分别为 96% 和 97%,基本实现了性别平等;经济机会、政治赋权两项指数分别为 58% 和 25%,这说明女性经济参与机会不充分,政治参与严重不足。历史地看,经济与政治指数仍然是历史进步和积极干预的结果,同时醒目的数据也让世人更直观地了解并审视"性别差距",严肃对待并改变造成性别差距的政策、环境和无形的惯习。

性别差距未被纳入视野,甚或性别平等尚未成为议题的漫长历史阶段,我们可以称之为领导力的性别缺失时代,不言自明,这时领导力等于男性领导力,概念内涵上领导力意味着单一性别即男性的领导本质和特征;这时无论是领导力的经验采撷还是理论探讨,都受制于单调而畸形的性别光谱。本套丛书既从理论上探索女性领导力的实质内涵和本质特征,发掘女性和领导力相遇的丰富思想空间,也关注菁英女性实践所焕发、闪烁的新领导力精神、新领导力文化,同时关切媒介环境变迁中女性活跃的生活世界、"她时代"的新气象和女性面临的新问题。此外还特别关注女性领导力生成机制和社会支持网络。研究表明,在侧重性别培养的教育机构中,性别赋权取得了更显著的成就,其思想火种也更可能随之传播出去,而女性继续教育亟待持续规划和系统政策支持。

性别问题在世界不同地方、不同领域呈现出各自的急迫和重点,有的在为性别机会均等努力,在漫长的学制中教育机会均等也呈现出差异图景;有的或重心落在性别平等在不同领域的差异上,如聚焦女性参政情况、学术领域的隐性性别歧视等;比较一致和普遍的关切是在整个职业生涯中女性发展有形的掣肘和无形的障碍,这方面的政策缺位格外突出。研究还关注国际组织的女性发展政策、欧洲女性参政的光谱,中国传媒领域菁英女性领导力、教育领域中女大学生的成长等问题。伴随新科技塑造的媒介环境,女性日常生活变迁和积极表现是世人瞩目的议题,因而也被纳入丛书研究的视野。

本套丛书围绕菁英女性培养和女性领导力提升展开,但是需要申明的是,性别意识不仅仅是女性教育或女性领导力培养需要特别关注的。隐含或隐藏的性别偏见、性别歧视对两性都造成了困扰和伤害,即使是在充满男性优势地位的世界里,真正的性别及其人格担当并没有建立起来。男性、男孩的教育也应该贯穿于整个学制中,而现实往往是既缺乏女性教育,又缺少男性教育。教育是要构造未来世界的,性别意识、性别议题应该首先与教育制度、教育文化相融合。基于性别的自我理解、同情理解、相互理解之愿景和实践,将引领我们走向新世界和新文明。

目 录

写在前面 ... 001

第一章 "基因密码"OR"成才密码":谁才是领导力提升的关键 026

第二章 格局与价值观:女性领导力培育的基础内容 054

第三章 厘清领导与下属的关系:影响领导力成效的关键 100

第四章 注重细节:领导力提升的阶梯 123

第五章 规则意识:领导力的"红线" 144

第六章 家庭与早期人文教育对女性领导力提升的影响 163

第七章 妇女解放思潮与政治觉悟教育对女性领导力的影响 206

参考文献 253

后 记 255

写在前面

在完成了中国传媒大学老校长刘继南教授委托我开展的《女性领导力理论研究》之后不久,我又接到了她给我的这个"命题作文"——让我针对中国现代历史上广电行业中杰出女性的领导力展开专门研究。

专门的历史研究和人物研究并非我的专长,也非我的兴趣,而这个项目的要求也不是要做普通的专人传记或简单的历史梳理,而是要在"中国现当代"这个特定时间段内将中国广电行业中的杰出女性及其女性领导力的发展情况、发展特点、发展优势等展现出来。我接下这个任务唯一的"底气",也许是女性领导力研究算是我的一个研究兴趣和研究方向,基于我之前的研究积累与部分成果,老校长希望我能用一种新的研究视角和研究路径来支撑这项没有人触碰(挑战)过的研究。

真正开始搜集资料我才发现,这项研究的难度于我而言实在算是较高的。虽然是写现当代女性及其领导力,但是她们生活的环境、成长的社会文化,上接近代,下通当代,而她们的女性领导力得以发挥所依赖的各种资源,比如教育、政治、妇女发展思潮、党的领导方针与政策,等等,每一个拿出来都是一项专门的研究。从某一方面来说,这个难点正是这项研究的魅力所在,但同时,这个项目涉及的每一个细节其实都不在我的"舒适区"里，都需要我去做大量的案头工作，甚至挑战我对某些问题已有的认知框架。每当我专注于其中一点的时候，都像推开了一扇门，里面曲径通幽，永无止境。我忽然明白了凡做大学问，必要坐十年冷板凳的道理。可惜的是，这个项目留给我的时间只有不到两年。

刚开始的时候，我手头的资料仅有两本传记和一本名录。这些资料单独来看还是相当成熟的，而且两本专著写得相当细致，一些章节也极为精彩。但是作为这个项目的研究资料，它们还远远不够充实。所幸，在项目进展到后半段的时候，老校长找到马元和先生，他给我补充了一些重要资料，给我提供了很大的帮助。另外，我也发动了自己的研究生帮忙找到了一些资料。可以说，在不断吸纳新资料的过程中，这个研究项目得以不断推进、不断充实、不断完善。

这个项目最大的难点还不仅仅是资料问题。因为这个项目所需要解决的核心问题与资料的多寡并没有因果关系，它们之间只是相关性的关系。这个项目的核心问题是，这些资料所呈现的话语方式与故事内容对于展开我的研究是有较大局限性的，能不能找到好的方法处理它们，决定了这个项目的研究是否真的有价值。用通俗的比喻来说，我要通过已经做出来的包子（现有的资料）来追溯和判断出是用什么肉、哪个部位的肉来做的馅（剔除当前呈现的特定评判，以陌生人的视角来定位当事人与当时发生的事件），然后根据新的配方（新的研究框架、研究方法、跨学科的视角）来重新审视和组织材料，做出新的包子（得出新的研究结论）。在这个过程中不能篡改事实，更不能妄加评判。这个研究不是把当事人与事件作为证明我早就设定好的结论的一个个符号，而是真正基于当事人与事件给出合理的判断与结论。对于书写一个并不与我生活在同一个时空的群体，要达到以上这些要求与目标，难度是显而易见的。

另外，不得不坦陈的是，我在阅读这些资料的时候，常常感到相当痛苦。

首先,这些女性传媒精英人物的经历实在是太波折、太艰难了,她们身上有着那一代女性典型的忍辱负重、顾全大局、牺牲奉献甚至舍生忘死的坚强信念。特别是她们在特殊的历史时期的遭遇与反思,令我读后许久仍感到紧张、彷徨、煎熬。当我要去书写这些女性的经验和行为时,很难不将自己的感情代入其中,而揭开她们那些旧时创痛记忆的时候,我也难免感同身受。不论我最终选择了哪些材料作为观点的支撑,那些被裁掉的资料并不能轻易地被我忘掉,所有我读过的资料都像被施了魔法一样,总是留在我的脑海中。我写作了这许多年,从来没有像写本书一样出现了逃避、嗜睡、焦虑综合征。我第一次没有从写作中得到快乐,反而感到了沉重的压力和责任。很多历史事件都是我以前通过课本上那种标准化的提炼与陈述而认知的,而此次接触到这些鲜活的、具有一定密度的、带有温度的细节,我所受到的震撼实在无法用言语去表达。理性的书写应该是投入热情而离于热情的,否则无法做到客观,无法尽可能地去规避局限性。在本书的写作过程中,我总是极力与自己的感性经验抗争,究竟是否成功我其实并没有把握。

其次,我的一个切身感受是,这些女性传媒精英在领导力方面的作为完全不来源于任何领导力研究的理论书籍,她们都是实践派,都是被苦难淬炼出来的,是在不断的革命斗争中"百炼成钢"的。她们都是在中国革命斗争与国家建设的过程中耳濡目染和摸爬滚打过来的,所以我在对她们的女性领导力进行提炼时势必无法不去精透当时的历史语境,无法脱离当时的整体社会认知与发展现状。而对于这一点,我也并没有十足的把握能提炼得当、表述到位。即使我尽可能地去把握更多的资料以支撑这项研究,但我仍深深感到了不是同时代人的那种疏离感、那种不自信。

坦率地说,如果不是为了研究,我真的没有太大的兴趣或意愿去阅读"这些故事"。并不是我对这些故事中的人物有偏见,也不是对某个作者有特别的好恶倾向,最主要的原因是我对这些故事的写作模式、写作套路、话语走向感到极度陌生,因为它们离我本人或和我有同感的一类人(或一代人)的价值取向、话语方式、甚至是认知世界的角度间隔得有点远。可以说,这些资料不约而同地呈现出某个时代特有的叙事风格、特定的价值评判标准、特别纯粹单一的关注点,以及特别鲜明的、相当一致的好恶趣味。当然,这本身没有对错之分,体现的正是它们的历史特征与历史局限性,但对于我或者与我同样有着不一样的解读方式和认知方式的读者来说,这就是个根本性的问题了。既有的资料中非常关注的那些点,恰好是我极力想要避开的,当我直面这些点的时候,总是很难抓住它们的精髓。所以,很尴尬的是,我面对的资料带给我的苦闷和难过出乎意料地多,但可以用来支撑我研究的却相对比较少。

为何出现这样的状况,于我而言尤其需要对之好好展开研究和反思。很显然,这个状况是一个在特定历史空间中凸显出来的问题,是一个历时发展出来的问题,是一个需要进行价值反思的问题。而且,对这个问题的破解方案正是我这项研究得以展开的逻辑起点。

最后一点也是整个项目最为难以推动的一点,那就是西方的女性领导力的理论与本书中六位广电女性领导者的实践之间虽然有所映现,但无法舒适地对应。这充分体现出了西方理论与本土经验之间的割裂。事实上,这一点与前面所说的"困难"亦是一脉相承的。现代中国的发展历史的独特性决定了它的革命话语与建设话语在阐释个人成长与群体发展时的突出作用,要将这些内容与女性领导力的研究理论和研究框架相结合,从根本上来讲是无路可走的。尽管我在如何融合、如何有效论证方面尽了自己最大的努力,但从内在机理来看,本项目还是不够顺滑,这是这个项目最终极的难度,也是这个项目无法克服的遗憾。

通过对本项目一点一点地推进,我越来越清晰地感受到这个状况应该用怎样的观念去理解。因为我要做的也许正是要重写这些故事,重新梳理和评价这些中国现当代历史中广电精英女性的故事,补充那些因为既定的话语框架而没有被捕捉到或者没有受到足够重视和没有得到足够理解的事实,尽可能地还原和充实某些特定行为的历史背景,在情境化的语境中重新审视该行为的意义,尤其是其对女性领导力提炼和研究方面的意义。当我想清楚这里面的来龙去脉以后,我仿佛一下子找到了靶心,手中的箭终于可以有的放矢了。

性别研究很讲究方法与方法论,对于陌生的研究内容,使用"扎根移动理论"是必须的。尤其对于很多历史叙事和革命叙事,我既要通过透彻的了解去沉浸和"扎根"其中,又要通过建立现有的审视框架来"移动"自己的所感所想,从而达到所谓的"重新审视"和"重新书写"的目标。

所谓的重写,实际上就是现有资料的史实部分再加上新的解读框架和解读视角,从而形成"非新确新"的故事和写作方式。

所谓"非新",是指本研究成果中所有的内容都是基于被记录下来的各种资料,无论是一手资料还是二手资料。因此不是我"无中生有"的内容。而所谓的"确新"是指在新的研究方法、研究视角、解读模式下,原有被记录下来的那些资料被赋予了新的意义,被专门服务于解析这些广电行业的杰出女性为何具有超凡的领导力这个问题。而且,以往被忽视的事实与评价通过重写的这种聚焦方式得以被关注和凸显出来。

而"非新确新"这个特征也是本研究最大的一个难点和创新点,尤其是"确新"的部分,是我对这项独特研究如何破题的一种探讨,也是这个研究与其他同类研究相比所呈现的非同质化特征的一个标志。当然,在整个研究过程中,历史也好,当事人与事也好,都面临着被重新审视、重新解构以及重新建构的挑战,而这个过程实际上也是重新做"定性"研究的基本过程,而且必须要做到不伪饰、不篡改,所以需要论证的时候步步为营:逻辑严密可行,例证贴切到位。

我在撰写《夏威夷大学希罗分校校长张蕴礼传记》《泰国朱拉隆功大学校长苏查达传记》的时候,深知作为一个外部研究者对写作主体的生命史展开剖解是一项多么复杂、多么殚精竭虑、多么谨小慎微的事。尽管我不是张蕴礼和苏查达这两位女校长的同代人,她们所经历的波诡云谲或是云淡风轻,都是我只能窥见、揣测、领会而后加以评断的。但庆幸的是,这两位女校长的身体很健康,能够很清晰地讲述她们自己的故事。她们的社会关系和外围团队也相当负责,提供了很多翔实的资料和口述。正因如此,才让我的窥见、揣测、领会和评断有了一定的依据和底气。这两本传记的写作心得让我深知,要给出重要评断之前,需要做多少背景性的、情境化的、整体和局部性的知识积累方可下笔。少做任何一项工作,评断就会有失偏颇。难怪"定性"是最难做的一类研究,资料、知识和信息对称非常重要,而且评价的角度、整体的价值观也决定了文章的格局和品位。

写作传记也好,写作这本书也好,最重要的内容以及最基础的内容恰好是怎么去"定性",而决定这项研究是否成立的根本也是怎么去"定性"。

事实上,就连当事人也很难去为自己亲历的某些事做"定性"。人们在经历历史的过程中,并不总是以理性判断为行动前提的,很多时候,人们的感性经验、直觉、激情等反倒是他们行动的出发点和生活常态。而且普遍来讲,人的价值观是会随着外部环境和内部自身情况的发展而改变或强化的。当时当事的决策发生或许是偶然,但从历史尘封的细节中却能够窥见其必然性的端倪。当我们需要聚焦某个个体的某个行为时,这个行为所具有的特殊意义才显露出来,它因此而被定格、被放大、被意义化。尽管当事人出于各种原因会予以否认、逃避、忽略、甚至改写一些事实,但是历史的细节不会说谎,研究者做定性研究的主要工作就是拼凑出那些历史的细节,给出尽可能完整的面貌。人们常说最难的事就是让一个人认清他自己,研究者所做的"背对背式的研究"是帮助当事人及其相关关系人认清他自己的重要途径。

这项研究的每一位主体人物——孟启予、丁一岚、夏之平、黄惠群、崔玉陵、周婕,我都由于各种原因无法与她们见面并深入交流,这就决定了我不可能做任何真正"面对面式的研究",这样一来所有被他人记载下来的这些主体人物的口述就显得特别珍贵,并且是我观察、评判这些主体人物的重要参考。最为关键的是,虽然是以"背对背式研究"的方法为主,我的研究能不能说服这些主体人物,她们的亲人、朋友、同事及相关关系人,让所有这些人认为我的观察和评判是有根据的、有道理的、有可信度的,也是这个研究是否成立的关键。

另外,如果我们不能还原某个行为当时发生的情境、前因后果,便不太能够达到"知人论世"的效果,更不可能准确地揣测出当事人为何如此作为,以及如此作为对其的意义究竟何在。

世界上没有两片完全一致的树叶,也没有完全吻合、毫无偏差的价值观与情感经验。就好像余秀华的诸多诗作,对于身体健康、经济稳定、生活平稳、在感情里有足够勇气的人(事实上大部分人都属于这个类型)来说,那些诗作中提到的经验可谓无比寻常,并没有什么特别的意义。也正是因为它们太普通、太日常了,所以人们很难探究也很难理解余秀华在这些简单的句子里所投入的力量。即使我将自己设身处地地放在余秀华的经验上去体会,也很难想象那种勇气、决心、坚韧以及满怀的期待究竟是何种水平,那些简单却震撼人心的诗句是基于什么样的心态和格局创作出来的,那些"豪言壮语"是要言说何种情绪而迸发出的。

做研究需要有共情的能力,但是共情也是需要条件的,不能为了共情而共情,否则就容易产生"伪研究"。

正如德国学者汉宁·里德在《无处安放的同情》中指出的,同情与共感一向是有边界的,只有在共同体内部才有自发、自然的力量,一旦越过边界,那么看似高尚的同情心,在缺乏这样的纽带为基础时,很可能不是让世界更美好,倒有可能催生一种抽象的伪道德,仅仅带来"矫揉造作的悲痛"而已。[①] 因此,

---

① 维舟.人类的悲欢并不相通吗?[J].三联生活周刊,2020(18):143.

从某种意义上说,能够达到同情与共感并不是终极目标,去探知和明了如何达到同情与共感才更有价值。

即使没有共同的经验,但是有强烈的同理心,我们也可能会达到与他人精神上或体验上的共鸣。其实后者更像是研究者的常见状态,即所谓的"背对背式"研究得以展开的基础。而恰当的研究方法能够帮助研究者实现同理心的最大化,实现精神沟通与理性分析的共鸣。

社会形态、文化政治结构所塑造的情感结构是不同的,也是不可共享的,甚至是不可分享的。正因如此,每一种解读都是一种经验性的理性升华,而这无所谓对错,只是经验与认知的差别罢了。所以,谁能说哪个版本的故事更接近"真实"呢?谁能说哪个版本的故事更"好"呢?不过都是仁者见仁、智者见智而已。

女性领导力研究有两个核心基础研究作为支撑,其一是领导力研究,其二是女性主义或社会性别研究。因为社会性别研究本身具有解构性、批判性、交叉性,所以它对传统的历史、政治、经济、文化等的研究或结论产生了一定的冲击,形成了某种意义上的"重构"。正是因为有了社会性别视角,才出现了"女性领导力研究";正是因为有了"女性领导力研究",才让传统的"领导力研究"注意到并开始尊重那些与自身既有的研究视角和研究框架不同的研究路径和研究结论。

在史学研究中,我们经常可以看到不同史家根据多样化的理论视角和研究方法而得出不同结论的现象,有时甚至会有不同派别的结论呈现出完全相反的结果。这就是所谓的学术争鸣。比如,研究太平天国运动史的专家简又文先生认为,以破坏性及毁灭力论,太平天国革命运动仅亚于现今日本侵略之一役耳,其前盖无匹也。并由此得出太平天国大破坏论。而同时代的罗尔纲先生却热情讴歌了太平天国的革命精神、反抗精神甚至是创新精神。历史结论究竟如何,在教科书中自有主流史学界认定的答案,但是这并不妨碍研究者们不断对其进行研究,并提出相关的新证据和新观点。

社会性别研究视角的加入,使得学术争鸣往往呈现出更加丰富和多样的状态。如何用社会性别的视角去看待太平天国时期的妇女生存状态呢？主流史学界对此的研究并不多，反而是妇女思想史与解放史学家的研究给出了相对具体和确定的答案。

郑州大学历史学院教授吕美颐在《晚清妇女解放思想的兴起》一文中这样评价当时的妇女生存现状与妇女解放的发展情况①：

> 作为中国近代史上规模最大的一次农民运动，太平天国全面地触及了妇女问题。洪秀全的思想已包含了某些男女平等的朦胧要求。洪秀全认为，男女均是上帝子女，"共一魂爷所生"，因而都是"同胞手足"。②"天下多男人，尽是兄弟之辈，天下多女子，尽是姊妹之群。"③因而主张天国内部"男呼兄弟，女呼姐妹，不列尊卑，不分贵贱"④。这种朴素的平等观，曾引起统治阶级的切齿痛恨，他们惊呼："父子亦称兄弟，姑媳亦称姊妹……可谓五伦俱绝。"⑤
>
> 太平天国制定了一系列开明的妇女政策，这与农民阶级朴素的平等观有着直接关系。例如：设女营，置女官，立女军，最多时女军40军，女官约14万人；允许妇女做官、参与政事，形成了完整的女官系统，女军帅以下女官多达6584人。⑥《天朝田亩制度》规定男女同样分田，天京政府还破天荒地开了女科，录取了女状元、女榜眼、女探花。此外，太平天国提倡"天下婚姻不论财"，废除缠足、娼妓、纳妾、买卖奴婢等残害和歧视妇女的陈规陋俗。因而天国范围内的广大妇

---

① 吕美颐.晚清妇女解放思潮的兴起[M]//郑永福,吕美颐.近代中国妇女与社会.郑州：大象出版社,2013:36-37.
② 天情道理书[M]//丛刊本《太平天国》(一).神州国光社,1954:382.
③ 太平诏书[M]//丛刊本《太平天国》(一).神州国光社,1954:87.
④ 紫萃馆诗抄[M]//太平天国史料丛编简辑：第6册.北京：中华书局,1963:393.
⑤ 张德坚.贼情汇纂·卷一二[M]//丛刊本《太平天国》(三).312.
⑥ 郦纯.太平天国制度初探[M].北京：人民出版社,1956:201-202.

女有可能短时期脱离小家庭,进入广阔的社会舞台。不仅出现了"男将女将尽持刀""同心放胆尽杀妖"①的男女并肩战斗的局面,而且在一定时期内,妇女几乎独立支撑了战争的后勤工作。广大妇女为这次农民战争做出了巨大的贡献,向社会展示了女性的整体力量。当时一些外国人对此大为惊叹,盛赞这是"世界得未曾见之奇观"②,并称太平天国对妇女的解放是"太平天国辉煌的标志之一"③。

但洪秀全等人毕竟是农村小生产者……引发出的男女平等的朦胧思想……不是近代意义上的性别平等、男女平权。同时,由于洪秀全等人无力摆脱封建主义桎梏,致使他们的妇女观始终存在着维护封建纲常礼教的一面。他们继承了阴柔阳刚、男尊女卑、男女授受不亲等封建伦理道德规范。洪秀全宣称:"朕是太阳,朕妻太阴。"④并说"夫道本于刚""妻道在三从,无违尔夫主""只有媳错无爷错,只有婶错无哥错"⑤。太平天国的领导集团还因袭了封建的多妻制。这种双重妇女观,导致太平天国的领袖们在妇女问题上,从理论到实践,从思想到行动,都陷入了不可克服的自我矛盾,也使洪秀全等人的妇女观中那点朦胧的平等要求黯然失色。

太平天国关于妇女解放的思想,虽然未发展成近代意义上的妇女解放思想,但它狂飙猛烈地冲击了数千年来束缚广大妇女的传统观念和陈腐教条。这种冲击,是近代妇女解放思潮崛起的必要前提。

史学家吕美颐本身对晚清历史有着深入的研究,再加上其他诸多研究者

---

① 太平天国诏旨书[M]//丛刊本《太平天国》(一).神州国光社,1954:68.
② 《华北先驱周报》社评地174号,1853年10月26日。
③ 呤唎.太平天国革命亲历记:上册[M].王维周,译.北京:中华书局,1961:332.
④ 钦定旧前遗诏圣书批解[M]//太平天国史料.北京:中华书局,1955:86.
⑤ 幼学诗[M]//丛刊本《太平天国》(一).神州国光社,1954:233.

的成果作为支撑,她掌握的资料与信息使她得出了如上的结论。充分的资料与正确的价值观,才能成就史学家所追求的"其文直,其事核,不虚美,不隐恶"的境界。有关太平天国时期妇女解放状况的这些研究结论和研究过程甚至学术争鸣,给我开展本项研究提供了不少启发。

这一案例再次说明,对既有的研究结论和历史资料能够达到共鸣并不是当下研究者的最终目标,一定程度上达到共鸣,并且基于自身感悟而对研究内容有新的观点甚至创新性的发现,才是研究者们所追求的境界。

本书的书名定名为《中国当代传媒杰出女性个案研究》正是基于这种思路拟出的:我期待通过对尽可能丰富、完整的文献细节的观察,梳理出孟启予、丁一岚、夏之平、黄惠群、崔玉陵、周婕这六位杰出的女性领导者实践其女性领导力的不同方式与共通规律,通过多学科理论视角来评断这些女性在领导力养成、提升、系统化方面的历史性贡献。我的研究结论也许与前人的一些观点不同甚至相悖,但就如上文解释过的,这是研究过程中的常态,所以读者大可不必疑惑和紧张,只看各家的分析是否能够自圆其说便可。

根据中国广播电视人物词典编辑委员会 2000 年编撰出版的《中国广播电视人物词典》的统计和梳理,本项研究将以现当代广电领域六位杰出的女性领导者为主要分析对象,其生平简历概括如下:

孟启予 1920 年生人,原名陈元。福建长乐人。解放区广播工作者,原中央电视台副台长。1936 年在南京参加中共领导的学联。1937 年做乡村小学教员。1937 年参加平津学生救亡宣传团。1938 年在军委会政治部第三厅抗敌剧团第一队任中共地下党支部书记。1941 年在延安鲁艺学习。1945 年任延安新华广播电台播音员、播音组长。1949 年任中央人民广播电台编辑、主任。1955 年至 1957 年任莫斯科广播电台华语部编辑。1957 年任电视筹备处副主任,1958 年任电视编辑部副主任。1960 年电视编辑部改为北京电视台,任副台长。1978年北京电视台改名为中央电视台,任副台长,是中央电视台第一任领导。1979年当选为全国"三八"红旗手。是北京市第二、三届人民代表,中国电影艺术家协会理事,名誉理事,全国新闻工作者协会理事,首都女记者协会特邀理事,中国广播电视学会理事。1982年离休。1993年起享受国务院政府特殊津贴。

丁一岚 1921年生人,福建福州人。原中国国际广播电台台长。中共党员。1937年10月到延安,先后在陕北公学、中央党校学习,留校工作半年。1938年年底赴晋察冀抗日根据地。曾任平山县妇女抗日救国会、四分区妇救会宣传部部长。1942年10月任晋察冀日报社记者。1945年任张家口新华广播电台播音科长。1948年7月晋察冀新华广播电台与陕北新华广播电台合并后,任播音组副组长。1949年4月随同陕北台进入北平,任中央人民广播电台播音组副组长。1949年10月1日与齐越共同进行了"开国大典"实况广播。1949年10月调任北京人民广播电台,任台长。1954年调任中央人民广播电台总编室,任副主任兼播出部主任;1960年年底任对外部办公室主任、专家工作室主任、台领导小组副组长。1979年任中国国际广播电台副台长,1982年任台长。1980年被评为全国"三八"红旗手。1985年离休。1993年起享受政府特殊津贴。

夏之平 1924年生人,原名余巾英。浙江杭州人。解放区广播工作者。1944年参加革命。1945年加入中国共产党,同年10月按党组织要求到国民党杭州广播电台任播音员。1947年撤往解放区。1948年调任筹建中的华东新华广播电台播音组组长。1949年5月,参加接管国民党上海广播电台,任上海人民广播电台播音组组长,后调任政文组长、政文编辑室副主任、广播乐团团长。1959年任中央人民广播电台文艺部副主任,从事文学戏剧广播方面的工作。1960年调中央电视台后,历任新闻部主任、专题部主任、总编室主任等。1982年任广播电视部总编室副主任。1984年离休后任《当代中国的广播电视》编委。现为首都女新闻工作者协会特邀理事。

黄惠群 1931年生人,浙江杭州人。原中央电视台台长。中共党员。1949年参军。1950年调第三野战军政治部俄专学习,后转入上海俄专,1952年毕业。1953年分配到中央广播事业局任俄语翻译,曾任苏联顾问译员,参加了542台、571台和广播大楼的建设。1959年8月调北京广播学院外语系任秘书、组长。"文化大革命"期间调到阿尔巴尼亚任中国电视组翻译,回国后调中国国际广播电台罗马尼亚语组任编辑、组长。1973年调回北京广播学院,1978年任外语系副主任。1983年任广播电影电视部干部司教育处处长,1984年任干部司副司长。1985年调中央电视台,任台分党组副书记、副台长;1988年任分党组书记、台长。1991年卸任,留任分党组成员。1993年离休。1995年起任中塔有限责任公司总经理。

崔玉陵 1932年生人,河北宁河人。原中国国际广播电台台长。中共党员。1948年8月参加革命。曾任吉林新华广播电台、沈阳新华广播电台播音员。1949年年底被派往莫斯科电台工作,任播音员、翻译。1955年回国,调中央广播事业局对外部对苏联广播组从事编辑、记者、翻译工作。1959年起历任对苏广播组副组长、组长、编辑组组长、苏联东欧部主任、俄语部主任。1982年任中国国际广播电台副台长,1985年任台长。1993年起享受政府特殊津贴。1994年离休。

周　婕 1932年生人,原名周佩苾。山东安邱人。原广播电影电视部外事司司长。中共党员。1948年自青岛市立女子中学到解放区华东革命大学参加革命。1949年参军南下,参与接管国民党上海广播电台工作。曾任上海人民广播电台文艺组助理编辑、上海广播乐团团长、上海电台总编室干事等职。1955年调中央广播事业局地方广播部工作。1956年考入北京外国语学院俄语系,1960年9月分配至中央广播事业局国际联络部任俄语翻译。1975年调到国际电台苏联东欧部编辑组任编辑,1979年调回国际联络部。1982年国际联络部改为外事局,曾任外事局赴欧美处副处长、副局长等职。1985年10月任外事司司长,自1986年起担任中国联合国教科文组织全国委员会委员,中国广播电视学会理事。1994年离休。

要写出这些中国现当代广电行业精英女性的故事,势必首先要去阅读这些历史、阅读这些女性的经验史、生命史。任何书写都是对当时时代以及主人公的再想象,而这种再想象首先是一种阅读行为,要去看这个人物在她所经历的历史当中留下了何种痕迹,她自己如何认知这种痕迹,他人如何评断这种痕迹,历史如何评断这种痕迹。其次,这种写作和想象也是一种情感与知识的代入行为,身为作者,要带着不同的问题意识来看这些痕迹,带着不同的阐释框架来解读这些痕迹。归根结底,这类研究和写作其实是作者的观看方式与观看结果的体现,是作者价值观与话语方式所包裹的特有的包含着这些主人公的真实过往的故事形式与故事内容。

从研究方法上看,这种写作从根本上来说是一种文学写作,是一种跨时空、跨语境、跨观念的学术对话,是一种西方的女性领导力研究理论与现当代中国女性领导者实践经验之间的对话。

阅读与这个课题相关的史料于我而言是相当艰难的,它不是出于我的兴趣,而是出于责任和任务。我是国家改革开放之后出生的人,这让我与我所研究的这段历史的交集非常狭窄。而且最重要的一个事实是,目前为止大部分有关现当代历史中广电的人与事,其书写模式都带有强烈的时代属性,尤其在价值认知上几乎可以说是相对固定的、高度统一的、不容置喙的。而我这次书写和研究的主要任务,恰恰是绕过这种坚硬的壁垒,试探并反思某种定型。如果能够成功,那的确能够带来另外一种阅读体验和观念认知;如果不能成功,那也是一种虽死无悔的探索。从动笔到搁笔,我其实都不知道这本书是不是写成功了,看来这个结果只能留待后人去评说了。

我一再强调本项目的研究视角和研究方法,因为这些内容对于读者理解本书的写作过程和研究结论非常重要。我们解剖一个事实,但其实我们看到的事实或得出的事实并不只有"一个"。比如我们看到一棵树,它是"1"——因为是1棵;但同时它也是"3.2"——因为它有3.2米高;它是"3"——因为它的树干和树叶加起来有3种颜色;它是"84"——因为它有84片树叶;它是"0.125"——因为它是一排8棵树中的其中一棵;它是"300"——因为该品种的树苗售价300元,即它作为商品的交换价值是300;它是可数的,也是不可数的,比如它的根有多少、有多长,它的含水量是多少,它身上的微生物有多少等,其数字是我们很难去掌握的。而以上的每一个数字于这棵树而言,都是真实的、有效的事实,但它们彼此之间又是如此格格不入甚至相互矛盾。这样的例子揭示的无非是一种学术思维中常见的共识:视角决定了我们看到的事实及其属性,而每一种关于该事物的论断之间并不是非此即彼的关系,我们应该包容、尊重每一个按照特定视角和方法得出的发现与结论,即使这些发现与结论之间彼此矛盾。

面对此项目推进过程中的重重困难,在我一筹莫展之际,一次观影经历使我有了茅塞顿开之感,它让我对如何调和此项目内在机理中存在的种种对抗与矛盾有了一种方法论上的解决方案。

在2019年的某天,当我独自在电影院里观看《他们已不再变老》时,我深刻地感受到这种运用新视角来挖掘已有的成熟材料并得出不同结论的思维方法和操作模式已经逐渐进入探索和成型阶段,这种方法和模式在艺术创作和文艺研究中碰撞出了耀眼的火花。

这是一部战争纪录片,上映后产生了巨大的4轰动,因为它重新书写了"一战"的参与情况、当事人的观念、集体记忆的感悟等,而这些内容与以往人们惯常的认知是不一致的。除了影片本身之外,网络上对该片的各种讨论也使得我对历史的重述以及如何对历史进行重述才算是比较独特而且有效的方法产生了浓厚的兴趣。这次观影直接影响了我对这个研究项目和这本书的价值定位与写作框架的设定。总之,这次观影于我而言就像是经历了一次"白昼流星"。

此处容我赘述一下这部影片是如何使用新方法来实现这个目的的。

《他们已不再变老》[①]由"指环王""霍比特人"系列电影的导演彼得·杰克逊监制并执导,在中国国内上映的时间是 2019 年 11 月 11 日。导演杰克逊花费了很多资金与精力,使用了昂贵的最新数字技术来让这些记录历史的镜头焕发出新的生命。

该片启动时,导演和团队所做的第一件事就是观看将近 100 小时的史料,听完大约 600 小时的音频素材。除此之外,团队还做了很多方面的修复与创新。制作过程中出现的最大问题就是视频素材年代久远,并且由于多次复制,画质变得十分模糊,因此需要大规模修复。同时,视频的帧率也是一个十分重要的问题。这些素材的帧率不尽相同,有的是每秒 10 帧,有的是 12 帧、14 帧。因此,团队必须在没有任何历史文件参考的情况下,了解这些视频的帧率,并且进行补帧调整,使其以如今常规的 24 帧/秒的速度呈现出自然的光滑质感。不仅如此,团队还需要对视频的画面进行曝光修正。有些素材偏暗,画面中都是黑色,要把原始画面从黑色中抽离出来;而那些过曝的画面则需要用晒版技术还原,通过这些技术修复来让画面色调更加接近真实。某种程度上,这都是比较常规的电影修复工作,因此操作起来不会过于困难,但修复之后会产生令

---

① 下文中的简介与技术分析部分来源于 https://baijiahao.baidu.com/s? id = 1649422339286842032&wfr=spider&for=pc。

人惊叹的效果。

将黑白胶片转为彩色画面,仅仅是纯技术层面的问题,只需要逐帧裁剪出不同的形状。关于士兵制服的颜色还原,士兵制服的徽章、袖口或者其他的细节部分都是的颜色各不相同,只有添加更多的细节,才能让画面更有层次,但与此同时也需要消耗影片拍摄团队大量的时间和精力。这些看起来相似的颜色却因军队不同而有色差。例如,英军的制服偏向卡其色,但德军的制服是深灰色的,这两种颜色都是比较少见的颜色,它们其实都是不同颜色的混合。卡其色是不同比例的黄色、棕色、绿色的混合。为了在影片中还原军队制服的真实颜色,团队花费了大量精力。此外,制作团队还曾前往法国和比利时,记录乡村和建筑环境的精确颜色,并征求了历史学家和军事专家的建议。

影片的背景声音以第一人称回忆的形式呈现,使得整部影片"讲述着一个共同的故事"。讲述人是从 120 名参与第一次世界大战的士兵的口述历史记录资料中一一挑选出来的,当时这些人都是 60 多岁。

除了让退伍老兵以旁白的形式讲述故事,导演还希望能还原战场,包括声音在电影中最终呈现的效果。在上空几尺飞过的真实炮弹声,是战争中的士兵们亲身经历的声音,影片中则需要后期把炮火声匹配在原始镜头上,所以火炮的配音对于导演来说堪称重中之重。除此之外,导演还透露,他们选用的镜头中,有一个镜头的处理过程十分艰难。画面中是一位军官在参战前一天给他的部队做了一次演讲,很多纪录片都用到过这个镜头,但这段素材一直都是"默片",只能看到军官在说话,但不知道他到底在说什么。制作团队要通过唇语读懂相当困难。因此,导演在查阅完档案里的所有文件后,发现其中有一张纸,上面写着一段鼓舞士气的话,只有 12 行,是一般士兵们在上战场前军官会用来鼓舞士气的内容。导演就用不同的语速录了三遍,和画面中军官宣讲时的唇形进行匹配,再进行数字修改与操作,导演认为这就是那个军官所说的话。此外,团队还记录下了Lee-Enfield(英军的制式手动步枪)特有的螺栓动作声音、炮弹的爆炸声、坦克踏板的"叮叮"的声音、救护车的"嘎吱"声以及被炮弹重伤的尖叫的马队。

因为战场上的士兵也会吹口哨,所以配乐使用了口哨声和一些情绪化音乐。制作团队将这些已有100年历史的影像,扫描到高分辨率数字空间中进行清洁和修复,并且将原来4∶3的画面比例根据需要进行了平移或倾斜,最后借助最新的立体声转换技术,通过3D还原了当时噩梦般的真实影像。

通过这部影片,观众可以看到,整个战争期间,军队的士兵都穿着统一的制服、不合脚的靴子,吃着军队的口粮,却不得不学会射击,拿着刺刀冲往前线。

以前,关于第一次世界大战的回忆录都是通过对一个受过高等教育的个人进行采访,通过他的感性经验和阶级观点来叙述战争的恐怖场面,但这次,导演的目标则更加广泛:背景声音是不具体到某个人的声音,在全片中不断插进它们以形成连续的叙述,赋予了故事真实性,也超越了任何一个人的特定故事,从而实现了基于共同经验和情感的集体故事讲述。正如导演所说:我不希望这部电影有说教意味,我希望这部电影是一部由非历史学家来拍摄的电影。

这部影片通过技术性的工作很好地还原了历史的场景,正因为有了如此逼真的场景、画面、声音、表情,观看者才能真真切切地感受到这部纪录影片中传达出的不一般的价值观。

这部影片中的参战者并没有统一的参战理由,他们有的是糊里糊涂地上了战场,有的是为了不增加家里的生活负担,有的是为了消耗年轻气盛的激情,有的是为了证明自己,还有的纯粹是出于好奇和从众心理,当然也有一些是以往的宣传中经常提到的因为"带有强烈的家国使命感"而走上战场的(不过值得玩味的是,在口述者的讲述中,以往被强调的这个原因事实上在参战者中并不占多数)。他们中的大部分人在经历了作战训练后依然没有对战争形成一个鲜明的认识,只是在一个个训练团队中形成了一种比较朴素的集体意识和团队纪律。他们的日常安排更像是一种规律的体能课、射击课、刺杀动作的机械训练。直到进入作战状态,他们的那种震惊、无望、无助、自我麻痹等复杂的状态才随着影片的真实记录得以保存下来并展示出来。一方面是极度残酷的战争过程,一方面是对敌军战士和俘虏充满人性化的观看、对待和思考,很多人都对为何要打这场仗感到无比茫然,他们最期待的是尽快结束战争……这些实实在在的战争亲历者对战争的意义不停地展开思索,对个人与社会的关系以及个人与战争的关系有了更具体的感悟。幸存归来的军人回到熟悉的社区,人们却并不相信他们所说的惨烈战场和"那场"战争,只是将他们当成略带沧桑、喜欢说大话的小伙子而已,外人对他们的反应和对这场战争的反应彻底消解了他们参与战争的意义,普通人的这种态度将这些参战者死里逃生的种种行为进行了最为彻底的解构。而这种解构的存在及其背后的力量在以往的历史叙述中极少被涉及。

因此,这部影片对我的冲击和启发不仅仅是技术所带来的跨世纪的突破,更是价值观与影像表达方式上的跨时代的突破。这部影片所做的努力与我即将展开的整个项目所预计努力的方向是基本一致的,而我计划采用的方法也是抛开原有的比较固化、比较简洁单一的定性结论,重新组织材料,将其置于整体性的背景和语境中,同时注意个体心理特征和成长差异对这些现当代广电女性精英人物领导力认知模式和操作行为的影响。

我想,我的这项研究及其写作就如同影片《他们已不再变老》一样,体现的正是某种意义上的文学生产机制的改变,归根结底,它是一种对时代话语的叩问与回应,一种对历史经验进行新的话语编码的尝试。在历史与当下之间,找到价值观相同的对接点,展开一场真正的跨时空经验对话;在一种行之有效的研究框架内,对既有的材料展开全新的阅读与建构,展现其令人耳目一新的面貌,用一套全新的多角度观看模式(跨界研究)来破解这些材料中隐藏的各种密码。

这些现当代广电领域的精英女性,在操演其领导力的时候并没有受到成熟的领导力理论的指导,大多都是"摸着石头过河",她们的领导力模式也是在革命战争与建设时期历经种种考验之下自发形成的一种领导力模式。但是,这样的领导力与当代成熟的领导力理论之间是什么关系呢?领导力理论研究的种种成果是否能够成为一种阐释框架,用来对这些精英女性领导力的实践进行理论化的解读呢?我的研究同时也在寻找这些问题可能的答案。

这个项目中我所要采用的这种研究方法和方法论是否"靠谱"呢?我希望能找到更多的成果证据,既能说服我自己,也能说服阅读此书的审阅者、同行研究者以及一般的读者。幸运的是,我找到了有力的辅证。

这类"跨界"研究并非空想或不切实际,能成功应用这种方法的研究者已经取得了令人瞩目的成绩。比如贾雷德·戴蒙德和他的"人类三部曲"。

> 事实上,美国畅销书作家贾雷德·戴蒙德的"人类三部曲"——《枪炮、病菌与钢铁》(1997年)、《崩溃》(2005年)和《剧变》(2019年),都被摆在了书店里历史类的书架上。但他本人并不是一个典型的历史学家,他大学学的是人类学,毕业后在剑桥大学三一学院拿到了生理学博士学位。学成后回到美国,在加州大学洛杉矶分校医学院的生理学系谋得一份教职。但他一边在讲台上培养未来的医生,一边却迷上了鸟类学,对地球生态系统产生了浓厚的兴趣。正因如此,《枪炮、病菌与钢铁》和《崩溃》这两本另类的著作得以相继问世。这两本书都涉及人类历史,但写法和通常的历史书极为不同。市面上流行的大部分历史书都是描述性质的,书中给出的结论往往都是通过高超的叙述技巧阐述出来的,带有很强的作者个人烙印。这些结论通常也只是"相关"而不是"因果",因为后者需要严密的逻辑和充分的证

据,绝大部分人类历史事件都太过复杂,很难满足这样的条件。

戴蒙德是一个受过严格学术训练的研究者,习惯于运用设计严密的科学实验来寻找事物之间的因果关系。他借用了动物学、植物学、微生物学、免疫学、地质学和地理学等诸多学科的研究方法,分析了影响人类社会命运的诸多因素,发现枪炮、病菌与钢铁这三个因素最为核心,可以用来解释其他所有因素。他对这个结论非常有信心,甚至直接将其用作书名。事实证明这一招极其奏效,读者没有想到看似复杂的人类历史居然只用三个因素就能解释得通,而且这三个解释都非常好记,也很容易流传,因此这本书大获成功,并为作者赢得了1998年普利策非虚构图书奖。

之后,戴蒙德又运用类似的方法研究了生态环境对人类社会的影响,写出了《崩溃》一书。为了控制变量的数目,他在这本书里设计了几个精巧的虚拟对照实验,比如把自然条件相似的南太平洋诸岛放在一起进行对比,或者把位于加勒比海域的伊斯帕尼奥拉岛的东西两半(分别为多尼米加和海地)互为对照,这就排除了其他因素的干扰,只让生态环境这一变量起作用,得出的结论让人心服口服。

这两本书可以分别用"地理决定论"和"环境决定论"来概括,这么做大大简化了两本书的中心思想,方便读者理解和传播,但却也因此而被许多学者诟病,批评者指责戴蒙德忽略了人类历史的复杂性。这些指责自然有其道理,却丝毫不影响戴蒙德的书成为现象级畅销书,原因就在于市面上极少有像这两本书这样用因果关系来解释人类历史的书籍,只要这样的因果关系对于大部分国家成立,就足以让读者心满意足了。

作为人类学三部曲的最终章,《剧变》同样采用了科学加历史的跨界写作方式,但这一次戴蒙德所仰仗的不是他自己的科研领域,而是他妻子玛丽·科恩(Marie Cohen)介绍给他的心理学知识。科恩是一位临床心理咨询师，经常要为遭遇心理危机的人提供帮助。通过多年的实践，危机治疗师们发现了至少12个能够影响一个人能否成功应对危机的因素：1.直面身处危机的现实，即他是否意识到自己遇到了麻烦；2.愿意承担责任，即他是否在给自己找借口；3.划清界限，即他是否能够正确指出自己的问题所在，而不是一味地全盘否定自己；4.向外界寻求物质及情感支持，即是否有人愿意帮助他；5.借鉴他人应对危机的方法，即他是否愿意向别人学习；6.自我力量，即他是否有足够强的自信和毅力；7.诚实的自我评估，即他是否能够认识到自己的长处和短处；8.应对过往个人危机的经验，即他此前有没有遇到过类似的危机；9.耐心，即他能否接受暂时的失败；10.灵活的个性，即他是否愿意尝试新的办法来解决问题；11.核心价值观，即他内心中那个不变的原则是否有商量的余地；12.不受约束，即他在自身之外是否还有其他牵挂。戴蒙德年轻时曾遭遇一次重大的个人危机，他用这12个因素分析了自己当年的处境，发现非常符合。然后他又用同样的方法分析了一些国家应对危机的方式，同样相当适合。于是戴蒙德便以这12个因素为模板，完成了《剧变》这本讲述国家危机的著作。

戴蒙德坦陈，一个人和一个国家当然是不同的，在《剧变》一书的前言和第一章里详细讨论了二者的不同之处。他并没有说这两个系统遵循同一套规则，只是说这12个因素当中的一些因素在这两套系统里都派上了用场。比如，一个人会从同伴那里获得帮助，就像一个国家可以从其他国家获得援助一样。有些适用于个人的因素并不适用于国家，但它们可以作为一种比喻，用来描述国家所面临的情况。比如，预测一个人应对危机能力的关键因素是他的"自我力量"(Ego

Strength)是否强大,国家显然没有"自我力量",但个人的"自我力量"可以对应于国家的一个特质,那就是"国家认同"(National Identity),两者可以互相对照。①

上文所提到的影片、著作及作者的创作思路,都对我如何开展这项研究提供了很好的思路上的借鉴。

经过反复思考,在阅读了大量支撑性和辅助性文献之后,我决定采用一种从细部出发、见微知著的观察和评判方法。就像拿着一个放大镜甚至是显微镜来查看以往不太被关注的细节,或者有意被放过的细节;绕过现有资料的叙述框架,重组这些细节中体现的领导力的理论实践。我所采用的方法与传统社会学方法中的"参与式观察"很接近,只不过我的这种参与不是参与到这些被写作者的生活中去,而是参与到记述和评价她们的资料中去,与一段段文字、一个个场景展开静静的对视与交流。而这种方法在学术研究中虽不算是主流的研究方法②,但其实在当下的各类"观察类"真人秀节目中比较常用。

事实上,这种方法在《论语》中已有记载。子曰:"视其所以,观其所由,察其所安。人焉廋哉?人焉廋哉?"这段话的大意是:孔子认为,观察一个人为人处事的原因,考察这个人为人处事的方法,体察这个人认可和不认可的态度所在,便可使这个人在你面前无所遁形。孔子提出了观察的路径以及观察的内容,但没有具体规定观察中更细节的层面。如何去落实观察的目标其实并没有统一的答案,因为它既是决定观察是否具有成效的关键,也是针对不同的观

---

① 袁越.国家如何应对危机?[J].三联生活周刊,2020(18):138-141.
② 毕竟,一般的研究在可行的条件下会选择文献法与访谈法、口述历史法等多种方法相结合,以此增强研究的完备性与科学性。本项目由于大部分研究对象已不在人世,少数尚在人世的研究对象已经不愿再接受任何形式的采访,再加上疫情的影响而无法到相关机构进行更深入的调研,所以不得已只能依靠已公开出版的各类文献为依据的文献法和观察法。

察者和被观察者所需要"量身定制"的内容。

通过观察某些细节可以发现"历史的真相",国外的研究者也提出过类似的论点。譬如美国学者史蒂夫·马丁等人撰写的《细节如何轻松影响他人》①中讲到,生活中那些微小的发现与细节的改变所产生的巨大影响力往往超乎人们的想象。另一位美国学者山姆·高斯林撰写的《看人的艺术:11种以物识人方法 看人看到骨子里》有专门的章节谈到"个性的秘密:深挖细节""家庭细节里藏着你的气质""私人印记会说话""摆脱障眼法,让判断更精确"等。而这些都是我的这项研究所基于的观察法的一些理论支撑。

关注细节,是大数据时代的商业行为中常见的一种方法。比如你所浏览的网页、购买的商品、甚至是在社交媒体上给某个人点赞,都会形成非常具体的数据模型,而后台对这种数据模型是一手掌握的,也会根据这个数据模型来自动给你推送相关的网页和产品。数据甚至比你的亲人还了解你,这就是数据化时代关注细节所带来的影响力。

我们生活在一个侦探小说高度发达、侦缉影视极度丰富的时代,对于通过观察一间空的办公室而揣测在这里工作的人的特征、个性、价值观、习惯、好恶等简直是司空见惯。当然这并不都是虚构和虚张声势,这些观察和评判的基础往往是以心理学、社会学、传播学等作为必要支撑的。

任何研究都需要具有方法论上的自洽性,正是源于此项目的难度和方法上的挑战,我不得不花费如此篇幅来展现我对这个项目如何开展所进行的相关思考。当然,这种研究方法还没有像其他的社会学研究方法一样广泛地被应用于社科研究,更少被应用于历史过往人物的专门研究中。而当我意识到我的这个项目需要这个方法时,虽然没有用好它的绝对把握,但我还是义无反顾地做出了选择。也许这的的确确是一次不成熟的尝试,也许有很多研究逻

---

① 马丁,戈尔茨坦,西奥迪尼.细节如何轻松影响他人[M].苏西,译.北京:中信出版集团,2016.

辑上的瑕疵,但它终归是我不可为而为之的一份努力,结果如何请各位读者细看正文,我也真诚期待大家的品鉴与批评!

再次真诚感谢刘继南老校长以及项目组对我的充分信任,也感谢每一位阅读此书的读者。文章千古事,得失寸心知。

张敬婕

第一章 "基因密码"OR"成才密码":
谁才是领导力提升的关键

想要探究孟启予、丁一岚、夏之平、黄惠群、崔玉陵、周婕这六位中国现当代广电行业领军的女性领导者的领导力状况,势必要首先回到这六位女性的个人成长经历中,发掘那些促成其领导力构成与完善的诸多内在与外在因素。带着"为何是她"的疑问,全方位地审视其人其事,剖解她们在领导力方面的诸多"密码",这既是读者们最感兴趣的事情,也是本书想要首先去破解的一个谜题。当然,这种追问与探寻不是出于质疑,而是带着学习经验、总结规律的目的的。本书既需要描画出她们个人的成功轨迹,更需要描画出为个人成功提供平台、空间和机遇的社会机制。尤其是后者,能够为当下更多的女性提供领导力突破和提升的有益借鉴。

试图解析领导者因何具有领导力、其基因中的秘密究竟何在,这份锲而不舍的努力可谓一直贯穿于中外领导力研究与实践的始终。时至今日,各种理论学说自是众说纷纭,也各自具有其特定的适用性和局限性[1]。在进入六位女性领导的具体案例分析之前,我们有必要了解有关领导力基因密码的理论

---

[1] 在我的另一本专著《女性领导力基础理论研究》中,专门综述过这方面的内容,感兴趣的读者可参阅。

研究的进展与现状。毕竟,"女性领导力研究"这个范畴本身是依托西方的女权主义、平权主义等思潮的倡导而被提出和逐渐发展起来的。

从理论的推演来看,女性领导力的提出破除了原有领导力研究中的性别盲点和性别歧视,承认了女性具有领导力这一事实,并且确认了女性领导力的合法性和独特性。但女性领导力的研究与发展的目标并未就此止步,而是通过将"性别"(gender)作为一个有效的分析范畴,进一步发现和突破在领导力研究方面被遮蔽和被忽略的更多认知方面的壁垒与误区。

对领导者基因密码的破解一直是中外领导力研究的核心内容之一。无论是领导者的选拔还是领导力的教育与培训,都在试图找出哪些特质是最有利于领导力发展的因素;具备哪些素养的人最有可能成为领导者。虽然这个目的带有本质主义的弊端,毕竟所有领导者都是在特定的团队、特定的社会文化中被塑造、被发展成为领导者的,但是,对领导者基因密码的追寻并不会停止。因为在好奇心以及实用主义思想的支配下,人们对领导特质(基因密码)的破解欲望是无法消除的。

美国学者艾琳娜·L.博特略(Elena L. Botelho)、金·R.鲍威尔(Kim R. Powell)等研究者聘请了一流的研究团队[1],采用了尖端分析技术,对 ghSMART[2] 数据库中 17 000 份领导力评估数据展开了深度挖掘。她们希望像绘制人类基因组图谱一样,解开"CEO 基因组"的秘密。通过运用为银行检测欺诈预测的"赛仕分析软件"(SAS),这个研究团队在理解推动领导力成功原因的因素方面取得了相当令人瞩目的进展,洞察了除了平常的回归分析永远无

---

[1] 团队中除了艾琳娜·L.博特略、金·R.鲍威尔,还有卡普兰教授、赛仕软件公司以及来自芝加哥大学、哥本哈根商学院、剑桥大学、纽约大学、加利福尼亚大学伯克利分校和 ghSMART 数据库等 14 位研究人员。
[2] ghSMART 顾问公司启动了一项长达 10 年的"CEO 基因组"研究项目,试图从数据中寻找答案。她们建立了一个包含 17 000 名 CEO 的资料库,从中选取了 2 600 名基础领导者,累计进行了 13 000 小时的采访。项目的合作对象包括芝加哥大学和哥本哈根商学院的经济学家,以及全球特大软件公司赛仕软件(SAS)的分析师。

法获得的见解。她们所进行的每份评估访谈都持续大约5个半小时。研究团队还另外花费了两年时间仔细阅读研究结果,深入挖掘客户,将双方的观点与成千上万页的文章、成绩单、研究报告、书籍中所获得的观察进行对比,以夯实她们的研究。她们还重新访谈了数据样本中的几位CEO,增加了近100个新的访谈,并将辅导CEO的技术和事件过程记录了下来。逾9 000名具有各种资历的人士在她们建立的网站(www.ceogenome.com)上进行了"CEO基因组行为"方面的自我评估,并当即获得了适用的建议。

在这样翔实的资料和经年累月的研究基础上,该研究团队提出了一个重要的观点,即以往的领导者光环实际上并不是领导者基因中的显性因素。这些以往被过分夸大的光环包括——只有常青藤毕业生才能成为CEO;CEO从小就注定是伟大的;CEO被视为超级英雄;成功的CEO拥有传奇的人格、超凡的个人魅力和自信;要成为CEO,需要一份完美无瑕的简历;女性CEO成功的方式不同于男性;伟大的CEO在任何情况下都能游刃有余;要成为CEO,需要事无巨细;CEO比我们更努力工作;对于CEO来说,更聪明即更好;经验胜过一切。当然,如今我们通过阅读各种资料已经反复确认了这些光环仅仅是一种带有偏颇性的总结,其科学性和有效性的确应该被普遍质疑。

西方女性领导力研究正在着力纠偏——传统的领导力研究理论不仅在男女两性方面存在着刻板印象和本质主义问题,在领导力特质方面也存在着严重的偏颇。中国国内女性领导力研究与实践需要了解和借鉴最新成果。

因此,艾琳娜·L.博特略、金·R.鲍威尔团队得出的这份沉甸甸的数据分析与研究结论尤其值得被聚焦和强调,它颠覆的是长久以来在领导力研究以及在社会观念中被普遍视为"真理"的一些论断与目标。当然,这种对以往权威结论的挑战也势必会迎来传统认知的猛烈对抗,这些研究结论并不会一夕之间消除人们对这些论断和目标的"滤镜"与"迷思"。尽管有翔实的数据支撑,有数量庞大的个案库做辅证,人们对固有观念的执着仍然很难被撼动。

有一种广泛流行且不言而喻的观点是,这些光环究竟是不是领导者的基因密码不重要,要求领导者向着这些光环目标努力,并且最好拥有这些光环,才是那些一味追逐光环者的目的。很多人相信并宣称即使这些光环并不真的是领导者的基因密码,也不必承认,更不必戳破。因为这顶多只是用错了方法而已,还称不上在价值观和认识论上存在重大瑕疵。这种情况也就是人们通常所说的"出于好意"——只要是出于好意,哪怕结论和观点并不正确也没有关系,由此得以逃脱判断失误的责任。所以,很多人在乎的其实不是有没有基因密码,而是怎样利用基因密码来推行他们所认可的价值观。所以可以肯定的是,研究中国现当代广电行业六位女性领导者作为领导者的"基因密码"其实意义并不大,这样的研究只是迎合了人们不恰当的"只是出于好意"的那种方法论以及非常朴素的"求好向善"的心理诉求而已。

这种只要出于好意,任何观点都要免受责备的做法显然在价值观和认识论方面存在巨大瑕疵,而不仅仅只是方法使用不当的问题。

这些光环根本禁不住进一步的推敲,比如,难道达不到这些光环的领导者就不是称职的领导者了吗?谁能确保这些目标就一定是无瑕疵的、是万无一失的领导者的"试金石"呢?再者说,还有那么多在实践中涌现出来的反例呢。基因密码这一说法本身就带有本质主义的特色,好像卓越的领导力一定都具有某些共同的、颠破不灭的本质性、普适性的特征。如果从批判主义和建构主义的观点来看,所谓的唯一的、本质主义的卓越领导力的基因密码是根本不存在的。它不是一个金字招牌或标签,相反,它非常不稳定,没有固定化的特性。

如果秉持这种本质主义的领导基因观念,那么便无法解释本书中的六位女性领导者是如何在平凡的人群中"脱颖而出"的:她们有着普通的家世;教育背景和成长经历与当时的许许多多女孩一样;她们中没有一个人不是从最基层的、最基础的工种做起的;她们中也没有一个人不是经过中国共产党的培养便奇迹般地在政治上和价值观上成熟起来的。

长久以来,无论是研究者还是领导者,之所以都对"基因密码"如此执着,正是因为大家对如何才能成为领导者、怎样才算具有领导力的"资质"或"标准"心存疑问,并不断地进行着真诚的探寻。只不过这种朴素的出发点常常被操纵和利用。那些传统的观点尽管是陈词滥调,却总是具有坚韧的影响力,常常扼杀那些不符合这些条件的人的"领导之梦",断绝了这些人继续上升的路径。一些当下被总结和归纳出来的那些所谓的"光环",不过是为了强化背景壁垒、教育背景壁垒、家世壁垒以及性别壁垒等。

人们对"基因密码"有普遍迷思,因此急需相关的领导力研究对此做出适当的理论阐释,也需要大量具有说服力的数据来加以辅证。

原广播电影电视部外事司司长周婕的经历便可证明,并非立志要当领导的人或者先天具有某些特质的人才有资格或有条件成为真正的领导者。本人的意愿及其成长过程中所经受的磨炼,也许是成就一位领导者更主要的条件。

1948年,青岛尚未解放。周婕在青岛女子中学读书。学校有一位老师是中共地下党员,这位老师经常在课上进行爱国主义教育和革命的启蒙教育,用语言和行动感化着同学们。周婕就是班上青年学生中的一员,在这位老师的教导下坚定了共产主义理想信念,积极参与学生爱国运动,反内战,要和平。1948年冬,由于不满国民党对青岛学生运动的残酷镇压,周婕离家出走,奔赴解放区——山东省潍坊市。当时的周婕只有16岁,因年龄太小,潍坊青联无法安排工作,就把她和几个一起前来投奔革命的同学介绍到济南华东大学。他们经过近半个月的徒步跋涉来到了解放不久的济南市,考入华大预科二部学习。

1949年年初,中国人民解放军准备渡江,济南华东大学动员同学们参军,周婕报名参军南下被批准后,被分配到华东新华广播电台。2月份到华东新华广播电台报到,由华东新华广播电台管理委员会主任周新武(夏之平的丈夫)直接领导,他也是接管上海台的负责人。3月19日,华东台的几十位同志,包括周婕在内,肩负着接管南京、上海、杭州国民党广播电台的重任随军启程南下。队伍从济南至滕州,经徐州到新安镇,又到淮安、扬州。5月2日,负责接管上海台的同志们从扬州渡江,3日到达丹阳,待命进入上海。行军路上,周婕穿上了军装,最小号的军装对她来说还是大,袖子和裤腿都要卷上去,但自我感觉很神气,斗志昂扬,为自己成了一名战士而自豪。周婕从小喜欢唱歌、跳舞,又蹦又跳,一路载欢载笑。但因为年龄小,行军时间长,她的脚上起泡后走路一瘸一拐,实在走不动了,她成了被照顾对象,甚至被"收容"——坐大车。历时一个多月的行军,部队没有洗澡、换衣条件,很多同志生了一身虱子,晚上脱下衣服在油灯下捉虱子成了"必修课"。虽然条件艰苦,但从未有人喊苦喊累。军营就像一个大家庭一样,充满着欢声笑语,人人都是兄弟姐妹,都是家人。

因为年龄小,行军条件艰苦,从淮安行军到扬州的路上,周婕得了疟疾,俗称"打摆子",时而发冷时而发热,每次发作起来浑身哆嗦,上牙打下牙,不能自持。虽然行军速度并不算快,但对病号来说很困难,她走路摇摆不定,行李背不动,但不想麻烦其他同志,就把御寒的棉被扔掉,只留下一条薄毯和一个水杯。当时军队缺医少药,卫生员把当时视为珍品的一小瓶奎宁给了周婕服用,但病情仍难以控制。有一天队伍夜宿破庙,由于多日阴雨,地上潮湿不堪,领导和同志们考虑到不能让她睡在潮湿的地上,四处找铺垫的东西,最后只找到了一个空棺材,大家把棺材盖抬到地上,让她躺在上面过夜,这已是最好的"待遇"了。"祸不单行",疟疾未愈,又染伤寒,周婕高烧40度,最后只能躺在担架上让同志们抬着走,这段时间她经常处于昏迷状态。她因高烧在夜晚睡觉时经常说胡话,高声喊叫呓语,听了令人毛骨悚然,陪护的女同志经常要结对看护。5月25日,上海解放,华东新华广播电台的同志们要去接管国民党上海广播电台。考虑到周婕的病情,同志们用火车把她送入了无锡第二人民医院。在医院,她仍属危重病人,挣扎在死亡线上,因为高烧,曾经把看护护士的手给咬破了,还撕掉医院两条床单,最后被捆绑在病床上。经过医生和护士的精心治疗和看护,周婕到初夏季节才真正清醒过来。听医生和护士说,当时她曾经停止过呼吸,经多方抢救才活过来,是从太平间抬出来的。周婕说:"当时要是没有领导和同志们的照顾,没有那瓶奎宁,没有医生和护士的治疗,我早就在这个世界上消失了。谁是救命恩人,我只能给一个朴素而又神圣的回答:是党和同志!"

1949 年 6 月底的一个晚上,周婕病愈归队回到上海。大病初愈的她骨瘦如柴,面色苍白,头发脱落。第一个见到她的是华东·上海人民广播电台的黄其同志,黄其看到周婕的变化后非常惊讶,开始都没认出来,半天才喊出她的名字。又过了一段时间,周婕的身体才真正康复。1949 年 6 月至 1955 年,周婕相继在华东·上海人民广播电台文艺部、上海广播乐团等部门工作。在这期间,周婕在广播中教唱过革命歌曲,唱过女高音,承担过编辑工作,并成了一名光荣的中国共产党党员。1955 年,周婕被调入中央广播事业局地方广播部担任助理编辑。1956 年考入北京外国语学院俄语系俄语专业。1960 年毕业后,周婕被分配至中央广播事业局国际联络部任翻译。1975 年至 1979 年,周婕在中央广播事业局国际电台苏联东欧部任编辑。1979 年调回国际联络部(外事司前身),之后一直从事广播电影电视外事工作。周婕作为中方代表出访过日本、朝鲜、苏联以及东欧、非洲、拉丁美洲等地区的多个国家,多次出席国际性的研讨会、专业会议、电影节(周)、电视节(周)及其他广播电视展映、广播电视节目交换、交易活动,为推动中外广播电影电视交流合作做出了积极贡献。①

通过周婕的这段经历可知,促使她最终成长为一名领导者的根本原因在于党和同志们的引领和帮助,这是一种"生死之交"的感情或恩情。恰恰是这

---

① 周婕,史小钊,朱晓鹏.初心向党 信念永挚——访原广播电影电视部外事司司长周婕[J].老年,2019(18):23-24.

个"外在因素"起到了远比她的"先天条件"更加主导性的作用。

这一点在艾琳娜·L.博特略、金·R.鲍威尔团队的研究中也得到了充分的验证：以往绝对会被隔离于"领导者"之外的一些人，却在现实中突破了公众的认知"天花板"，做出了卓越的成绩。

在《为什么精英都有超级领导力》一书中，作者列举了不少这样的实例：

一名护士，她成为一家声名卓著的儿童医院的160年历史上的首位女性CEO；

一个备受尊敬的投资公司的创始人，她曾在创业之初将父母40多万美元的退休金都赔光了；

一个意大利移民的鞋匠的儿子，经营着一家全球直升机公司和一家大型科技公司；

一个童星兼歌手，领导着全国收益最为稳定的银行；

一个没有学位的垃圾工，成了世界财富500强企业的CEO，且被员工和竞争对手一致认为是最富有激情、最受尊重、效率最高的领导者之一。

艾琳娜·L.博特略、金·R.鲍威尔强调：与此类似的"名单很长"！[1]

那么，艾琳娜·L.博特略、金·R.鲍威尔团队发现的"CEO密码"是什么呢？其实并不神秘，只要——

√ 充分实现自我；

√ 通过后天的努力来实践CEO基因组行为特征（主要包括决

---

[1] 博特略,鲍威尔.为什么精英都有超级领导力[M].张缘,刘婧,译.长沙:湖南文艺出版社,2019:15.

策力、从交际中创造影响力、高度可靠和大胆调整）；

- ✓ 充分了解不同的领导模式并适时地使用；
- ✓ 从容面对职务挑战（主要包括五大类危险）①。

对照以上量表可以发现，周婕的成长经历完全可以与之一一对应。可见，作为一名领导者，重要的"成功密码"不是先天具有什么品质，而是在成为领导者的过程中以及承担起领导者的责任以后，如何去发展自我、应对挑战。

如果一定要为某些仍存有好奇心的公众提供一些所谓的"领导者基因密码"，那么以上列出的这四个条件有可能是比较靠谱的答案。

恰如周婕的亲身经历所展示的，所有突破了观念壁垒与机制壁垒的那些"成功者"，与其说其自身基因密码有什么特殊，不如说他/她们的实践条件、机遇、助力、发展路径是具有突出特点的。正是这些外部条件与其自身的共同作用，才成就了那些人最终完成社会角色的转换过程。所以，单纯去看个人自身所具有的那些"基因密码"，很可能会陷入认知局限与偏颇的思维陷阱。

正是基于这个共识，本书从第二章到第五章分别从格局与价值观、领导与下属的关系结构、领导对细节的关注、领导的规则意识这四个层面来详细阐释六位女性领导者的领导力的特征与亮点；第六章和第七章则是按照女性从幼年到成熟期的成长历程，分别从原生家庭和早期教育对女性领导者个体的影响，以及妇女解放思潮与政治觉悟教育对女性领导力发展的影响的角度，聚焦她们的女性领导力的培育与提升过程以及相应的社会资源的支持情况。

虽然六位女性领导者身上具有很多共性特征——少女时期便离家加入革命队伍，加入了党组织，且都是从基层的播音员、记者干起来的；但她们在完成领导角色之前和之后还是有些许差别的：

---

① 博特略,鲍威尔.为什么精英都有超级领导力[M].张缘,刘婧,译.长沙:湖南文艺出版社,2019:8-15.

◇ 孟启予、丁一岚、夏之平是20世纪20年代生人,她们可谓"中国共产党的同龄人",她们是当之无愧的首批中国共产党发展壮大的见证者和建设者;

◇ 黄惠群、崔玉陵、周婕是20世纪30年代生人,她们是在中国共产党的直接领导下加入国家建设者的队伍中来的;

◇ 这六位女性领导者都是中国广播电视事业的首批建设者和领导者,其中丁一岚、崔玉陵一直工作在广播领域;黄惠群、孟启予、夏之平则由广播领域跨越到电视领域;周婕则因为中央广播事业局国际联络部改为外事局,工作领域从广播跨越到外事司;

◇ 孟启予、丁一岚、崔玉陵三人自1993年开始享受国务院政府特殊津贴待遇①;

◇ 孟启予曾在南京参加过中共领导的学联、在延安鲁艺学习过;丁一岚在延安的陕北公学、中央党校学习过,这两人系统地接受过党的理论培训。

从资历上来说,六位领导者也是有很大差异的。考虑到她们之间存在的共性与差异,本书在各章对各位领导者的事迹是根据主题的需要来进行择选和聚焦的。另外,相对而言,丁一岚、孟启予、崔玉陵、黄惠群、夏之平这五位领导者的相关资料要比周婕的资料充实一些。由于本书的研究方法主要采用文献法,所以从全书整体上看,难免出现有些领导者举例较多,其他领导者举例较少的情况。个中原因,在此一并说明。

接下来,就我们用探究"领导者成才密码"的审视框架,来看看崔玉陵的

---

① 国务院政府特殊津贴是中华人民共和国国务院对于高层次专业技术人才和高技能人才的一种奖励制度。获得者被称为享受国务院政府特殊津贴专家。1990年起,党中央、国务院决定,给做出突出贡献的专家、学者、技术人员发放政府特殊津贴。这是党中央、国务院为加强和改进党的知识分子工作,关心和爱护广大专业技术人员而采取的一项重大举措。这对于进一步营造"尊重知识、尊重人才"的良好社会环境,加强高层次专业技术人才队伍建设发挥了重要作用。

女性领导力之路是如何实现的吧!①

原中国国际广播电台台长崔玉陵是 20 世纪 30 年代生人,她参加革命的时间是 1948 年 8 月,这在六位女性领导者中并不算早;另外,她在基层干过很多工种,包括播音员、编辑、记者、翻译,是以俄语为特长的专门技术人员。她的一生都奉献给了中国的广播事业。她能够最终走上领导之路,并且和资历更老的孟启予、丁一岚一起,同一批享受国务院政府特殊津贴,相信读者对于她的好奇心应该是最大的。因为如果按照人们对传统意义上的"基因密码"的执着以及普遍认识来看,她做到如此成功应该是出乎很多人的意料的。

1932 年夏天,崔玉陵出生于松花江畔的吉林市,父亲在铁路上工作,母亲则是家庭妇女。崔家孩子众多,崔玉陵是家里的二女儿,她还有一个哥哥和姐姐,大姐出嫁早,崔玉陵自小就承担起了帮母亲洗衣做饭和照顾弟妹的工作。属于城市贫民的父辈由于兵荒马乱、灾害连年,希望靠"闯关东"谋求一条生路。② 但无奈的是,她的家境一直没有起色。

16 岁时,崔玉陵从吉林省立女子中学毕业。随着弟妹们的长大,家里的开销也越来越大,父亲提出不能供崔玉陵继续读大学,在铁路局帮崔玉陵找了话务员的工作。一心想上大学的崔玉陵很理解家里的难处,她提出可以不上大学,但工作得自己找。一次偶然的机会,吉林广播电台播音组的组长见到了崔玉陵,建议崔玉陵去电台当播音员。于是,崔玉陵和其他五个人一起前往延吉参加任前培训,三个月的集训结束后,由于她表现优秀,一回到单位,就被安排播报每天早 7 点的新闻节目。1949 年,苏联方面提出需要国内派遣中文播音员前往苏联,组织上决定从东北派遣一名播音员过去。经过选拔,17 岁的

---

① 感谢中国传媒大学传播研究院 2019 级硕士研究生巩婧好、陈佳对本节中关于崔玉陵资料的梳理和贡献。
② 吴绪彬.得失不计 荣辱不惊——记中国国际广播电台台长崔玉陵[M]//逝水流年人相随:纵观名流,横看世界.北京:中国书籍出版社,2018:54.

崔玉陵得到了这个机会,被派往莫斯科电台工作。①

这次外派是保密的,临行前不让和家里通信、见面,对任何人都一概不能透露去向。临走的前一天,组织上才让她给父母写了一封信,告诉家人她去了哪里,至于什么时候回来,要等任务完成以后才能定。她写好信后,组织上把这封信拿走了,等她走了以后才寄给她的父母。而这一别,就是近五年半。崔玉陵便这样戏剧性地开始了她在异国的播音生涯。②

17岁的少女只身前往异国他乡,肩负着高度机密的政治任务与使命,慢慢度过了成长期中一段重要的时光,她所承受的这份压力之大可想而知。

在苏联,崔玉陵的工作是担任莫斯科电台的普通话播音员。虽然莫斯科冬季气候寒冷,但崔玉陵适应得很快。工作的同时,崔玉陵也在认真学习俄语,她的俄语水平提高得很快。因此除了播音,崔玉陵也负责为前来访问苏联的一些中国代表团做翻译。

1954年夏天,崔玉陵接到中央广播事业局的通知,为即将来访的中国广播代表团担任翻译。代表团一共18人,包括当时中央和地方广播系统高、中级干部15人、翻译3人。代表团在7月5日抵达莫斯科后,进行了为期两个月的学习和访问。苏联方面的认真工作使得中国广播代表团全面系统地了解了苏联广播事业发展的历史和现状,为代表团在国内开展广播工作起到了开阔思路、学习借鉴的作用。几十场报告内容和材料约六十万字被翻译编辑成书出版发行,在崔玉陵的印象中,这是国内出版的第一部全面介绍外国电台的专业书籍。

---

① 朱建英.与国际广播的一世情缘——记老台长崔玉陵[M]//纪念中国国际广播电台创建70周年系列丛书·CRI创业者风采:国际传播70周年:上集.北京:中国国际广播出版社,2011:73.
② 朱建英.与国际广播的一世情缘——记老台长崔玉陵[M]//纪念中国国际广播电台创建70周年系列丛书·CRI创业者风采:国际传播70周年:上集.北京:中国国际广播出版社,2011:73-74.

苏方为中国代表团的访问组织了 61 场报告,[①]崔玉陵必须把苏方广泛使用的专业名词与中国的习惯用法对应起来,甚至还要创造新词,承担了巨大的工作压力,但也是这一次的翻译任务使得崔玉陵了解到了苏联成熟的广播体系,并为她后来回国后向苏联寄送中文节目[②]的工作打下了基础。1954 年 8 月 21 日,中国代表团与苏方签订了中苏广播事业合作协定,其主要内容是:从 1955 年 1 月 1 日起,两国中央广播电台以对方语言为对方听众准备专门的广播节目,通过对方电台定时播送,苏方每周三次,中方每周一次,每次半小时。与苏联签订协定的这一内容是此前签订的中捷、中波、中罗、中匈、中保、中德广播协定中所没有的。中苏协定中称的互换节目,后来被正式取名为"寄送节目"。

毫无疑问,这项工作不仅仅是技术性的,更是政治性的任务。在苏联学习和工作的这段时间里,崔玉陵虽然不像孟启予、丁一岚那样曾经在中国共产党创办的专门的政治培训的学校里学习过,但是她从实践中收获和提炼的经验与知识其实是更直接、更具现实指导性的。就这样,在专业不断进步的同时,崔玉陵的政治觉悟也在不断提升。

1955 年,崔玉陵被调回国内工作,由于对苏广播急需人才,崔玉陵不再从事中文播音的工作,改向苏联寄送节目,成为对苏组的一员,负责节目录制、配乐、监听,后来担任翻译、编辑。

初期俄语寄送节目的方针是全面介绍我国社会主义建设各条战线的成就和涌现出来的先进人物,增进中苏两国人民的了解和友谊。寄送节目的稿件一直由广播局最高领导亲自审查,各时期的宣传方针、个别重要稿件需由周恩

---

① 辉煌 60 周年:回顾我国广播电视发展巨史(1936 年—2009 年)[EB/OL].(2009-09-29)[2021-03-06].https://www.asiaott.com/h/39027.
② 吴绪彬.得失不计 荣辱不惊——记中国国际广播电台台长崔玉陵[M]//逝水流年人相随:纵观名流,横看世界.北京:中国书籍出版社,2018:53-64.

来、刘少奇、陈毅等中央领导同志最后批准。

根据中苏双方协定,苏方派遣一名成员担任广播顾问。1955年4月,第一任苏联专家、原莫斯科电台华语部主任巴宾科到京,直接参与选题制定、稿件修改、播音员备稿和节目审听的工作。巴宾科认为,中方节目虽然有很多不尽如人意的地方,但节目的起点并不低,只是沿袭的对内宣传的手法需要改进。对苏组的大部分成员从未接触过外宣工作,甚至没有接触过新闻工作,因此只能边干边学。据崔玉陵回忆,每次节目的播音技巧、音响效果、配乐合成,只要领导不满意就会修改,绝不凑合。节目编辑部设在西长安街上,但因为录音间不够用,俄语节目的录制是在西四石碑胡同进行的,因此往往是录制完再报西长安街审听,风雨无阻。

正是这段时间的工作历练,让崔玉陵的格局和政治意识突飞猛进地提高起来。外宣工作无小事,每处细节都不能放过。关注细枝末节中蕴含的题外之意,锤炼了崔玉陵对微观事务的把控力,也磨炼了她的耐心与细心。俗话说,了解最新的研究动态可以使人了解领导"科学",但是如果想学习领导"艺术"——如果想成为被别人追随的人——那就要学习经典。经典既是指那些形成了文字的经典著作,也是指在实践中依靠感性经验积累起来的认识与见解。最高领导同志的把关,让崔玉陵直观地取到了领导格局的"真经"。虽然这个时期的崔玉陵只是广播阵线的一线工作者,但是耳濡目染和每日的工作磨炼,已经让她在了解领导格局、拓宽领导格局的道路上越走越顺畅了。

受最高领导同志的直接领导,就中苏广播寄送内容进行编辑、择选、议程设置,这个工作对于崔玉陵而言,是促使其领导能力直接提升的重要条件。

根据多萝茜·伦纳德(Dorothy Leonard)、詹姆斯·马丁(James Martin)撰写的《企业专家的知识转移计划》一文,所有企业都有主题专家,他们掌握的知识对其业务至关重要。作为一名领导者,你如何保证不仅为后代保留那些诀窍,而且还要成倍扩大其影响?通过我们称之为"知识级联"的东西:专家的

"深层智慧"以一种将专家负担降至最低程度的方式向多个学习者传授并通过他们传播。每个级联的功能就像是一幅电话树状图,从某位主题专家开始,通过不断扩展的、变成老师的学习者层层传播。这些知识不是依赖专家来"输入"的知识,而是谋求让学习者"输出"的知识,然后将其传播给能够受益的其他人。"知识级联"的传递方式主要有四种[①]:

第一种,接力传递。在这种模式下,次级专家根据从专家那里学到的知识,直接对他人讲授或指导。——在崔玉陵的经验中,从审稿、定稿的领导同志那里得到的收获主要就是这种知识级联方式。

第二种,提出挑战。这包括次级专家根据专家的经验构建一个场景、案例或问题集,引导一组学习者进入发现的过程。个人或小组面对的是问题本身,而非专家解决一个常见但又有难度的问题的方案。只有在学习者对可能的解决方案进行了讨论,从而在心理上对背景环境和问题复杂化因素进行了接触和探究之后,专家的意见才会展示出来。记忆力和认知方面的研究表明,这样的挑战会导致更好的记忆力。——崔玉陵与直接上级就稿件选题、内容和表达方式进行沟通的过程,锻炼的正是这种知识级联方式。

第三种,建立"萤火会"。这是由经验不足的人或者由专家及其他人一道参加的会议,次级专家在会上讲授内容,然后讨论并进行扩展,产生新的知识。——崔玉陵参加的选题讨论会主要开展的就是这种知识级联方式。

第四种,转化。此种手法的要点是创建一种可以捕获专家知识的人工制品,以便将其传承下去。——在这方面,崔玉陵总结了所有从领导和专家那里得到的经验和教训,形成了一套独特的行事作风和领导规则,从而将符合外宣要求的、特定的编辑方针与实操经验传承了下去。

正是中苏寄送节目的工作,使崔玉陵完成了"知识级联"中的"知识输出",

---

① 伦纳德,马丁.企业专家的知识转移计划[J].哈佛商业评论·中文版,2020(2):9.

并在此过程中逐渐将观念与技巧统一起来,成为一名懂政治也懂技术的专业人员。

1956年,齐越和崔玉陵节译了苏联功勋演员符·阿克肖诺夫撰写的《朗诵艺术》,这部分内容连载于《广播爱好者》。该书内容包括了呼吸方式、发声吐字、重音停顿、语调、节奏、手势和创作想象、内心视像、内在语以及唱作交流等。[1] 由此事可以看出,崔玉陵不是纯粹的"技术控",也不是只讲政治的空谈派。她是一个在技术和政治上都过硬的专门人才,是个懂管理的专业人员,也是个懂专业的领导者。

1959年,27岁的崔玉陵历任对苏广播组副组长、组长、编辑组组长、苏联东欧部主任、俄语部主任。频繁的调动,不断变换的工作,给崔玉陵的专业技能提高带来了不利影响,但也从多方面锻炼了她,培养了她的领导才能,为她日后走上台领导的工作岗位打下了良好的基础。[2] 在这一时期,她的工作重心已经逐渐从一线专业播音员转到管理岗位上来。尽管没有更多的资料说明为何她得以脱颖而出,但是能够得出的结论是,她的政治觉悟、格局观念,尤其是工作经验一定是出类拔萃的。而且,能在对外广播组担任领导,一定是能够牢牢掌握住意识形态的大局之势之人。

1960年,中苏关系日趋紧张,苏联开始撤走全部在华工作的专家。苏联专家们即将离开中国时,国务院在人民大会堂举办了告别演出,向每一位专家颁发纪念证书。崔玉陵担任演出的俄语报幕员。演出结束后进餐时,崔玉陵恰巧坐在周恩来旁边。周总理向崔玉陵详细了解了俄语寄送节目的播出情况,并询问崔玉陵苏联专家撤走后对工作的影响。崔玉陵汇报说:"没问题,请总理放心,在本届专家来华前,对苏组也是自己撑了一年多,节目没受到

---

[1] 张颂.中国播音学发展简史[J].媒介研究,2007(2).
[2] 吴绪彬.得失不计 荣辱不惊——记中国国际广播电台台长崔玉陵[M]//逝水流年人相随:纵观名流,横看世界.北京:中国书籍出版社,2018:55.

影响。"

崔玉陵的这个回答虽然只是简单的几句话,但背后的含义却并不简单。崔玉陵用事实证明了苏联专家的撤离不会影响工作,所以那句"没问题"不是未来时,而是过去进行时加上未来时。寥寥数语,就给总理吃了一颗真正的定心丸。言谈之间展现了其优秀的工作水平。

中苏关系的持续紧张使得俄语寄送节目面临极为错综复杂的形势,苏方对中方寄去的节目大肆删节,在寄来的节目中则大肆宣传自己的政治观点,中方也不得已采取相应措施,对苏方寄来的节目进行删节。尽管面临着这些挑战,但是崔玉陵在回答周总理的问题时,她强调的是结论而非过程。因为即使过程再艰难,也不能让领导去解决问题;如果对领导事无巨细地展示工作过程中的艰难和问题,便是缺乏大局观的表现。所以,通过崔玉陵回答周总理的提问这一小小的细节,便可感受到崔玉陵已经具备了领导的素养。

尽快开通俄语直播变得迫在眉睫,为此,对苏组做了相应调整,成立了"苏联东欧部",下设三个组,崔玉陵担任编辑组组长。1961年12月20日至24日,俄语直播节目试播。1962年2月25日,俄语直播节目正式直播,每天九次,每次半小时。至此,30岁的崔玉陵的工作重心由寄送节目转移到直播上来。

随着形势发展,中苏双方互相删节甚至撤掉对方整篇稿件或整次节目内容的情况时有发生,到1963年,双方寄送节目已经是寄得多、用得少,后来发展到只寄不播。1965年5月,中苏广播合作协定期满并最终停止,中苏双方不再寄送节目,崔玉陵则继续在对社会主义国家广播部工作。

1966年,"文化大革命"开始,作为俄语组组长的崔玉陵也成了"黑线"人物,被迫停职,离开了工作岗位。直到1970年,她与丈夫分居了整整六年。这段经历对她而言既是痛苦的,也是深刻的:"我一直比较清高、自满,政治上比较幼稚。1959年和1966年经历了两次人生中的大难,对我的后半生起了滋补作用。我认为人不能太顺利,应积累正反两面的经验。"①

崔玉陵对自己"文化大革命"经历的反省是有政治高度的:她反省了自己个性的缺点,这种与生俱来的个性化特征一旦遭遇历史与现实的考验,势必会带来不良影响。崔玉陵当时毕竟是一个领导,在意识形态对抗阵线上要发挥"战士"甚至是"斗士"的作用,这种意识形态的争夺与斗争是她日常工作的主要内容。也正是经过"文化大革命"的洗礼,她更加认识到并不是占据了领导岗位便自然而然等同于一个合格的领导的道理。尤其是在特殊的年代,国家发展的重要和关键时期,只有各方面过硬的人,才能胜任领导岗位。崔玉陵在看待这个问题时,没有只看到自己的优势和不易,从而心怀不满和抱怨,相反,她站在了更高的境界上全方位地审视自己。尽管她没有在工作中犯过大错,但是在政治上的不成熟的确是一个隐患。在这方面,崔玉陵做到了客观、冷静地审视历史与自身。从领导力的角度来看,这种对自我意识的战胜是非常了不起的。

领导力的研究者们达成共识的一点是,阻碍许多领导者获得成功——因而阻碍他们的机构成功——的因素之一就是他们的自我意识。领导力专家吉姆·柯林斯(Jim Collins)在其关于机构经久不衰的原因研究中发现,在三分之二的对比案例中,正是"一种巨大的自我意识的存在才导致了机构的倒闭或长期平庸"。我们的自我意识希望我们正确,它把失败视为一种威胁。我们的自我意识的防御倾向常常使我们付出巨大的代价。当自我意识受到威胁时,我们过久地坚持过去的决定,我们对来自团队或客户的反馈作出防御性的回应或者"辩解开脱",使得我们在需要理性的时候却变得情绪化。②

自我意识过强的人,总是把自己看得比一切都重要,无法用陌生化的眼光

---

① 吴绪彬.得失不计 荣辱不惊——记中国国际广播电台台长崔玉陵[M]//逝水流年人相随:纵观名流,横看世界.北京:中国书籍出版社,2018:56.
② 比尔克.企业专家的知识转移计划[J].哈佛商业评论·中文版,2020(2):11.

来针对具体问题给出客观的评价。这样的情况对于普通人来说是无伤大雅的,但是对于一个领导者而言,却是必须要去努力克服和战胜的"心魔"。

只有摒弃了自我意识的领导者才能真正看清楚自我成长的短板与症结所在。一个人战胜自己的内心比去战胜别人更难,但崔玉陵做到了。而且,崔玉陵将"文化大革命"中的经历形容为"滋补作用",可见她是一个能超越"小我"肉体和精神的挫折,超越自我的个人得失,站在历史发展观的角度上去看待问题的领导者。在她的身上,体现出一个领导者该有的政治高度和思想境界。

1970年,崔玉陵举家迁往江油,她的丈夫参与筹建了江油市长城特殊钢厂,她便在厂中心实验室从事外文资料的翻译工作。有人发现她是级别较高的女干部,邀请她到职工医院当党委书记或者在职工子弟学校当党委书记,还邀请她当总厂的宣传部部长,但都遭到了她的婉拒。在四川的这段生活中,崔玉陵系统地反思了自己的工作道路与生活道路,不断地沉淀自己、挖掘自己。她说:"我在四川学会了炸油条、蒸馒头,打毛衣、做衣服,变成了地道的家庭妇女。每天晚上等孩子睡着了,老杨在厂里加班不回来,我就一直看书到深夜12点或下半夜一两点钟。除了看文艺书籍外,我捡起了日语,还想学德语。至于俄语是我的本行,过去工作忙没时间看,这下可以看个够。所以回台时,俄语部同事说没想到我俄语不但没丢,反倒有长进。"[①]

这段描述展现的是崔玉陵的精神境界。她不是"官迷",也不是一旦受挫便退缩回家庭的人。无论她的处境如何,她都没有忘记她的初心。所以即使以照顾家人为主业,她仍不忘修炼自身的能力与水平。这种为了未来的事业而并不屈服于当下发展局面的人,是有高瞻远瞩能力的人,也是有领导格局的人。在现代领导力理论中,衡量领导者应对危机的能力的标准之一是看其能否身处动荡仍能保持学习并带领他人学习。毫无疑问,若从这个层面来考量

---

① 吴绪彬.得失不计 荣辱不惊——记中国国际广播电台台长崔玉陵[M]//逝水流年人相随:纵观名流,横看世界.北京:中国书籍出版社,2018:56-57.

崔玉陵的领导力,她接近满分。

粉碎"四人帮"后,崔玉陵恢复了工作。回台工作一段时间后,她先是当俄语部主任,1982年被推荐到台里当了主管宣传的副台长,1985年,53岁的崔玉陵出任中国国际广播电台台长,创办了中国国际广播出版社。① 对于走上领导岗位,崔玉陵直言,她是被历史所推动,当官不是她的追求,随着生活经历的磨炼,她才逐渐接受了一些不可推卸的选择与责任:"1977年回来,我改变了原来不想搞宣传的想法。作为一名知识分子,我热爱这个事业。在当俄语部主任期间,我除了定稿,业余还从事翻译,帮人改书稿,有时搞到下半夜两点钟。"1984年,崔玉陵出版了《朗诵艺术》②一书,算是对她一直以来的学术兴趣有了一个交代。她说:"上中学时,我的理想是当工程师、当医生,女孩子要想在社会上立足,必须有一技之长。最后还是革命形势把我推到这条路上来。我不想当官,但我是党培养出来的,不能只讲兴趣,我得服从工作需要。"她直言,自己一生的很多事情都不是她规划好的:"我想干的不让我干,我不想干的偏让我干。不过既然干,就得干出个名堂。"③

崔玉陵在1948年就参加革命了,她是党一手培养起来的业务骨干,也是党一手培养起来的女干部。干部的模范带头作用并不片面等同于跟随在党的身后默默干事业,而是也要起到引领和承担发展使命的作用的。该站出来的时候绝对不能退缩。尤其对于女干部而言,当外部条件都满足晋升要求的时候,唯一要战胜的可能就是心里的那一点点不自信。虽然社会机制性的"玻璃天花板"在崔玉陵这里已经被突破,她内心里的那道"玻璃天花板"才是她能否实现领导之路的关键。

从崔玉陵的这段自述中我们可以看出,她的领导力发展之路中很重要的

---

① 张振华.尴尬与欣喜[J].中国广播,2009(1):28-32.
② 阿克肖诺夫.朗诵艺术[M].齐越,崔玉陵,译.北京:中国广播电视出版社,1984.
③ 吴绪彬.得失不计 荣辱不惊——记中国国际广播电台台长崔玉陵[M]//逝水流年人相随:纵观名流,横看世界.北京:中国书籍出版社,2018:57.

一个助力就是党的领导和培养。从建党之日起，党对于妇女工作的重视，对于妇女干部的培训和提拔，一直是实实在在的，只要是有才干的女性，都能获得适当的发展空间。所以，崔玉陵这样的女性在完成党交给的任务的同时，也实现了自我的超越，实现了社会角色的转变。

刚走上台长岗位4个月，她便率团去澳大利亚访问，访问归来时，崔玉陵确诊了直肠癌。确诊一年后，经过手术治疗，崔玉陵成功战胜了病魔，重返台长岗位。很多人看到她迅速康复，如同健康人一样活跃在工作岗位上都感到不可思议，崔玉陵说，支撑她的是领导工作的使命感："自己刚刚上台，很多事情还没来得及做，就这样走了，于心不甘。我暗下决心，一定要树立信心战胜疾病，重新回到工作岗位上。术后，我的身体极度虚弱，一小碗饭要分三次吃，连50米的路都走不下来。但我自认为精神坚强、心理平衡。我一边接受中西医结合治疗，一边加强自身的锻炼，慢慢地增强了体质，恢复了体力。老杨劝我不要上班，但我觉得既然部领导把我放在台领导的岗位上，我总得干成几件大事，为大家谋点福利。"①

在疾病与生死的考验下，崔玉陵的精神寄托始终都是她的工作，是党和部领导对她的信任。不以任何理由有负嘱托，崔玉陵对她身处的领导岗位的理解显然是将责任与使命排在首位的。

鉴于多年来我国对外广播发射功率不足，在北美、欧洲和非洲等地收听效果不好，崔玉陵为此殚精竭虑，对内找中层干部谈话，对外出访多个国家，反复谈判节目互转、租机等可能性。经过努力，国际台先后同瑞士、法国、加拿大、西班牙、苏联开展了节目互转，并租用了巴西、马里的发射台，从而大大改善了国际台远距离广播的收听效果。同时，国际台的各语言广播已同41个国家和地区的68家电台建立了传送、寄送节目的关系；1991年，国际台收到了来自

---

① 吴绪彬.得失不计 荣辱不惊——记中国国际广播电台台长崔玉陵[M]//逝水流年人相随:纵观名流,横看世界.北京:中国书籍出版社,2018:58.

150多个国家和地区的听众来信23万多封,创历史最高纪录。

在职工安居和人才培养方面,崔玉陵可谓大刀阔斧。在符合国家政策的基础上,她将解决职工的切实居住困难作为首要任务来抓。1991年上半年,国际台拥有了两栋宿舍楼,数百计职工喜迁新居。国际台是一个大学毕业生和专业人才集中的单位,职称评定问题一直是个难题。崔玉陵为此多次奔走,向部里有关部门和领导反映情况,终于得到了领导的理解和政策倾斜。但由于名额有限,她主动放弃了申请最高档职称的机会。

崔玉陵没有接受过当代发展起来的女性领导力或者领导力相关方面的专门培训,在这方面的理论积累也并不多,但是她所做的每一件事,都符合领导力发展的规律。

比如她在职工安居和人才培养方面的一系列举措,是保证员工克服工作倦怠的重要支撑力量。因为领导者的其中一个重要职责就是提高企业绩效,同时不牺牲员工的人性、幸福或者理智。

员工的工作倦怠是不可避免的,也是普遍会出现的情况。盖洛普(Gallup)通过对7 500名全职员工的调查发现,工作倦怠的五大原因是:工作中的不公平待遇;无法控制的工作量;工作角色不明确;管理者的沟通与支持不足;不合理的时间压力。应对工作倦怠的相应激励措施包括:富有挑战性的工作;对个人成就的认可;责任感;做有意义事情的机会;参与决策;对企业有重要性的感觉。应对工作倦怠的相应的保健措施包括:工资、工作条件、企业政策与行政管理、监督、工作关系、地位与安全。[①]

弗雷德里克·赫茨伯格的《再论如何激励员工》一文自1968年发表以来,一直是《哈佛商业评论》最具影响力的论文之一。他认为,保健因素并不能起到激励作用,但是如果没有保健因素,员工则会缺乏动力;如果你的员工看起

---

① 莫斯.企业专家的知识转移计划[J].哈佛商业评论·中文版,2020(2):15-16.

来缺乏动力,就需要注意一下保健因素了。①

作为国际台的高层领导,崔玉陵在职权范围内能够做到的首先是应对工作倦怠的那些保健措施,即利用各种资源、运用多种手段来增加员工的福利。很多高层领导往往不屑于过问这些基本保健措施,在他们心中,只有更宏大的发展蓝图才配得上他们的身份和关注点。但这样的领导往往不得人心,被认为是"不接地气"的,其领导力和影响力也相对受限。所以,在聚拢人心,人性化地带领大家奋进方面,崔玉陵做到了无可挑剔。

常言道,做出改变很难,但更难的是维持改变。事实是,改变很困难,很少有人会喜欢它。即使是那些会从新秩序中获益的人也只会抱有不冷不热的支持态度。《君主论》中提出了两个成功领导变革的要点:了解变革之路;关注人的因素。② 马基雅维利说:"人们的性情是容易变化的;关于某件事要说服人们是容易的,可是要他们对于说服的意见坚定不移,那就困难了。"③正是崔玉陵的以身作则,换来了与员工的真正交心,在人事、职称、工资、分房等敏感问题上,她都处理得深得人心。

领导者的另外一个职责是把可能性变为现实。为了解决国际台干部待遇差、干部不稳定的难题,崔玉陵成立了翻译联络部,筹办了中国国际广播出版社,创办了《世界信息报》(2001年更名为《世界新闻报》),至此,中国国际广播电台有了自己的印刷媒体。④ 发展的路径永远不能是压抑发展的需求,而应该是努力想办法、找资源,不断把"蛋糕"做大,不断把发展空间拓宽,这才是领导者带领队伍实现发展的不变法则。"穷则思变,变则通,通则达。"好的领导者不是那个会把问题反映给上级的人,也不是那个只会给下属灌一些不冷不

---

① 赫茨伯格.再论如何激励员工[J].哈佛商业评论,1987(9-10):109-120.
② 戴维斯.论领导力[M].侯贝贝,译.北京:电子工业出版社,2018:37.
③ 马基雅维利.君主论[M].王伟,译.北京:北京联合出版公司,2014:103.
④ 张振华.尴尬与欣喜[J].中国广播,2009(1):28-32.

热、毫无现实用处的"心灵鸡汤"的人,而是那些会把问题转变为机遇,并提出创新性和建设性改革思路的人。

为了解决国际台办公条件差、设备落后等问题,她多次奔走、打报告、做计划、拉关系、寻求支持,终于争取到了计委的支持,将国际广播大楼成功立项并列入了"八五期间国家重点工程"之列。崔玉陵派人出国考察、制定方案、项目招标、设计方案评比、确定设计单位,一次次地听汇报,反反复复地进行研究,终于落实了比较理想的设计方案。尽管在她退休的时候国际广播大楼仍在建设之中,而且在整个筹建过程中她还遭受了流言的中伤,但她无怨无悔。她一直都是一个目标明确、雷厉风行的人,她说:"现在大楼的筹建工作暂告一个段落,我终于能安心地退下来。至于大楼的启用,那是下届领导的事了。"[1]新大楼1992年9月开工,1996年年底按期建成。总占地面积近6公顷,主楼17层,是集编播、语言录制、节目传送、通信等于一体,由计算机控制的具有当今世界先进水平的全数字音频广播系统。1997年,新大楼正式启用,而1993年的时候,61岁的崔玉陵就从台长岗位离休了。[2]

"伟大的领导"最终不体现在发表激昂演讲、策划推翻政府或者指挥庞大的军队等方面,关键在于能否恪守诺言,能否明智审慎地做出决断,能否面带真诚的微笑,以及能否表达自己的观点。

如果说崔玉陵的领导之路有"基因密码",那么她的密码就是在时代机遇面前永不退缩、勇往直前。用一个比"基因密码"更贴切的词来形容,这是她的"成才密码"。年资浅、家世普通、学外语、不断更换更具挑战性的工作内容以及身患癌症等,都是崔玉陵磨炼其领导力所必不可少的助燃剂。在

---

[1] 吴绪彬.得失不计 荣辱不惊——记中国国际广播电台台长崔玉陵[M]//逝水流年人相随:纵观名流,横看世界.北京:中国书籍出版社,2018:60.

[2] 朱建英.与国际广播的一世情缘——记老台长崔玉陵[M]//纪念中国国际广播电台创建70周年系列丛书·CRI创业者风采:国际传播70周年:上集.北京:中国国际广播出版社,2011.

种种因素和经历的共同作用下,一个在中国现代社会中普普通通地成长起来的女孩逐步成熟起来,最终在中国的国际广播事业中做出了重要的贡献,并在这个领域的领导岗位上取得了突出的成绩。

崔玉陵过硬的专业技能、对服从大局的领悟、对下属的发展需求的重视、对国际台长远发展的谋划,体现出她别具一格的领导力特色。而她所经历的所有挫折、逆流、坎坷,都对她日后形成自己的领导力风格、培养她建立起领导观念和领导智慧起到了非常重要的支撑作用。正是这些外部的阻力,激发出了她自身的潜力;由发展自身的这个小目标出发,逐渐形成了更大的发展目标,即创建出有利于共同发展的环境和机制,而这必须要有卓越的领导力作为基础。所以,崔玉陵从拒绝当官,到成为一个好官,转变的不仅仅是一个决定,更是确认了一种增强使命意识和责任意识的世界观。

从实践中升华出理论,崔玉陵在工作和生活中不断吸收经验教训,形成了一套自己独特的领导力的理论体系。国际台摊子大、业务复杂、工作千头万绪、关系纵横交错。崔玉陵作为台长,非常善于协调关系,并且对如何当好领导有着自己的一套感悟。她认为①:

> 第一,作为一个班子,要分几个层次。领导核心是台分党组,大事和重大决策集体讨论,日常工作放手让其他人去做。我认为我比较放手,我不习惯跟在人家后面,给人出点子。我让他说点子,发扬民主,充分调动大家的积极性,不使大家感到缩手缩脚,遇到问题找我,同我商量,又有民主,又有集中。
>
> 第二,不背后议论同志,不背后指责。大家来自五湖四海,能力不一样,看问题的角度也不一样。我首先尊重副手,工作出了问题不

---

① 吴绪彬.得失不计 荣辱不惊——记中国国际广播电台台长崔玉陵[M]//逝水流年人相随:纵观名流,横看世界.北京:中国书籍出版社,2018:60-61.

先批评,而是先问他遇到什么困难,当时怎么想的,然后坦诚交换彼此的意见。

第三,有过失自己承担。出了问题,首先承担责任。不上推下卸、不文过饰非,不整人。在班子内部建立信任感,你有错我同你当面谈;批评也考虑怎样使对方容易接受,使大家没有思想顾虑,敢于当面谈自己的看法,这也是我做人的准则。

第四,作为一把手,要经常听取群众的意见。过去我有时间就下到部组找同志们聊聊。现在事多,精力顾不过来,下去少,找上来的,我都热情同他谈。如分房,许多人找我,我吸收群众的合理意见,及时在碰头会上研究。所以从总体看,分房比较合理,一些同志的实际困难解决得比较好。

第五,以身作则,起表率作用。凡要求别人做到的,我首先做到。我遵守纪律,不随便请客吃饭,用私车基本上没有。

第六,当领导,主要是出主意和用人。下面的干部,通过组织去考核,广泛听取意见。人无完人,主要看他的主流,一般还行的,就大胆地使用,放在岗位上锻炼。

崔玉陵凭借高超的领导智慧,使得领导班子配合默契、充满了活力。她不仅是优秀的女性领导力的实践家,更是卓越的女性领导力的理论家。

至此,读者应该能够了解崔玉陵为何以及如何能够与资历更老的丁一岚、孟启予一起获得了国家政府特殊津贴荣誉,并且成为中国现当代广电史上声名响亮的女性领导者了吧!

有些领导者总喜欢沾沾自喜地夸耀"我在三十岁的时候已经当上某某经理、进入某某领导层了",好像这份成功纯粹是个人魅力所致。有这种观念和言行的领导者完全沉浸在自身"基因密码多么卓越"的陷阱中,其实这反而暴露了其格局的狭隘。优秀的人绝不止其一人,但是他/她最终能获得那个领导岗位,一定是遇到了对其有利的晋升条件,一定是具有对其而言比较畅通的晋升通路与发展机制,并且无论其是否提及,他/她必经历了相当的考验与磨炼。只有洞悉和体验了那些"成长密码",才会真正成为一个优秀的领导者。所以,本书接下来的章节会反向追溯一个领导者究竟是如何在自身的条件下逐渐成长,最终具备被选择、被提拔的各种素质与"条件"的。需要强调的是,本书认为,所有个人成才的条件能否发挥作用,关键还是看晋升机制、晋升通路与晋升条件是否畅通、是否完备。而且,可能有些跻身领导位置的领导者的"成长密码"极具研究价值,其经历展现了领导力培育的一些重要因素,具有决定性意义的经验;而有些则可能更多是出于偶然性和随机性,仅仅是因为他/她遇到了一位对其赏识的前辈,便使得他/她在一众出色者中脱颖而出。所以,其实对待"成长密码"和对待"基因密码"一样,一定要辩证地去认识,必须要避免"本质主义"和绝对化,要重视生活环境与社会机制对其起到的催化作用。因此,本书后面的章节中所论及的领导力的形成过程和成功的特征,往往都是从本书研究对象的某个特定侧面或切入口来加以衡量的,并不是说只有具备本书研究对象身上的那些特点,才能成为好的领导者,如果是这样,就陷入"基因密码"的迷思之中了。

不讳言的是,在我对中国现当代历史上广电行业女性领导者展开具体研究时,对"基因密码"报以质疑之心的确有助于我更好地去认识这些领导者及其领导力。在这些女性主体人物的叙述中,读者也一定会和我一样,感叹她们原来并没有自带光环,从家世到成长都完全看不出其日后能成为卓越的领导者。因此,在展开每部分的研究时,我不仅会详细介绍我的研究主体的具体情况,也会展现出在特定时代、特定发展条件下女性整体的生存面貌与发展状况,以便读者更好地理解本书的研究对象身上哪些是普遍性特征,哪些是个人化的特质。

通过这种描述与研究,一方面可以很好地检验西方领导力理论的主要观点在中国现代以来的广电发展史上是否具有解释力,另一方面也是对中国人传统观念中"知人论世"观念、从心理学角度去分析原生家庭的影响、分析童年对人的影响、分析血缘基因以及生活习惯对人的成就方式的影响、分析政治的影响、政党的领导和培育对于女性领导力提升作用的影响的荟萃分析。

亚里士多德曾说:重复的举动造就了今天的我们。因此,卓越并非源于一种行为,而是习惯使然。让我们回到本书研究主体的生活经验中,看其如何塑造其领导者特定的"成长密码",并反观各种条件对于这些女性领导者达成其领导力和影响力到底具有怎样的有效性与局限性。

本书也会发展出一种考察视角,聚焦在现当代传媒广电领域的女性领导的领导力的文化和心理学内涵及其当代启发上。文化与心理学是揭示领导者及其领导力必不可少的工具。如今,几乎半数的领导学研究专著都算得上涉猎了心理学领域,因为对于领导力的相关研究而言,没有什么比了解人类行为和思想方式背后的动机更有用的了。对许多心理学相关话题的探讨也会使领导力研究获益更多。比如研究领导者的行为动机、人格类型、决策、文化和坚定无畏的特质等,这些研究内容有助于揭示什么构成了领导力,以及如何更好地提升领导力。而这样的分析内容,读者将在本书的随后章节中一一看到。

第二章　格局与价值观：
　　　　女性领导力培育的基础内容

　　领导(lead)作为一种角色行为,不仅是发号施令与维持管理,更重要的是价值引领与方向指引。所以,并不是每一个获得了领导职位的领导者都扮演了合格的领导者角色。应该强调的是,尽管没有"完美"的领导者,那些所谓的"不完美"也各不相同,但有一点是毋庸置疑的,即卓越的领导者一般都具有格局意识,都对复杂关系的处理得心应手,并且对如何管理有着自己独到的价值观。

　　格局意识、对各种关系的应对智慧以及正确价值观的确立,这些都不是一朝一夕之功,它们需要在一个长期的生活环境中逐渐定型并发挥出稳定的作用。因此,原生家庭、亲密关系、师长与朋友圈子乃至社会文化思潮,这些因素综合起来,在某种程度上影响了领导力培育的方向与效果。

　　通过观察一定数量的领导者的成长经历,我们就会发现一个普遍存在的规律,即领导者在其青少年时代所体验的生活百味、所处的不同关系、所遇到的形形色色的人与事,都会对其日后的领导风格、领导意识和领导价值观产生潜在的、不可忽视的影响。

　　比如,一些领导者宁可要一个平庸但绝对服从的下属,也不会选择有能力但有可能会提出一些挑战其观念和决断的下属。为何这些领导者会有这样的选人偏好呢？如果回溯其青少年时代的一些经历，是可以捕捉到一些蛛丝马迹的，其极有可能曾经生活在一种单一化关系的真空中。比如，他/她在各种关系中（包括家庭关系、社会关系等）曾经或长期没有受到足够的重视，极度渴望被表扬；或者是与此相反，他/她曾在各种关系中被无限度地包容。无论是哪个原因，都会促使其产生对权力高度单一的攫取意识，并且一旦拥有了权力，便不容置疑，哪怕是正常的批评与自我批评也是不可容忍的。之所以会如此或者是源于极度自信（甚至是自负），或者是源于极度不自信。因为这类领导者在其青少年时期或缺之或过度沉浸在挫折经历中，所以在其工作环境中遇到可能出现的挑战或质疑时不能用平和的心态面对，反而容易激发出他/她的应激心理。一个领导者，在青少年时代经受的各种考验越少，其成长后越"输不起"，在领导角色中越倾向于极权式风格。这就是所谓的单一环境对其形成单一权力观的影响。而这种权力观与大局意识是格格不入的。

伦敦纪录片导演迈克尔·伍德（Michael Wood）根据历史学家洪业在1952年出版的专著《杜甫：中国最伟大的诗人》拍摄了一部同名纪录片，他通过一段旅途一个故事的方式，展现了杜甫1 400余首诗歌背后的大唐帝国由盛转衰的背景以及诗人的精神风貌与心路历程，其中也捕捉到了杜甫的家世以及幼年的经历对其诗歌创作的影响：

> 杜甫出身世家，他的十三世祖杜预是晋代名将，还留下一部广为传颂的儒家经典的注本《春秋左氏经传集解》。祖父杜审言是唐高宗、武后时期著名的"文章四友"之一。这也成为他日后念兹在兹的"素业未坠""诗是吾家事"。然而在杜甫出生时，家声已有所没落，父亲杜闲只是县令级别的小官。人们对杜甫的童年知之甚少。伍德跑到河南巩县（今巩义市）找到一所据说是杜甫诞生地的屋子，为我们

讲述诗人童年时那段有名的往事。杜甫幼年丧母,被姑妈带大。有一年瘟疫流行,杜甫和姑姑的儿子同时染病,请来治病的女巫指出,只有被安置在卧室东南角的那个孩子才能幸存。于是,姑姑把自己的孩子移出东南角,把幼小的杜甫安置在那里。因此,杜甫活了下来,而姑姑的儿子不幸夭折。这一带有宿命色彩的故事,记录在杜甫30岁时为姑姑撰写的墓志铭中。这一事件对杜甫的影响巨大,在洪业看来,姑的性格可以解释杜甫一生中做出的许多决定的原因,在那些决定中,杜甫都有意选择了自我牺牲。比如,在父亲去世后,他把荫补入仕的机会留给了同父异母的弟弟。伍德认为,与其说杜甫是贵族(nobleman),不如说他是绅士(gentleman)。他的诗歌中丰富多变的思想,使得他在成千上万的中国诗人中都是独一无二的,他不仅被视为唐诗作者的杰出代表,也被视为儒家价值观的充分人格体现。[①]

一个人在某一时期的成长经历,在其一生中可能仅仅是一个非常有限的片段,但却会影响此人一生为人处世的模式,影响他的价值观。在理解领导力的养成与提升的问题上,这个观点是不可忽略的。没有人一出生便自然具有大局观,也没有人能不经历选择的两难就明白格局究竟为何意。一个人经历的磨难、误解、挫折越多,他/她对于格局的理解便越深刻。

夏之平在她的著作中就曾坦言:"亡国奴的现实生活是教育我的第一个老师":

  我与同时代的大多数人一样,也曾经无可奈何、听天由命地过日

---

① 艾江涛.跟随BBC的镜头,重识杜甫[J].三联生活周刊,2020(18):106-111.

子。但是,恰恰是当时的社会现实从反面教育了我,促使我去思考自己面临的现状。应该说,当亡国奴的现实生活是我的第一个老师。

1937年12月24日,日本鬼子占领了杭州,生活在"天堂"里的杭州人一下掉进了地狱。整个杭州的老百姓都在胆战心惊中度日,不知厄运什么时候会降临到自己头上。我与全家冒着在路上被日本鬼子抓住的危险,逃进了法国人开办的天主教医院难民收容所。在这个医院里,我亲眼看到被日本鬼子打伤的工农群众躺在病床上痛苦呻吟,听到他们离世时家属的号啕大哭,我的心在颤抖。这时我才明白侵略者竟然可以这样任意屠杀我的同胞,才知道什么叫"亡国奴"。那时我十三岁,初中一年级的学生,但这种景象却是终身刻骨铭心的。[①]

生活在和平时期的人也许很难理解和想象夏之平的这种少年经验对她日后靠拢中国共产党并加入革命洪潮的重要意义。当你站在人生的十字路口,需要决定走哪一条道路时,起决定作用的是你对每一条路将要带给你的价值的评估和选择,而评估和选择的依据里,很大一部分是你的情感和经验。此外,大局意识并不总体现为面对重大抉择时的价值观输出,往往是在面对一些日常生活的选择时,一个人已有的大局意识,会在潜移默化的、各种各样的言行考验和磨炼中不断壮大起来。

另外一个对于领导力而言很重要但在实践中却常被忽略的层面,便是领导者是否具有在各种关系中善于观察、善于协调并感受与付出爱的能力。具有格局的领导者一定是具有大爱观的、愿意为了爱别人而克制或改变自身的。每一个团队既是一个利益共同体,也是一个爱的共同体。如果仅仅是利益共

---

① 夏之平.铭心往事:一个广播电视人的记述[M].北京:中国广播电视出版社,2009:133-134.

同体,那么团队成员之间只是合作关系,无法真正站在对方的角度考虑问题,也不能为了成全对方而牺牲自我的利益。但是如果一个团队不仅仅是利益共同体(即合作关系),而且还是爱的共同体,那么团队成员之间就是朋友关系,就会在某些时刻把利益得失放在友爱关系之后来考虑问题,只有这样的团队才称得上有格局观念,这样的团队领导才能将其格局意识贯彻到团队行动中。

一个事事以己为先的人是不可能在成为领导者以后把集体的利益或团队成员的成长看得比自己手中的权力更重要的,这意味着决策过程中一旦出现领导者自身利益与团队整体利益二选一的情况时,一些领导者一定会选择自身利益优先,而另一些领导者一定会选择团队利益优先。在团队利益与领导利益不存在冲突的时候,有些领导也会只考虑是否对其个人有利而由此做出决断。如果一个领导者考虑问题总是从"这件事对我有什么好处"出发,那么团队及其成员的成长需求由于并不总会立竿见影地对该领导个人产生"好处"而会被忽视和搁置。各种想方设法或有意无意压抑团队成员成长的做法,正是极权式领导风格的一个特征,这种领导风格是缺乏格局意识和大爱精神的。

领导者最容易犯的错误是轻视他人的长处。优化管理在很大程度上就是下放权力,即意味着管理者必须重点关注团队能力建设。既然领导者的想法需要团队去传达和执行,那么只有团队成员的潜力得到充分发挥时,才能最大限度地增强领导者的影响力。[①] 与对手进行竞争的归根结底是一个团队,而不是一个领导者,所以,光领导者个人的能力超强是不够的,甚至有一批个人能力超强的助手也是不够的。重视对组织内各级人员的技能培训、智识培养和纪律约束,坚持严格执行论功行赏制度很重要。如果更重视提升普通下属的素质,而不仅仅是强调自己的个人能力,那么每个领导者都能有不错的成就。反之,即使领导者自己的个人能力再强,当面对的是一支优秀的竞争团队

---

① 戴维斯.论领导力[M].侯贝贝,译.北京:电子工业出版社,2018:269.

时，也几乎无济于事。①

怎样做才算是有大爱呢？其实它与大局观念是一脉相承的。只有在各种关系中经过历练，遭遇过各种各样的挑战，经历过各种或成功或失败的应对结果，才能真正做到换位思考，才能够从全局出发考虑问题，而不是局限在自己的小世界或个人的经验和见识里，为自己的利益得失而斤斤计较。所以格局在领导者的身上最常见的体现就是"其身正，不令而行；其身不正，虽令不从"。许多准备征服他人的领导者会发现，真正的斗争归根结底在于征服自己。

夏之平回忆电视新闻第一代人的团队精神时，生动而详细地记录了这些细节：

> 每天下午4点至5点是当天新闻的紧张审发时间，台领导孟启予几乎是每天必到。与她同时来到新闻部的则是播音员和音乐编辑。初创期的播音员只有沈力一人，1960年以后来了两位十七八岁的年轻人，那就是赵忠祥和吕大渝，20世纪70年代调来刘佳和邢质斌。他们轮流值班，和我们一起看编成的样片，在已经改得乱七八糟的稿件上，划上只有播音员自己才看得懂的记号。一般只能在放映机前看一遍，然后回去备稿，在晚上七点钟准时对着画面直播。音乐编辑宋珑和曾文济带着计时表，也和我们同时看样片，了解新闻内容，掐准每条新闻的时间，然后回去准备配乐资料，到晚上直播时配上适当的音乐。几位负责编辑、剪辑的同志李玉英、秦芝莲、于碧云等需要按照领导审片中的要求把片子改了又改，把胶片接头检查了再查，唯恐胶片接得不结实，播出时就会出断片事故。遇到紧急新闻时，她们得跑步送到播出部，有时新闻片送到时，离播出只剩几分钟

---

① 戴维斯.论领导力[M].侯贝贝，译.北京：电子工业出版社，2018：123.

了。她们还兼任导播,直到新闻安全播出以后,已经到了晚上七点半,才能放下心来回家吃晚饭。整个下午她们一直处在紧张的空气之中。

长期的实践和积累,对事业的热衷追求,我们的队伍中涌现了一支拍摄纪录片的主力军,如孔令铎、童国平、戴维宇、屠国璧、龚峰、化民、李少武、吕奉欣、朱景和、周居方、林钰、刘申、庞一农、马靖华、高长龄、田亨九、王元洪、朱宏、左耀东、魏中涛、曹兴成等。同时,我们队伍也锤炼出像陈汉元、王娴、臧树清、刘效礼、陈安、贾志杰、刘天湘这样一批编辑能手。为了拍好一个纪录片,为了拍到一个需要的镜头,他们可以在冰天雪地的环境中等上几十天,可以翻过一个又一个山头去寻找理想的角度,可以置生死于度外去抢拍一个需要的画面。用殚精竭虑、呕心沥血来形容一些同志的敬业精神,也许并不为过。搞纪录片不仅需要责任、苦干精神、艺术素养,而且必须善于与人合作,充分发挥摄制组中每个成员的智慧和积极性。我常看到,几个人关在屋子里反复看片,共同琢磨,挖空心思想点子,把纪录片的结构改了又改,镜头的组接方法变了又变,解说词改了又改。有时不得不下决心再出发一趟,把不足的镜头拿回来。经过一番痛苦的煎熬,一部受到好评的作品终于呈现在观众面前,他们之间,看不出有"文人相轻"的陋习,有的是相互烘托和你追我赶。①

这段记录非常完整和具体地诠释了什么叫作大局意识:一个团队(包括领导和每一个团队成员)是如何统一思想,为了共同的目标不计较个人得失而通力合作的。这种奉献精神不仅仅是个人的道德品质的体现,更重要的是格局

---

① 夏之平.铭心往事:一个广播电视人的记述[M].北京:中国广播电视出版社,2009:73,82.

意识的体现。

本书聚焦的孟启予、丁一岚、夏之平、黄惠群、崔玉陵、周婕这六位女性领导者,她们都经历了从现代中国到当代中国的跨越发展,她们是在中国现代革命史和社会主义建设史中经历过大大小小的人生挫折、遭遇了大风大浪的历练与陶冶之人。她们之中没有一人是天生的领导者,她们莫不是身经百战而后成长为党的优秀领导干部的。尤其是"文化大革命"这场浩劫,使她们在大局观上有了更深的体会与认识,发展出了超凡的境界与智慧。

作为中国共产党培养的第一代女播音员,作为中华人民共和国开国大典时天安门城楼的现场播音员,作为长期工作在我国国际广播电台的领导同志,作为"文化大革命"第一冤案的受害者邓拓同志的妻子,国际台前台长丁一岚的大局意识与政治觉悟是在工作中逐渐锻炼出来的。

1945年8月23日,八路军解放了张家口。中共中央和毛泽东对张家口的解放极为重视,张家口是抗日战争胜利后中国共产党领导的人民军队在华北地区解放的最大的城市。治理好张家口,在全国将有不同寻常的示范作用,可以为中国共产党管理大城市积累不少经验。因此,中央迅速从延安和晋察冀边区抽调大批干部赶赴张家口。同时,按照部署,由晋察冀日报社的邓拓带领报社的一支队伍,负责接收北平的各家报纸。

丁一岚作为接收部队的一员,随军一同前往。只是,丁一岚未曾想到,这一掉头北上,她的工作将要发生巨大的变化。八年前离开天津奔赴延安时,是她选择了革命;这一次,则是革命选择了她。1945年10月,丁一岚被任命为张家口新华广播电台播音科科长,从这时起,她开始了广播生涯。

广播电台除及时广播国内外重要新闻外,还时常播送述评和通讯,以及报道党政军的生活和斗争的节目,宣传党的政策,反映群众呼声,不时还邀请晋察冀边区的党政军负责同志和各界人士到电台做专题广播演讲。

丁一岚回忆道:"在电台,配合对解放区人民进行思想教育是最重要的工作内容。我们经常播出毛主席的文章,例如《新民主主义论》等,这是毛主席1940年1月9日在陕甘宁边区文化协会第一次代表大会上的演讲,原题为《新民主主义的政治与新民主主义的文化》,不仅对当地的老百姓产生了极大影响,其中毛主席说的'我们共产党人,多年以来,不但为中国的政治革命和经济革命而奋斗,而且为中国的文化革命而奋斗;一切这些的目的,在于建设一个中华民族的新社会和新国家。在这个新社会和新国家中,不但有新政治、新经济,而且有新文化。这就是说,我们不但要把一个政治上受压迫、经济上受剥削的中国,变成一个政治上自由和经济上繁荣的中国,而且要把一个被旧文化统治因而愚昧落后的中国,变为一个被新文化统治因而文明先进的中国。一句话,我们要建立一个新中国。建立中华民族的新文化,这就是我们在文化领域中的目的'一段话,尤其是对敌占区的广大群众和进步的知识分子,有一种感召力。当时这一类长篇文章都是由我来联系播送,在老百姓中影响很大。"

播音员的工作素养尤其强调政治觉悟,为了更好地实现播音效果,播音员必须对播放的内容从字面到意义都精熟、吃透。丁一岚在回忆当年的很多细节时,总是脱口而出且字字准确,足见她不仅仅将播音当作一个任务和工作去完成,更是当成一种精神与觉悟的不断洗涤和陶冶去感悟。正是在长期的工作磨炼中,丁一岚的大局意识已经成为她思考问题的基本出发点。

1984—1985年,由选民直接选举区人民代表。当时要回答选民的问题,有人问我,对干部生活,特别是住房困难的有什么想法,我介绍了台里总的情况,讲了国家、北京在解决住房方面所进行的努力,但仍满足不了急速增长的需要,我一定会将问题反映给主管部门等。

有人问我:"假如选民意见与政府意见不一致,你作为人民代表该怎么办?"这个问题真是将了我一军。我回答道,我有责任向上充分反映选民意见,如果意见合理,要争取实现,但如果意见不符合国家利益和当前的改革,我要向选民解释清楚,使选民与领导意见趋向一致。这样的回答博得了选民的热烈掌声。最后我当选为西城区人大代表。

在回答关于利益冲突这样的问题时,丁一岚是胸有成竹的。她之所以能够临场有非常稳定的发挥,源于这个问题对她而言并不是一个陌生的新问题,在她的工作中,在她的思想观念里早就接触过并认真思考过,这个问题归根结底是一个格局问题。丁一岚的回答思路无比清晰,她不仅仅回答了各方利益若有差异应该怎么办,更重要的是要有一个姿态,就是作为人大代表的使命,充分听取群众意见、将群众意见反映上去,而且要将群众的思想与国家利益统一起来。这个教科书般的回答,展现的是丁一岚的领导力水平。

1995年,应"美国之音"的邀请,丁一岚率中国国际广播电台代表团访问美国。在一次座谈休息时,她们来到了台长办公室。台长是哈佛毕业生,墙上有一幅哈佛大学的图片,把大学画在中央,背景是世界地图。他指着地图开玩笑说,哈佛很骄傲,把自己的校园画得那么大,其他国家很小,中国在边上很小。他毫无恶意。我笑着回答,这画符合视觉原理,近大远小,就像在地球上看太阳,太阳其实很大,看上去却很小。

玩笑归玩笑,却都蕴含着政治含义。那次的陪同翻译很欣赏我的言谈,对我们的同志称赞道,你们的台长可以竞选议员。①

领导者的政治智慧是否高明,可以通过考察其言谈的格局予以判断。当对方抛出一个问题时,不高明的领导者也许会"费力不讨好"地去针对每个细节予以回应。这么做虽然不会出什么大错,但是会被对方牵着鼻子走,任由对方设置谈话的议程。无论给出什么答案,在气势上都会矮人一截。因为如此回应的姿态显然已经将自己置于"被质询者"的位置上了。高明的领导者往往能够跳脱出对方设计好的思路,以其他视角得出的结论来作为回应。如此一来,回应的姿态自然表明自己是"阐释者"甚至是"新的议题制定者",掌握着绝对的话语权。丁一岚一生都在广播行业历练,她是见证了中国广播事业如何在革命斗争中发挥出重要作用的人,她亦深谙广播宣传工作对于意识形态争夺的重要。所以身为国际台的台长,她的格局意识与领导智慧早已超越了一般的政治家。

不讳言的是,领导者在心理层面上多多少少会有"自恋"倾向,感觉自己起码在团队中是最强的、最厉害的。正如杰弗里·普费弗为《时代》杂志(2015年9月28日)撰写的短文《好的领导者不一定是好人》(*Good Leaders Do not Have to Be Good*)所宣称的,能被选中担任高级领导,并在高级领导层生存下来的人,必须具备的性格特质是自恋,而不是谦虚。② 这一观点依托的价值观显然是"狼性统治观念",是"适者生存"的片面进化论观点。这种观点过分强调了领导者个人的作用,其正确性和有效性显然是存疑的。

客观地讲,首先,强调领导者的自恋特质具有绝对重要性的这种观点当然

---

① 成美,陈道馥,薛夏原.丁一岚传[M].北京:中国国际广播出版社,2011:208.
② 戴维斯.论领导力[M].侯贝贝,译.北京:电子工业出版社,2018:71.

是不可靠的；其次，如果有任何事实验证了这种观点的正确性，那么该事实的结果无论如何将会是糟糕至极的。因为任何性质的团队都不是靠领导者一人单打独斗取得发展、赢得胜利的，必须要有团队合作，必须依赖团队成员之间的互补和互助。"如果没有乐团，何谈指挥呢？"如果用一个词来描述最优秀的领导者，一定是"谦逊"而非"自恋"。只有软弱无能的领导者才会大肆招摇，声嘶力竭地发表演讲、发号施令，想让每个人都相信他是最聪明的人。与之相反，德行高尚的领导者很少突出自己，他们安静、稳重，总是敢于自嘲。[①] 大局观里包含着领导者对自我角色的正确认知，也包含着领导者对下属角色的全面认知。自恋作为小性情是无害的，但是对领导者而言，却会妨碍大局观，因此是领导素养里应该努力涤除的。

孟启予与她的团队经历了中国电视新闻的初创，在摸着石头过河的过程中，经历了各种艰难困苦。在那个时候，当个电视记者，第一个条件是要勇于面对并不能算是恶意的冷眼和意想不到的阻难。电视这个后起之秀要在新闻界争得一席之地确实很不容易！

> 和所有的创业者一样，电视记者的辛勤劳动如何才能得到人们的认可呢？只有以石头的坚硬和韧性，才能闯过这一关，建造电视新闻这座宏伟的大厦。同时，用事实与时间向人们说明，电视新闻这个新生事物，将是一项光彩照人的事业。

为了加强电视新闻的宣传，孟启予曾给记者们规定了一个"两长八短"的要求，记者每人每月必须完成采访和拍摄两条长片（15分钟以上）、八条短片（三五分钟）。当时，还没有"纪录片""专题片"的概念，都是根据各个时期的形势、任务，尽可能地从实际生活中寻找典

---

① 戴维斯.论领导力[M].侯贝贝，译.北京：电子工业出版社，2018：164.

型的事件、事例,进行报道。为了完成工作任务,记者们心中叫苦,但还是不分白天黑夜地连轴转,节假日也没有什么休息。当时,电视编辑部办公室每天晚上都是灯火通明。即使在这样繁忙的情况下,记者还要兼任摄影师的工作,担负拍摄电视剧和转播剧场、体育实况的工作。当时,电视剧没有录像,都是现场直播。这就需要多次排练,摄像师要熟练地掌握镜头,必须及时、准确地工作。虽然工作条件艰苦,大家工作热情却很高,一心想把工作做好,从不计较个人得失。

有了自己的电视新闻以后,孟启予提出要向更高的目标前进,她们开始努力争取新闻时效,力争在新闻事件发生的当天晚上就在电视中播出。经过大家的努力,试播的第三个月就成功地在晚上播出了当天下午的新闻。1958年7月1日播出的电视新闻《十三陵水库落成典礼》,就是对当天发生的新闻事件的报道。典礼是在当天16:00进行的,播出时间在当天22:00,电视编辑部的同志们从十三陵拍完典礼仪式后,赶回来洗印制作,在晚间播出,这不能不说是相当高的时效。由此可见,电视编辑部的同志们争取新闻时效的努力,已经成为现实。

从不定期地播出电视新闻节目开始,到1958年9月2日正式播出之日时,《电视新闻》就成为北京电视台基本固定的电视栏目,安排为晚上播出的第一个电视节目。当时,这个电视栏目的文字编辑有裴玉章、庞啸,画面编辑有李玉英、秦芝莲、于碧云、戴辛芬,播音员只有沈力一人,负责音乐方面工作的同志有宋珑、曾文济。

样片洗好以后,后期编辑工作如同打仗。孟启予和记者、后期有关人员,一起坐在放映间看素材影片,反复推敲,共同策划影片结构。

大家为了新闻"时效",要连续工作十几个小时。①

自恋的领导如何能做到监督全程呢?只有心怀谦逊的领导,才会带着学习、监督、引领的责任心,带领大家一起向着目标奋进。与同事一起吃苦,是孟启予当好领导的第一步。将同事和下属的难处视为自己的难处,尽自己最大的能力去化解困难,是孟启予当好领导的一个重要特点。

> 臧树清在一次接受采访时曾说:"孟启予虽然个子不高,说话也很轻。但是,她的人格非常高尚。她当干部的时候平易近人,离休以后也是平易近人。她从来不和同事发脾气,总是那么亲切。她一生养成了生活节俭的习惯,现在的生活还是那么俭朴。她是我们学习的榜样。"
>
> 孟启予对自己有点"抠门",但她对别人,特别是对需要帮助的人却很慷慨。三年困难时期,她虽然是台领导,享受一些补贴,但她也缺少营养,并且得了浮肿病。然而,她却把分配给自己的大豆等副食品,拿出一部分来分给比她更困难的同事。
>
> 台办公室秘书朱夏初的不幸,令人十分同情。他有一个特别心爱的儿子,刚大学毕业参加工作,结果那年冬天因煤气中毒去世了。他的妻子又急又气,不久也去世了,就剩下他一个孤老头。有一次,他的父亲借了路费,从乡下来到北京看他。孟启予知道后,悄悄在他的办公桌里放了一些路费。后来,朱夏初知道是她放的,十分感激。
>
> 1962年国庆节,吕斌和蔡慎穆第一次离开师傅的指点,独立去八达岭詹天佑纪念馆采访。离开北京城时天气还很暖和,可是到了

---

① 周迅.大海的一朵浪花:孟启予的广播电视生涯[M].北京:中国广播电视出版社,2008:136-137.

山上,天气骤变,下起了小雪花。因为穿的衣服很单薄,吕斌患了重感冒,第二天咳了半茶杯鲜血。当时,他年轻火力壮,全没放在心上,又工作了三天才回城,最终由于治疗不及时得了支气管扩张症。

经过诊断,医生说"只有切除右肺下叶才能根治"。于是,吕斌在安定门外医院住了40多天。吕斌在北京没有亲人,可每周都有同事前来探视,特别是组长石凤山,不知跑了多少趟。出院时,医生说要他全休一年,即使痊愈了也不准做重活,并建议他换换工作,再也不要扛摄影机了。

当时,吕斌的处境十分困难:背上有一尺多长的大伤口,又切除了一部分肺叶,到哪里去养病呢?他很为难:北京只身一人,住在集体宿舍又不安宁;回老家吧,当时的农村更困难。

孟启予得知后,坚决不同意吕斌回老家。她经过多方面联系,决定把吕斌送到新华社青岛干部疗养所,让吕斌在那里安心休养,早日康复回到工作岗位。

半年后,吕斌健健康康地回到了工作岗位,重新拿起了摄影机,天南海北,国内国外跑了30年。每当念及此,吕斌都对孟启予满怀感激之情。

孟启予经常想,事业的发展是催人奋进的原动力,充满友爱是一个集体最大的凝聚力,特别是当领导的,在力所能及的情况下,为自己的属下办点实事,比说一万句空话更具有号召力。①

虽然每个岗位从来不缺应聘者和顶替之人,但是孟启予对待团队成员没有抱着一种"铁打的营盘流水的兵"的心态,她非常重视每一个现任岗位上的

---

① 周迅.大海的一朵浪花:孟启予的广播电视生涯[M].北京:中国广播电视出版社,2008:232-234.

劳动者。珍惜、爱护他们就像珍惜、爱护自己的家人。将同事视为家人，是一种胸怀，也是一种格局。

领导力的相关研究告诉我们，帮助领导者体面取得胜利的四大基本原则是信心、虚心、结果和关系。那些硕果累累的管理者和领导者无不遵循这四大原则。于己，他们重视信心和虚心；于人，他们在以上强大的个人基础上又会注重关系和结果的平衡。信心有三个关键的组成部分：清楚自己的强项、坚持重要的原则、发出真实的声音。管理者对自己的强项和能力越是清楚，掌握和运用得越好，其下属就会对其越尊重。最怕的就是领导者明明不是业务上最强，但一定要"显得"业务上最强，为达此目的，不惜压榨和压制下属，不给下属提供晋升和发展的机会，为下属制造"玻璃天花板"。这样的领导越是想显示自己的强大，其实越是暴露了自己内心的不自信，越是暴露了其格局观的狭隘。

古希腊的名言有云："人最难的是面对自己的内心。"每个人对自己的优势与劣势其实都是非常清晰的，但是要承认那些劣势与不足，尤其是公开承认，并不是所有人都能做到。对于领导者而言，要做到这一点就更不容易了。

权力一词的本义泛指一切力量，它来源于拉丁语的pose，意为"能够"。它在《牛津英语词典》里的第一条词义是"做某事或使某事发生，或者对人或事采取行动"。在物质领域，它就是指完成任务的能力：使某件事发生，或改变，或进行。[①] 错误的领导行为是把别人对其法令的任何挑战，对法令正确性的任何质疑，对法令其他不同的做法的任何提议，都视为对他的权威的直接攻击，或者说是背叛。对于有些领导者而言，被质疑意味着暴露了自己的"弱"，意味着自己还不够有权威。所以，他们宁肯让公正失衡，也要保证自己永远不被质疑。他们为了维护所谓的"权威"，甚至可以罔顾事实，颠倒黑白。但是，真正

---

① 戴维斯.论领导力[M].侯贝贝,译.北京：电子工业出版社,2018：62.

的权力是让真正强大的人——能发挥有效作用的人——愿意追随你。认识不到这一点的领导者,总是试图通过压制别人的权力来培植自己的权力。① 有些领导者宁肯领导一群乌合之众,也不愿倾听真相。所以归根结底,领导的权力与权威有多大,要看这位领导的度量与格局有多大。

能够看到、听到、用心去感受其他人对于共同事业的贡献,而不是只总结自己的成就,这就是领导者最需要具备的格局。

前中央电视台总编室主任夏之平在2009年出版了专著《铭心往事——一个广播电视人的记述》,该书是她年届八十之时,从自己的各种手稿中挑选、编辑、补充完成的,最终形成了25万字。该书分为三部分,分别是"走进广播""走进电视"和"追根溯源"。而前两个部分,几乎都在介绍她的同事、领导、下级的各种事迹:

> 第二十六届世界乒乓球锦标赛持续半个多月。期间,全体工作人员夜以继日地赶拍、赶编、赶制;孟启予同志从头到尾和大家一起在剪辑室里边审边改;政工处的周凡、郑薇同志为大家准备夜点,送到每一个办公室,每一个人手里;洗印组同志在紧急关头连续三天两夜没有闭眼,赶印国内外需要的大量拷贝;为了坚持日夜加班,洗印组的女同志只好狠心把孩子锁在家里。吴玉珍与她的爱人佟庆德(洗印组组长)都需要连夜加班,孩子得了脑膜炎住进医院,他们没有时间照顾,孩子在窗户里面哭着叫"妈妈",妈妈在窗外不得不流泪离开去上班。瘦弱的洗印组骨干张星云同志因日夜连续加班,导致蛛网膜下腔出血,晕倒在岗位上,险些危及生命。为了一个目标,大家团结奋战,再大的困难,也压不倒这样的集体。

---

① 戴维斯.论领导力[M].侯贝贝,译.北京:电子工业出版社,2018:69-70.

记者不幸落了水,或是不慎从架子上摔倒在地,首先想到、做到的是把手中的摄影机高高举出水面,举过头顶。生命可以不顾,国家用外汇买来的机器却万万不能受损。在各种危急关头,在冰天雪地里,宁可自己受冻,千方百计保护的是手中的摄影机。孔令铎带上新手王连生去贵州拍《战乌江》,朱景和到福建拍《金溪女将》,他们都曾在奔腾的大江里,拍摄驾驭木排的船工与汹涌而来的波涛冒死奋战的场面,他们自己也把生死置之度外。

1969年,在我国北部、西部、南部发生了几次战争,电视记者都及时奔赴前线,拍摄边疆战士为守卫祖国每一寸领土的斗争;杨宪文、马静华、穆中里、韩金度到了珍宝岛前线;于学臣、哈萨克记者再努拉到了新疆边界。他们与前线指战员一起,写下了遗书,到烈士墓前宣誓之后,冒着生命危险,冲着虎视眈眈的对方,拍摄巡逻、守卫在祖国边防线上的解放军战士。当形势十分紧张时,面对冲过来的坦克,记者一手拿着摄影机,一手举起了冲锋枪。有些与他们一起的新闻单位的记者为了保卫神圣的祖国领土,为忠实于自己的新闻职业而献出了生命。

"两地问题"是当时新闻部里许多同志的一个十分苦恼而又一时难以解决的问题。许多复员军人、大学生和从其他单位调来的同志,他们的妻子却在外地工作。因为分居两地,难以照顾家人,生活开支增加,不得不更加省吃俭用。按规定,他们一年里只有十二天的探亲假,可以回去与亲人团聚。但这十二天对不少人来说,不是去休息的,而是去干活的,去为妻子、孩子尽可能地做出一点补偿。冬天到来以前,家在北方的同志,利用假期,首先把煤拉回家来,搓好煤球,为家里过冬做好准备。家在农村的同志更加困难。照明员李宗谭曾对我说:"我回家休假,天天得上山砍柴,为家里准备好做饭烧水的柴火,这属于男人的活,只能等着我回去干。"因为两地分居,他们面对了多大的困难!但这一切,都没有影响他们的工作干劲。"两地问题"到20世纪70年代才逐步通过各种渠道得到了解决。

张中龄在20世纪70年代出差西藏,在那里工作了三个多月,回到拉萨,部队政委看到他时竟然说:"你的运气不错,在西藏,连续几个月在外面奔走而不出事故的比较少。"但到20世纪90年代,他不幸在出差途中为工作献出了生命。朱宏同志是长期的高血压患者,但他对身上的疾病毫不在乎,而在摄影上精益求精,在一次学习会上,突然发病离开人间。樊浩然同志,当年新闻部的农业组长,一贯勤勤恳恳,明知心脏有病,却不去医院,倒在上班的时候。最早承担对外组工作的高良同志,患有严重的心脏病,可是一直带病工作,坚持到一病不起,最后大口喷血离世。来自湖南的记者李芳庭早就患有血液疾病,皮肤长期溃疡,无法医治,但还是坚持工作,知道被确诊为淋巴癌还到外地出差工作,十几次晕倒在工作现场,回北京时直接被送进医院。云南电视台新闻部的三个年轻同志为了拍电视片,也是为了向中央台提供优秀节目,牺牲在第一线,他们是:广播学院毕业不久的记者董延龄和杨云峰以及驾驶员吴宝康。[①]

以上只是摘录了夏之平所记录的其中几个感人细节,恰如夏之平的感叹:"我们新闻部的许多工作成果是用我们同志的健康,甚至是用鲜血换来的!我们永远、永远不会忘记这些同志!"

领导干部应该"接地气",首先就应该熟悉同事和下属的情况,包括他们工作的进展、困难,他们生活的状况等。格局观念不是无限对上拔高,也应该包

---

① 夏之平.铭心往事:一个广播电视人的记述[M].北京:中国广播电视出版社,2009:73-88.

括对待身边的人与事要有耐心、细心和责任心。

  这些人与事,在夏之平的记忆中是如此的具体、如此的鲜活,可见她在对待自己与其他人的角色关系上是多么的细心、用心。夏之平用浓墨重笔,很好地补充了中国广播电视发展史中普通建设者的形象、声音与贡献,这在以往的著作中是比较少见的。夏之平在此书的题记中特意写道:

> 谨以此书献给
>
>   为了开辟中国的广播电视事业而克服重重困难,奉献青春、奉献终生的老同事们!
>
>   为了继承与发展中国广播电视事业而勇挑重担、施展才华,取得日新月异成就的一代又一代年轻同事们!
>
>   为了建设新中国,曾经坚持在战争环境、白区里长期奋斗、历经风浪、矢志不渝、无怨无悔,终于喜迎祖国崛起的老同志们![1]

  说真话最困难也是最重要的部分就是愿意分享糟糕的反馈信息和传达坏消息,不管是对上级、下级还是平级的人。有的人愿意向强者示弱,但不会也不愿向弱者示弱。真正有格局的领导者不会在意对方是强者、弱者还是与自己势均力敌者,他/她们在面对和表达自我的时候,秉持的只有真诚。也唯有真诚能够换得真诚。即使再强的人,也不一定能够得到下属的真诚以对。但是一个真诚待人的领导者,却往往能够得到下属真诚的回应。

> 有一年春节的前两天,中央电视台台长赵化勇带领十几位台里的领导干部到孟启予家进行慰问。

---

[1] 夏之平.铭心往事:一个广播电视人的记述[M].北京:中国广播电视出版社,2009.

孟启予一见到大家提来的满篮子的鲜花,还有一大堆过年的礼物,心情无比激动,心里十分感激。

大家提前拜年,嘘寒问暖,言谈甚欢。

忽然间,孟启予变得一脸严肃,说:"各位领导,我有一个请求,本来不该在今天这么一个喜庆的日子里提出来,但是,机会难得,大家不容易见面,我就不管这些了。"说完,她停顿了片刻。大家十分纳闷,不知她要提出什么样的要求。

在大家心情紧张的时候,孟启予话已经到嘴边还是忍不住,她说:"我年纪大了,身体又多病,不知哪天就要'走'了。我希望将遗体捐赠给医科大学供教学用,培养德才兼备的好医生,也作为我最后的一点奉献。另外,我'走'后一切从简,不发讣告,不写生平,不作遗体告别,不设灵堂,不接受花圈、挽联,不要骨灰盒,不立墓碑……总而言之,不做任何形势的追悼活动。我的子女们也都表示同意。我只希望大家仍然当我还活着,活在大家中间!"

赵化勇一听,原来孟启予是想到了身后之事,于是笑着对她说:"捐赠遗体很好,值得提倡,我同意。其他的事还早得很呢。你会长寿的,活到百岁,超百岁也没有问题!"

孟启予一听,便说:"你能保证?"

赵化勇高兴地说:"我能保证,你会长寿的!"

孟启予一听,高兴地说:"我们拉钩吧,一百年不变!"

于是,赵化勇和孟启予伸手拉钩。众人见了,哈哈大笑![1]

传统中国人的观念是"轻生重死",尤其注重死后的哀荣、名声与影响。孟启予对台领导嘱托了关于她身后之事,一切从简,只当她还

---

[1] 周迅.大海的一朵浪花:孟启予的广播电视生涯[M].北京:中国广播电视出版社,2008:234-235.

活在大家中间。这份纯净之心,不带任何功利,不沾染任何利欲,这是高尚的情操,是有大爱的格局。

要做到真诚,领导者首先要做到虚心。虚心是要拥有准确的自我认识。在其位、谋其政,施展其领导力。领导力往往是在领导者离开后表现出来的。所谓的"人走茶凉",体现的正是领导在位时下属畏惧其权力,一旦领导离开这个职位,他/她便褪下了权力的光环,只剩下其本身这种情况。如果仍受人尊敬,才说明人们不是因为其当初手中的权力而臣服,而是因为其领导权威而自愿追随。

1983年5月7日深夜,孟启予在上海。她在电视里观看了臧树清编导的电视系列片《长白山四季》后,非常高兴,连夜给臧树清写信,第二天委托列车员带回给臧树清。孟启予在信中说:"我在上海看到《长白山四季》,仿佛到了那个风景如画的地方。我和你们一起追寻着美好时光的足迹,简直要陶醉入迷。我觉得摄像构图很美,技术掌握得很好,剪接也很流畅,音乐配得也好,没有'喧宾夺主'之感,倒更觉衬托之美。你写的解说词,运用第一人称的笔法,听来亲切,不落俗套。解说员的声调语气,与情景及文字风格非常协调,令人感到舒服、自然、富于感情色彩。总之,全片就像一首流畅的四季协奏曲,像一卷疏朗淡雅的诗画。为此,我要感谢你,感谢摄制组的同志们,使我饱享祖国山川的风光美景。不知你们在其中付出了多少辛劳和心血!对于你们来说,最大的欣慰莫过于劳动的成果能为观众所理解、接受和欣赏。使人能在其中有所领悟,有所得益,陶冶性情,提高精神境界……因而,我想起应该写这么几句词不达意的话给你,望勿见笑。盼能创作更多、更好的作品,趁你们正富于精力,还处在创造力旺盛的年华!"

臧树清把这封信保存了二十多年,这难道是寻常的事吗?①

孟启予再一次诠释了好的领导不仅仅是好的管理者,更应该成为同事的知音的道理。好的管理者不光要有管理的艺术,更要有同理心和共情力,不仅仅要追求结果,更应该关注过程,尤其是对同事或下属所遇到的难点、所展现的亮点要有深刻的感受力和认知力。

领导者普遍认为,如果他们拥有权力,人们就会自动承认他们有领导的权威(即承认他们合法)。事实上,权威和权力是互相分离的,成功的领导者会同时对二者进行培养。

德国社会学家、经济学家马克思·韦伯把权威归纳为三种类型:理性/法理型权威,这种权威来源于成文的法律、法规及章程;传统型权威,这种权威来源于习俗或长期存在的社会结构;魅力型权威,这种权威来源于领导者与生俱来的激发信念的能力。② 对于领导者来说,了解所有可能的权威来源十分重要。如果他们不具备理性/法理型权威和传统型权威,他们也知道还可以培养第三种不依赖于外部结构因素的权威来源:他们本身具备的激发信念的能力。

对于孟启予来说,权威并不来自领导岗位,而是来自领导角色中必不可少的那份责任感与使命感。虽然她已经离休,离开了领导岗位,但是她出于自觉意识而做的各种调研,令人不得不对她的领导意识与执行力肃然起敬。

1982年9月底、10月初,孟启予和中央电视台摄制组到了广西的南宁和桂林,参观访问了广西电视台和桂林广播站,并听他们介绍

---

① 周迅.大海的一朵浪花:孟启予的广播电视生涯[M].北京:中国广播电视出版社,2008:211-212.
② 戴维斯.论领导力[M].侯贝贝,译.北京:电子工业出版社,2018:78.

了广西电视台和桂林广播站的基本情况,以及他们对广播电视部及中央电视台的意见和要求。

回到北京后,孟启予曾向中央电视台的领导做了口头汇报,转交了广西方面给广播电视部和中央电视台的函件。同时,写出了一份调研材料,并写出了自己的几点建议:

一是给地方电视台各配备一至二台ENG是合理的,也是可以办到的,但各台情况不同,发展不平衡,可以有计划、有重点地配备。资金的积压也是一种浪费,拿出一部分中央电视台有权使用的外汇资金,支援地方电视台,促进地方电视台多生产出一些好节目,调动地方电视台积极性,对地方电视台和中央电视台都是有益的。

二是物资长期积压不用是最大的浪费。从经济学观点来看,积压物资的损耗,要比使用的损耗更大。技术部有些同志说:积压的器材、设备还是有的,有的同志说基本上已处理完了,我没核实。建议由专人负责清理一下物资器材,如确有积压或废置不用的,尽快合理地处理。

三是中央电视台外出人员和外出摄制组很多,有的摄制组人员多而复杂,时间长而费用大,如何加强对他们的领导和管理?应在总结经验教训的基础上制定一些制度和规定,并加强思想教育和纪律教育。

四是桂林市广播站要求解决每天能让观众看到中央电视台的节目的问题,应该予以支持和帮助,请部里、台里研究考虑。

五是部、台对地方广播电视现状做有计划、有目的的调查研究,便于调整和加强中央电视台与地方电视台的关系,解决存在的问题,为开创全国广播电视新局面的统一规划和措施提供根据。

六是广播电视部是否可以把广播电视干部的业务培训工作有计

划地抓起来？这是智力投资，对提高广播电视工作的质量是有益的。或者由北京广播学院来办？现在有一些自发性的培训，如广西电视台和中央电视台合办了一次电视新闻记者、编辑培训班，为期三个月，有16个省市电视台参加。经费、教员、路费等由中央电视台出资，生活等由广西电视台管。这个训练班有书面总结，部、台领导可以看到。这类业务训练班的计划、内容、教材等事先部、台是否了解？据我所知，教员讲什么，事先只有教员自己知道，有的连讲稿也没有。培训业务干部是件重要措施，部、台应有计划地来抓。这类培训班的积极性应该鼓励，但应有计划、有组织、有领导地来搞，而不仅仅是给一点经费的问题。

1982年11月3日，孟启予给中央电视台领导写信，并把写好的去广西调研的书面汇报材料附上，送中央电视台和广播电视部领导处，供领导参考。

广播电视部办公厅于1982年11月22日给部属各单位发文，说：现将孟启予同志写的信印发给你们，请阅。

部长吴冷西对此信的批示是："要提倡做这样的调查。启予同志已退下来还能这样做更值得称赞，所有退出第一线的老同志都能这样做，对我们的帮助就更大了。"①

孟启予在这份调研报告中提到的是关于资源利用、制度建立、协作机制等问题，这些问题既敏感又重要，若办不好，可能会得罪人，甚至会犯错误。但是孟启予作为一个离休干部，依然有着强烈的责任心和使命感，她的这份真诚，展现出她的坦荡胸襟。

---

① 周迅.大海的一朵浪花：孟启予的广播电视生涯[M].北京：中国广播电视出版社，2008：201-202.

如果你总是用微妙的方式向你的团队成员们显示你比他们聪明或能干，你的领导权威将岌岌可危。① 马基雅维利在《君主论》中的告诫是：作为领导者，你可能做出的最危险的事是触怒那些你需要他们支持的人。无论你的权力和权威有多强大，他们的熊熊怒火很可能更强大，终将导致哗变的发生。

当领导者强行改变某个下属的时候，其实他们是在试图给这个下属强加一些他不具备的才能。伟大的管理者不会浪费时间把下属原本不具备的才能强加于他们，而是努力发掘或培养他们身上已有的才能。好的领导力并不在于领导者能做什么，而在于领导者能够让其他人实现什么，领导者能够鼓舞其他人实现什么。

当一个优秀的领导者说自己的优秀来自另外一个领导者的培养时，便是对前辈领导者的领导力的最好诠释。领导力不仅包含怎样去领导别人，更重要的是怎样去鼓舞和提携别人。

刘习良②在谈到丁一岚的领导风格时，曾不无动情地说：

> "文化大革命"留下了成堆的后遗症。人心思散，情绪波动，在人事问题上矛盾重重，尤其是对新班子缺乏信心。老丁把处理各种难解的人与人之间的矛盾全部包揽起来，好让我们专心致志地改进对外广播，因为她心里明白，只有不断改革创新，开创我国际广播新局面，才能赢得大家的信任。想想看，一位年过花甲的老人承担起超重的负荷，这该是多么大的压力！所幸的是她以坚持不懈的努力完成了历史交与她的任务。

---

① 戴维斯.论领导力[M].侯贝贝，译.北京：电子工业出版社，2018：82.
② 刘习良，1982年6月起历任中国国际广播电台副台长、分党组成员、代理台长。1990年7月任广播电影电视部党组成员、总编室主任。1991年5月任广播电影电视部副部长、党组成员。1997年4月任中国广播电视学会常务副会长。曾任中华全国新闻工作者协会副主席，中国翻译协会理事会会长，中国传媒大学博士生导师。

老丁多次找我个别谈话。那种诚心诚意,那种直言不讳,有批评,有提醒,有关怀,有表扬,次次都是有的放矢,至今我都记忆犹新。

记忆最深的是她屡次正面提醒我要谦虚谨慎、加强团结、办事沉稳、心无旁骛地完成本职工作。反过来说,就是批评我容易骄傲自满,喜欢单打独斗,不懂得请示汇报,不善于与人商量,遇事急于拍板,还恋恋不舍西语专业(这些的确是像我这样一个刚刚进入台级领导班子的人的缺点)。如果话说到这里为止,那就不合乎老丁一贯的辩证思维方式了。几乎每次谈话结束时,她总是反复叮嘱:要保持一股锐气,要勇于探索、勇于负责,要提高工作效率,要着眼于提高国际台干部的外语水平。

每次谈话后,我感到的不是压抑,不是垂头丧气,而是要进一步加强党性锻炼,尽快提高水平,以适应台级领导的工作要求。我想,这才是老丁找我谈话的目的:精心培养国际台的接班人。

1990年离开国际台后,我又做了七年行政管理工作。如果说大体上没有辜负领导的重托和群众的厚望,也是得益于老丁的谆谆教诲。[①]

团队成员互补和依赖的前提是领导者的"长袖善舞",领导者要明确各方的利益诉求,应对各种各样突发的利益冲突,不仅如此,还要将这些挑战与团队整体发展的趋势形成合力而非张力。如果领导者无视团队成员的需求,总是以牺牲其他人为代价来推动领导者个人的意向,那么在团队成员看来,这样的领导者根本不值得追随。在很多调查中,领导者得到的负面评价并不是因为其能力,而往往是因为其不尊重团队里的其他成员。

---

① 成美,陈道馥,薛夏原.丁一岚传[M].北京:中国国际广播出版社,2011:序,3.

在谈到自己的领导心态和作为时,丁一岚说:

> 我喜欢在废旧日历纸小纸条上记事,最近在整理东西时,偶然发现两张小纸条,大概是在召开部主任会议谈工作时的提纲:
> - √ 做这步工作时要想到下一步如何做;
> - √ 与上下左右的关系要宽容、大度,帮助上级了解情况,上级布置的工作要尽力贯彻执行;
> - √ 对下属部门要依靠,不要超越代替他们的工作;
> - √ 对行政部门的工作要有要求,要督促完成,但也要体谅他们的困难,不做过多责备;
> - √ 在了解使用干部方面要依靠人事部门,要支持干部出国培训,搞好岗位培训;
> - √ 大家要自信、互信,互相支援。①

从丁一岚记录的这些"小提纲"中,能够清晰地感受到她非常注重各个职能部门之间的角色与关系,注重自己作为一个领导,对待下属的要求与关怀的平衡问题。在下达具体的任务指令之前,不断重申各自的角色、使命,不断提醒自己注意工作的方式与方法,这是一个领导者谦虚谨慎、尊重他人的表现。

领袖魅力(charisma)一词起源于希腊,意为"一个人无论自身有何优点、缺点,他都拥有一种神赐的超凡能力"。今天,这个词意指通过生动阐述未来愿景来说服听众的能力。"你不能五个月不出现,然后召集开会,就为了显摆你的领袖魅力。"很多事实表明,领导魅力不足以实现有效的领导,领袖魅力并不是必需的。我们倾向于将我们的领导者塑造为孤胆英雄,然而事实上,领导

---

① 成美,陈道馥,薛夏原.丁一岚传[M].北京:中国国际广播出版社,2011:207.

者很少单独行动。

孟启予是一位能与同事共进退、共荣辱的领导,在下属眼中,她是一位具有领袖魅力的上司。在工作中,孟启予尊重同事、爱护同事,她总是能与大家共担困难:

> 1961年4月5日,北京电视台承办了第26届世界乒乓球锦标赛的实况转播工作。球赛持续半个多月,全体工作人员夜以继日地赶拍、赶编、赶制。当时,有一部分片子送回台里后弄乱了,于是全台总动员,三天三夜才梳理清楚。孟启予从头到尾和大家一起在剪辑室里边审边改,加班加点。北京电视台洗印组是个团结战斗的集体,亲如一家,大家都愿意把困难和劳累留给自己,把方便和休息让给他人。看到洗印车间的同志们因为人力不足,日夜加班,连续作战,全体人员每天只睡四五个小时,少数业务骨干三天两夜没有合眼,孟启予心痛得几乎落泪。一天早晨,她用自己的钱和粮票买了几十根油条,分给大家吃。
>
> 经过孟启予和大家的努力,在各种新闻媒体对此次盛事的报道中,广播和电视名列前茅,引人注目。从此,我国掀起了几十年的"乒乓球热"。①

人们普遍认为,管理者们不愿意下放权力,因为他们不想分享或削弱他们的权力。对于许多管理者来说,这种不情愿来源于更深层的不安全感,下放权力是对他们的自我认同感和自尊心的一种威胁。领导者在才能培养方面面临

---

① 周迅.大海的一朵浪花:孟启予的广播电视生涯[M].北京:中国广播电视出版社,2008:162.

的最大挑战是,如何将自己培养成为乐于帮助他人发光的人。①

乐于帮助他人发光的基本条件是要学会尊重他人,而尊重的最重要举措就是去了解、去倾听、去沟通。一些领导者陷入了某种误区,认为这些举措会损害其领导威严,使得领导与员工之间失去等级界限。有些在其感性经验上明明应该去做的,但其理性经验却发出了阻止的信号。这样的例子在生活中比比皆是,而这样的误区应该被揭示和终止了。

去了解、去倾听、去沟通体现的不仅仅是对他人的尊重,更是领导格局和领导大爱观的体现。而且这么做也会创造出很多奇迹。比如美国沐浴保养公司 Bath & Body Works 的尼尔·费斯克在 2003—2007 年担任 CEO 期间,在没有开设任何新店的情况下扭转了连续 26 个月的店面负增长率,销售额从 18 亿美元增长到 25 亿美元。他成功的秘诀就是不只是关心销售数字,而是倾听所有人,包括客户、老板、员工等人的需求,他机智地收集所有的信息,在尊重与发展之间找到了最佳平衡。②

丁一岚在这方面也做得相当出色。据国际台的黄炽同志回忆:

> 一岚同志担任台长,工作繁忙,担子很重。她在"文化大革命"中受到了折磨和摧残,身体不好,但她总是想着别人,给同志们以热心的关心和帮助。我还记得,当北京市委通知邓拓落实政策,给丁一岚分配到前三门的房子时,她看到我和左荧及孩子们还挤在两间小屋里,就主动让我的儿子搬到她的新家去住。我的儿子不仅改善了生活环境,还在政治上、学习上得到了前辈的关心和培养。③

---

① 希尔.上任第一年:从业务骨干到团队管理者的成功转型[M].罗波,译.北京:机械工业出版社,2016:148.
② 博特略,鲍威尔.为什么精英都有超级领导力[M].张缘,刘婧,译.长沙:湖南文艺出版社,2019:50-51.
③ 黄炽.怀念丁一岚同志[J].国际广播影视,2006(8/9):49.

领导贵在能"成人之美"。丁一岚不仅对下属如此,对同事亦是急人所急。哪怕自己也面临着重重困难,也会主动伸出援助之手。

> 1955年3月,单亲妈妈孟启予因为工作需要被派往莫斯科广播电台华语广播部工作。当时,她的女儿久久在北京市八一小学住读,虽然星期一至星期六在学校食宿,但星期天和寒暑假上哪里去呢?邓拓和丁一岚夫妇知道孟启予要去苏联工作而正为女儿的事情操心以后,便主动向孟启予提出,在节假日把孟启予的女儿和他们的女儿一起接回家去,久久和他们的女儿是同班同学,也便于照顾。这样孟启予就算把久久安顿好了,去苏联工作也就没有了后顾之忧。①

当时丁一岚调回了中央广播电台总编室,担任副主任,负责管理节目播出工作。她非常理解孟启予的难处,因为她也曾因为工作而把孩子放在了一边:

> 1953年,为了便于北京市委加强对北京市人民广播电台的领导,更好地配合市里中心工作的宣传,中央广播事业局和中共北京市委商定北京市人民广播电台单独建台,并选择将石碑胡同的一处空闲的破旧的大院作为新的台址。丁一岚作为修建总指挥,自然身先士卒,于是又把家和孩子放在了一边。②

丁一岚与邓拓的工作都非常繁忙,边带孩子边工作几乎是丁一岚的常态:

---

① 周迅.大海的一朵浪花:孟启予的广播电视生涯[M].北京:中国广播电视出版社,2008:116.
② 成美,陈道馥,薛夏原.丁一岚传[M].北京:中国国际广播出版社,2011:137.

边工作还要边带孩子。(1948年)当时小云已经出生,他是在张家口撤退前出生的。入冬的小棉衣裤还没来得及做好,用棉被一包就跟队伍撤退了。路上时时要换尿布,在野地里换的时候冻得他直哭,所以他从小身体就不好,经常感冒拉稀,偶尔一次见到他拉出一条成形的来,做母亲的我就高兴得不得了。撤退时把小岚小云放在驴背上的筐里,一边一个,电台里有一位陈今带着大宝,晚上我们带着孩子各睡一个炕头。①

丁一岚的次女邓小虹回忆父母对她们的养育时谈道:

1959年,国防部长彭德怀元帅在庐山会议上上书毛泽东,反映"大跃进"中存在的问题。母亲在形势讨论会上,也坦率地表述了类似的看法,如"人民公社是否办早了,办急了""大炼钢铁是否得不偿失"这样的话。那年秋天,母亲被给予党内警告处分,撤职下放到河北省遵化县②建明公社劳动。干活、吃苦,母亲都不怕,但心中充满郁闷、委屈,更放心不下家中五个幼小的孩子。父亲毕竟经历过更多的政治风雨,他安慰母亲说:"你放心去劳动吧,我来管家、照顾孩子。"在母亲下放的一年里,父亲确实承担起了照顾家庭、教养子女的责任。这在他们共同生活的几十年中,是难得的,也是仅有的一次。③

离婚后的单亲妈妈孟启予边带孩子边工作是她的无奈,但这也是对她领导力的另外一种意义上的训练。

---

① 成美,陈道馥,薛夏原.丁一岚传[M].北京:中国国际广播出版社,2011:137.
② 今遵化市——作者注。
③ 成美,陈道馥,薛夏原.丁一岚传[M].北京:中国国际广播出版社,2011:156-157.

1945年9月,已经离婚的孟启予把刚刚学步的孩子放在一个筐里,架在小毛驴的一边,另一边放一个铺盖卷儿和几件衣服,由通讯员带路,到延安新华广播电台工作。延安新华广播电台在盐店子村边的小山包上,晚上播音完,孟启予总要请机务员送回窑洞,因为那里狼很多。每逢下雨、落雪,那泥土斜坡就像抹了油一样打滑。孟启予经常溅一身泥,有时滑倒了,爬也爬不起来。对于一个带着病弱孩子的女同志,在这样的环境中从事需要绝对准时、绝对全神贯注的播音工作,更有着特殊的困难。

孟启予的女儿久久大病初愈,瘦得皮包骨头。为了让久久尽快恢复健康,必须增加营养。可是,延安当时没有牛奶,羊奶倒是不少。她弄来一只奶羊,每天喂它吃拌点青草的黑豆,然后挤出羊奶来,喂给久久喝。

当羊群经过时,这只母羊耐不住寂寞,就跟着羊群跑了。待孟启予发现时已经晚了。于是,她只能干着急。忽然,她灵机一动,不妨试着学羊叫,看能不能把奶羊叫回来。她拿出在鲁艺学唱练声的本事,放开嗓门叫唤起来,那声音长时间在山沟里回荡……

谁料,这一招还真灵!那只母羊好像听懂了孟启予的呼唤,竟悄悄地跑回来了。它一动不动地站在她身旁,她赶紧拿出黑豆让它饱餐一顿。就这样,习惯以后,她就再也不担心它不回来了。久久喝了羊奶,渐渐胖起来,面色也红润了。孟启予亲切地叫这只母羊为"羊奶妈"。①

无论是孟启予还是丁一岚,母亲身份和工作身份对她们来说都是不可放

---

① 周迅.大海的一朵浪花:孟启予的广播电视生涯[M].北京:中国广播电视出版社,2008:77-78.

弃的。但是每当遇到事业与家庭无法兼顾的时候,她们都忍痛放弃了家庭与子女,选择了事业。这份牺牲,同样体现的是对本职工作的担当。

女性在广电事业中往往牺牲得更多,这在夏之平的记述中也可得到验证:

> 当年,在电视这个岗位上,一没有名,二没有利,有的只是:工作需要你在艰苦的环境中去开拓。这是历史决定的,谁也无法超脱。
>
> 在创业初期,工作担子的轻重不完全由人力多少来决定。在我调到电视台工作的1960年,编辑和记者加在一起也不过二十多人(那段时间,洗印和录制归技术和播出部门领导),老电视台一楼的一个大办公室,就把新闻部的多数人员都装下了。照明组则在另一个办公室里,二楼还有一个剪辑室,担任剪辑工作的也只有四位女同志。而就是依靠这些同志和后来逐渐增加的人员的全力以赴,新闻部既承担北京地区的报道,也必须有重点地兼顾全国各地的拍摄任务;既要保证对内报道,也必须兼顾正在日益发展的对外报道;既要拍摄新闻片,也得抽出时间去拍摄新闻性专题片和纪录片;既要承担中央电视台的播出需求,也要尽可能地去满足地方电视台对全国性新闻的需求。①
>
> 早期,能扛摄影机的电视女记者前后共七人,她们是:侯刚、徐家察、邓勤、刘瑞琴、徐秀琴、朱羽君和崔妍敏。她们与男记者一样,扛着几十斤重的设备,扔下年幼的孩子,上山下乡,跋山涉水,常常独自一人去完成任务,吃了不少苦,作为妻子和母亲的责任就无暇顾及了。②

---

① 夏之平.铭心往事:一个广播电视人的记述[M].北京:中国广播电视出版社,2009:70.
② 夏之平.铭心往事:一个广播电视人的记述[M].北京:中国广播电视出版社,2009:79.

女广电人是令人敬佩的,广电的女性领导者更是以身作则,身先士卒。

所有这些案例都说明,领导者的格局与大爱观并不是对领导者个人性格或修养上提出的特殊要求,也不是针对领导者对其小我和小家庭的一种责任;培养格局与大爱观,应该是从提升整体领导力的角度对所有领导者提出的"必修课"。

值得关注的是,考察格局和大爱观同样是需要在某些关系中展开的,只有在人与人之间的交往与行为表现中才能比较有效地加以评判。

在真空中去点评一个人的领导力高下简直像是纸上谈兵。事实上,所有的领导者或决策者和我们其他人一样,都生活在复杂的关系中,生活在一个并不条分缕析的世界里。这个世界充满了突发的变化,而且既有的模式和秩序随时都在经受挑战与颠覆。只有在各种各样的关系中经历磨炼、挫折、失败,并在这些关系中不断成长,在成长中不断展现领导魅力,一个领导者才真正确认了他/她的领导力。也就是说,看一个领导如何处理矛盾关系、如何经历各种磨难与挑战,能够直接体察其领导力的高下。

对于现当代广电史上的这些女性领导者而言,最难处理的关系也许就是如何面对曾经迫害自己的人,能否平静地用历史观而非个人恩怨来看待具体的人与事。特别是自己和家人曾经遭受过严酷迫害的人,如何面对这个问题,是对其格局与价值观真正的考验。

丁一岚、孟启予、黄惠群、周婕、夏之平、崔玉陵,她们都是经历过历史考验的老党员,她们的党性觉悟和党员的境界构成了她们的大局观,当遇到具体的问题时,党员觉悟的先进性便一展无余。

1998年10月,丁一岚去世后不久,她的长女邓小岚写下了《终生不忘父母的教诲》一文,文中提到了很多细节,在这些细节中可以看到丁一岚面对生活的挑战如何做到举重若轻,如何在言传身教中展现她对党的无限忠诚与无条件的热爱,这正是她多年来从事广播行业以及管理工作所具备的基本政治素养：

> 提起我的家庭，人们常常立即把她与不幸和悲哀联系在一起。其实我的家庭曾经是一个多么幸福美好又快乐温馨的家庭啊！我的母亲温和善良，细心又能干。记得我10岁之前和妈妈住在长安街广播局宿舍时，每当早上醒来，常常看见妈妈对着小镜子把一对乌黑的长辫子盘在头顶上，好看极了。她出门上班时，常常摸着我的头说："在家和弟弟好好玩，别让他跑到马路上去。"晚上她下班回来时，我们总是早已入睡了。有一次，我给自己心爱的小布娃娃做了一套小被褥，让布娃娃睡在小条凳上。我不会做帽子，就用布卷了一个小三角套在她头上，我就睡了。第二天早起我看到我的小布娃娃已经戴上一顶漂亮的小帽子了。这是妈妈做的！我高兴极了。可是一想，妈妈是很晚回到家里之后，不顾一天的辛劳又给我的布娃娃做了小帽子的，我从心里爱我的好妈妈。我12岁时，妈妈教会我用缝纫机，我常常帮妈妈为弟弟妹妹缝补衣裳。妈妈就这样使我们全家都养成了勤俭朴素的好习惯。
>
> 我父母都没有打牌、下棋的嗜好。我经常看到他们在工作之余，把看书阅报和听音乐作为休息时的消遣，因此我们家的孩子从小也能够较自觉地学习，成绩也都不错。所以在学习上，我们都不用父母多操心。父母对我们思想道德的成长是很重视的。在我们家里，因为父亲工作较忙，所以教育孩子的事，更多的是由妈妈承担的。当我们做错了事时，她从不大声训斥我们，总是耐心地批评教育我们，使我们心悦诚服。
>
> 记得我在小学时，有一次，我和一个女孩在学校公厕内的墙壁上画了满墙的小人儿，受到学校批评。回家后妈妈得知此事，语重心长

地教育我。她取出一本《中国青年》杂志,给我读讲其中一篇名为《审判后的谈话》的文章。那是一个做父亲的人在儿子犯罪被判刑后,悔恨自己没有及早对孩子进行教育,使他走上了犯罪道路的文章。母亲边说边流下泪来。妈妈的教诲和泪水流进了我心里,时刻提醒我要爱护公共财物,遵守公共纪律,做一个有益于社会的人。这是我终生难忘的一件事。

从小,父母就教育我们热爱集体、团结同学、学习知识上要高标准要求自己,而在生活上要节俭朴素,不追求奢华,他们自己也正是这样做的。在父母以身作则的教育下,我和弟弟妹妹都从不在吃穿上与别人攀比,但在学习、工作上都努力争取做得最好。

从1957年我们的一次家庭音乐会的录音中,还可以听到我年幼的弟弟妹妹演唱《三条鱼》《花蝴蝶》,还有《苏联的火箭上了天》这样颇具时代特色的幼儿歌曲,我大弟弟是101中学的男歌手,他独唱了《金瓶似的小山》,妈妈唱起了《游击队歌》,我和大弟弟还齐唱了《全世界无产者联合起来》。小妹妹那时才两岁多,父亲多次哄她,请她唱歌,她只是依偎在妈妈的怀里撒娇,顽皮着不肯唱。倒是我们87岁的老爷爷用他纯正的福州话吟唱了一首古诗。爸爸用福州特有的唱诗曲调吟唱了他自己的诗作《雷锋》,那声音时而悠扬漫长,时而又激情高昂,倾注了父亲对雷锋同志的深情怀念和对雷锋精神由衷的歌颂……

我的父母就是在这样的身体力行,寓教于乐中,培养着我们对党和人民、对英雄和祖国的热爱。

因为父母对我们的教育注重言传身教而从不暴躁训斥,所以我们的家庭氛围总是很民主友爱的。这就使我们有什么心里话都愿意,也敢对父母讲。

后来我们的家庭就被一种奇怪的气氛笼罩着:报上说父亲是反党反毛泽东思想的反革命分子,我们一时很难接受,而另一方面我们又希望自己能和党的决议与立场一致——因为我们的父母一生都是和我们的中国共产党站在一起,他们把自己的生命都融入党的事业中了,从我们还小时,他们就用自己的言行教育我们:要永远听党的话,做毛主席的好孩子。就是在"文化大革命"之初,对父亲的错误批判开始时,父亲面临着巨大的政治压力时,父母对我们的教育仍然是要我们相信群众、相信党。父亲对我说:"报上要对我的文章进行批评,谁有错误都应当接受批评么。你不要怕,要和同学们一起学习、讨论,要相信党。"妈妈更是注意对弟弟妹妹的教育,直到妈妈无法接受报上对爸爸的文章断章取义,无限上纲,甚至人身政治诬陷时,她对我说:"我现在的思想和报上的提法差距很大,不能解答弟弟妹妹提出的问题了。你在学校里参加学习,今后你要多帮助他们。我希望你们都能跟上形势,不要对党和群众产生对立情绪。"①

大多数经验丰富的领导者都会赞同:真正教会一个人用力量和冷静进行领导的,不是学校教育,而是像改变人生的工作委派、失败的项目和无能的团队等这些挫折教育。事实上,"挫折学院"是高级研修学院,而非初级学校。人格最健全的领导者甚至能从攻击里学到有益的东西。② 一个党员在面对挫折时支撑其全部精神的就是她的信仰,她对党的绝对信任与忠诚。无论遇到怎样的挑战、冲击,这种信任与忠诚都百折不挠、不可撼动。

据丁一岚的子女回忆:

---

① 成美,陈道馥,薛夏原.丁一岚传[M].北京:中国国际广播出版社,2011:152-156.
② 戴维斯.论领导力[M].侯贝贝,译.北京:电子工业出版社,2018:161-162.

"文化大革命"中,母亲为了使我们多一点快乐,只要她在我们身边,她总是坚持和我们一起出游:在运河岸边坐着看我们游泳,和我们一起骑车去郊游……母亲吞咽着痛苦,教我们要热爱生活。她相信,她盼望着,党的阳光一定会重新照亮祖国的大地。①

孟启予在面对人生的挑战时,也体现出一个领导者无比宽广的胸怀,体现出一名老党员、老支部书记的境界:

1969年,孟启予来到河南淮阳的五七干校,一边进行劳动改造,一边继续写检查。当时她被编在六连——牛鬼蛇神连。

初到干校,生活环境相当艰苦。一切都要自己动手,连营房都需要自己建造。有一次,孟启予用独轮车运砖,一车砖很重,她又没有使用独轮车运过东西,根本没有经验,推到一个小坡时,独轮车根本不听使唤往下溜,她个子小,体重又轻,根本压不住独轮车,独轮车把她翘起来了,她的脚已经离开了地面,砖头开始往下掉……看到这情景,人们都被吓坏了。

对于孟启予来说,种水稻、种麦子等农活更是陌生和繁重的。谷雨过后,天气还很冷,她就要赶着车下田翻地。因为田里有水,她几次不小心摔倒在水中。然后是弯腰插秧。她干一天下来,腰就像虾米一样直不起来。秋天到了,她收割毛豆,毛豆有刺,也不许戴手套。俗话说,十指连心,刺到肉里面,钻心的疼。到了晚上,她就在灯下小心翼翼地把手上的刺拔出来。

在劳动中,孟启予感受到同志之间的情谊,体验到劳动人民的艰

---

① 成美,陈道馥,薛夏原.丁一岚传[M].北京:中国国际广播出版社,2011:177.

辛,她把这次下放劳动看作一次锻炼的机会,一次接近劳动人民的机会。①

孟启予和丁一岚一样,对党无比忠诚,对党和国家是无条件的热爱。不会因为身心受挫,便怨恨甚至背叛。她们以坚定的党性原则扛过了苦难挫折,并在这个过程中升华了自身。

孟启予的离休,是对她格局意识的再一次考验:

> 1981年年底的前一天,中央电视台召开台领导会议,孟启予也参加了会议。中央广播事业局一位副局长前来出席会议。会议开始了,这位副局长向大家扫了一眼后,说:"今天来开会,是要宣布一件事。从明天起,孟启予,还有徐国盛,你们两位都可以在家休息了。"
>
> 自从党中央决定实施干部离、退休制度以后,孟启予曾预感到大概不久就将轮到她了。台领导大都已年过花甲,但没想到这个"宣布"来得这么突然,事先没有一点声息。她一时惊呆了,不知是喜是悲。于是,她站起身来说了声:"谢谢领导,谢谢同志们,再见!"
>
> 孟启予随即转身离去,奔向她的办公室,去收拾东西。见没人在旁,她便伏在办公桌上让即将涌出来的泪水流个痛快。
>
> 办公桌上,孟启予批的报告墨迹未干,日历上记录着那天要做的事情,什么时间参加什么会议,什么时间审看什么节目……她随即将日历翻了过去,写上"再见",把需要交代的事情写好留给办公室的同志。她想,从今以后,她的工作算是结束了。当时,她做完这些事情,像丢了魂似的,身子仿佛悬在半空中晃来晃去。

---

① 周迅.大海的一朵浪花:孟启予的广播电视生涯[M].北京:中国广播电视出版社,2008:178-179.

> 孟启予已进入人生旅程的最后一站,列车将载她到哪里去呢?她相信,她将停留在那霞光满天、太阳沉落的地方。①

离退休的决定主要是出于对人的健康的考虑,离退休不代表着否定工作成绩,相反,它是一种无声的肯定。孟启予当然明白这个道理,但是她依然感到失落,因为她的内心仍然热情如火,还想要在这个岗位上继续发光发热。一贯以来的责任感和使命感让她几乎忘记了自己的年龄,忘记了自己的健康需求。不过她很快就调整好了心态,明白如何在离休后继续发挥能量和影响力。她虽然办理了离休,但还担任中国电影艺术家协会名誉理事、中国广播电视协会理事、中国电视艺术家协会主席团委员、首都女记者协会特邀理事,继续为我国的广播电视事业贡献力量。

丁一岚也好,孟启予也好,她们都是与中国共产党一起成长起来的同龄人,她们是中国共产党建立、发展、壮大的见证人与亲历者,她们对党的感情、对党的信仰,与党已壮大起来后加入党组织的人是有所差别的。她们对党的热爱,是百折无悔的热爱,是超越了一切世俗期待与回报的、真正称得上"无条件"的爱。她们在追随信仰的道路上,经历过生死的考验,经历过忠诚的考验,经历过与党共患难的考验,她们奉献了自己的全部生命,无愧于她们的入党誓词——"我志愿加入中国共产党,拥护党的纲领,遵守党的章程,履行党员义务,执行党的决定,严守党的纪律,保守党的秘密,对党忠诚,积极工作,为共产主义奋斗终身,随时准备为党和人民牺牲一切,永不叛党"。这入党誓词,于她们而言不是空洞的口号,不是遥远的理想,而是流淌在血液里的信仰。所以,丁一岚、孟启予这一代女性领导者、女党员,她们的大局观来自她们对党的忠诚,来自她们对信仰的恪守追随。

---

① 周迅.大海的一朵浪花:孟启予的广播电视生涯[M].北京:中国广播电视出版社,2008:196-197.

领导者创造希望,暴君贩卖恐惧。创造希望并不总是等于当众发表充满魅力的演讲,它更多时候表现为简单的话语和行动。即使是当自己身处黑暗的时候,也要带领大家心向光明。

如何对待被历史误判的人才,也体现出领导者的格局意识。孟启予总是能在起用人才上有所斩获,这与其领导格局不无关系:

起用陈维熙——

> 为了解决采编人员的严重不足,孟启予破格选人才,唯才是用,并注意培养干部的服务意识和群众意识。20世纪60年代初期,孟启予与英国维斯新闻社签订了交换电视片协定,扩大了我国在全世界的影响。因此,当时新闻部急需高水平的英文翻译。这时正好有一个名叫陈维熙的男同志找上门来,他是一个爱国华侨,中、英文水平都很好,只是因为他是个"摘帽右派",没有单位敢录用他。当时,少数人总是对人才抱有成见,什么资产阶级知识分子不能用,"右派"不能用,这个不能用,那个也不能用,由于条条框框太多而限制了人才,埋没了人才。孟启予知道后,说:"既然已经摘帽,那就不是什么'右派'了。我们需要这样的人才,他有真才实学,为什么不能用呢?我就要他来做英文翻译!"就这样,陈维熙在北京电视台一干好多年。①

培养徐家察——

> 徐家察大学毕业后被分配到了北京电视台。开始,孟启予让她

---

① 周迅.大海的一朵浪花:孟启予的广播电视生涯[M].北京:中国广播电视出版社,2008:150.

搞少儿节目,她还不大情愿,不那么喜欢和孩子们打交道。其实,她自己那时也不过是个大孩子。在工作中,孟启予不断帮助徐家察。经过一段时间的实践,徐家察不但爱上了电视工作,也深深地爱上了孩子们,她愿把自己的一生献给少儿电视事业。她是第一位与美国导演合作导演儿童电视剧的女导演,这部名为《大鸟在中国》的电视剧曾发行22个国家,获得美国电视最高奖——艾美奖。①

培养齐越——

1947年6月,孟启予担任陕北新华广播电台播音组组长。由于革命形势的发展,陕北新华广播电台办起了以国民党军官兵为宣传对象的《对国民党军广播》节目。这个节目的主要内容是宣传我党我军对时局的主张和宽待俘虏的政策,报道战局发展的真实情况,揭露国民党反动派的欺骗宣传。这个节目配合我军在战场上的军事斗争,对于瓦解和分化敌军起了很大的作用。

《对国民党军广播》节目,因为要广播战报、对国民党官军讲话以及播送俘虏名单等,急需男播音员刚劲有力的声音。于是,齐越、杨兆麟和鹿野等人去试音。由于齐越的嗓音宽厚、深沉,就被选中了。

1947年8月16日早晨,齐越搬到沙河村,加入了播音员的队伍。这天晚上,播音组组长孟启予交给齐越两件记录新闻,并对齐越讲了记录新闻的播法和要求,帮助齐越练习了两遍,然后把齐越带进了播音室。等前面的女同志播完,齐越就坐在话筒前开始播音:"陕北新华广播电台,XNCR,现在播送记录新闻……"

---

① 周迅.大海的一朵浪花:孟启予的广播电视生涯[M].北京:中国广播电视出版社,2008:153.

孟启予看到，齐越播完出来满头大汗，手脚冰凉，孟启予看了看表，才不过十来分钟。她说："按照内容和字数要求，你播得快了，不要紧，慢慢就会熟练的。"这时编辑部也打来电话说："口音挺清楚，就是有点发颤，可能是有点紧张吧！"

在孟启予的帮助下，齐越加强了播音的学习和训练，提高了播音水平。功夫不负有心人，齐越不但很快学会播记录新闻，而且很快就参加了对蒋军的播音工作。对蒋军播音的工作是非常重要的，可以起到瓦解敌人、涣散敌人斗志的作用，坚决不能有丝毫松懈，因此，他播音时格外严肃认真、全神贯注。就这样，三个月后，中共中央宣传部部长陆定一打来电报表扬他，说："这个男声播得好，很有培养前途！"

孟启予认为，齐越的声音浓重宽厚，语调刚柔并济，适合播《对国民党军广播》节目，可以起到瓦解敌军的重要作用，使敌军弃暗投明。中华人民共和国成立后，齐越在播送魏巍的《谁是最可爱的人》时，更是将自己的优势发挥得淋漓尽致，感动了无数的听众。最终，齐越成为我国播音员的典范，终身从事播音和播音教育事业，对我国的广播事业作出了重大贡献。①

领导力的相关研究理论表明，领导者会为未来规划愿景，而要实现愿景，他/她们不会在乎身段、不会理会是否会"纡尊降贵"，而会投入日常事务之中，并且能让自己在烦琐与芜杂之中得心应手。

丁一岚在这方面的价值观很正，行动力很强：

---

① 周迅.大海的一朵浪花：孟启予的广播电视生涯[M].北京：中国广播电视出版社，2008：86 87.

> 台长工作是很重要。我那段时间首先是选择中青年干部。当时我们这一代都老了,多数人七十多岁,我比较年轻都六十多了。那时思想有些保守,总觉得年轻干部没有经历过战争时期的艰苦环境的考验。我就是把这个班子组织起来,业务上,由另外两位领导同志负责。思想政治工作、党的工作、行政领导由我来抓。虽然这些工作很繁杂,像分房子、幼儿园名额分配、升工资等。我在工作中对干部平易近人,关系相处得很不错。①

历史的经验告诉我们,独裁与放任,是很多领导者最容易犯的错误,即他们没有在指挥和参与之间取得恰当的平衡。平时总不见踪影、员工们无法接触到,一旦他忽然出现在你面前,他所做的就是到处吹毛求疵,把你在他不在期间干的所有工作一笔抹杀。从放任到独裁,然后再回归放任,周而复始。②

丁一岚对自己作为领导在哪些方面该放权,哪些方面要狠抓,是分得相当清楚的:

> 虽然我自认为是个过渡领导,但并不能放松对自我的约束,我对年轻同志提醒最多的是,谦虚谨慎、戒骄戒躁;告诫最多的是,有事多商量;批评最多的是,急于拍板,对本职工作和兴趣活动安排不当。现在国际上的广播竞争得很厉害,一些西方国家把它们的发射台建在我国附近,与我们竞争,我们必须拿出好的节目,所以我们的年轻干部要不断地创新。改革开放初,拨乱反正,工作异常繁杂,我就是把告诫别人的话,自己先做好,勤勤恳恳,任劳任怨,所以深得大家的

---

① 成美,陈道馥,薛夏原.丁一岚传[M].北京:中国国际广播出版社,2011:206.
② 戴维斯.论领导力[M].侯贝贝,译.北京:电子工业出版社,2018:28.

拥护和信任。①

总体来看,格局与价值观,是女性领导力培育的基础内容。和男性领导者相比,女性领导者面临的困难更多、更具体,面对的各种观念性的、现实性的挑战更多、更复杂。如何能够让有才干、有理想的女性在领导力的道路上脱颖而出,突破种种"玻璃天花板",完善社会机制永远是重要的。但是除了完善社会机制外,对女干部的培养亦必须重视。本节的内容已经表明,格局和价值观,对于领导力而言不是锦上添花的内容,而是基础性的内容。中国现当代广电史上的女性领导干部的成长与成就,已为此论题做出了最有说服力的证明。

---

① 成美,陈道馥,薛夏原.丁一岚传[M].北京:中国国际广播出版社,2011:207.

第三章　厘清领导与下属的关系：
　　　影响领导力成效的关键

也许人们普遍存在但程度不同的类似困惑：作为领导，该与下属建立怎样的关系？作为下属，该怎样与领导相处？

一位员工曾经这样抱怨，他的领导对他进行了"情感勒索"。在他的讲述中，他的领导曾经给过他一些机会，不过这种示好并非只有他得到过，他的同事们都或多或少地得到过领导给予的不同"恩惠"。所以，虽然他也很感激领导对他的帮助，但他认为这是领导对每个员工都做过的事情，领导历来都是"端水大师"——对谁都是"一碗水端得很平"，所以他没有觉得要特别对领导"投桃报李"。但是，他的领导的很多或公开或私下的言行都表现出这位领导其实需要他感恩戴德的回报。所以当他正常表现而不是特别突出地做出一些回应时，领导显得非常失望和愤怒。而领导的这种态度也让他感到非常震惊。

这个员工与其领导沟通不畅的主要原因是，他把领导当成领导，把领导的"恩惠"当成对员工的正常培养行为；而领导把他视为"受恩者"，认为只有他做出特别的回报才配得上他获得的恩惠。如果他"不懂眉眼高低"，就是辜负了领导的恩情。这位领导无疑把自己当成了这个团队的主人/国王，所有员工都是他的奴仆/臣子，他对员工的帮助并不是无条件的。

还有一位员工也吐露了不知如何与领导相处的苦水。她的领导对她的很多方面都表现得很热心,包括她的生活、她的感情进展、朋友圈都发了什么等,领导都要"全知"。有一次,她发了一条屏蔽了领导的朋友圈,结果不知怎么让领导知道了,领导当着很多人的面训斥了她。在领导的这种控制之下,她渐渐培养出一种习惯,将领导视为"家长",事事都向其报备。有一次,轮到她外出公干学习,她无意中跟领导提了一句,谁知道领导跟她说:"这种事你不能跟我直接说,你得跟你的主管汇报,我只跟他对接。"言外之意就是她没有与领导直接对话的资格。但是平时领导在很多时候都是与她"直接对话"的,无底线地入侵她的生活空间和私人空间。所以,这个员工被领导这种突然冷冰冰、拒人于千里之外的态度震慑住了,她非常困惑的是,平时领导要求她事无巨细地汇报,完全不按照上下级距离甚至是一般的人际距离来与她相处,为何这件本来也不算是汇报的事情(因为外出公干学习是她们单位的常态,员工都是轮着来的,不需要特殊请示),却突然跟她较真儿起上下级的阶层和规矩来了?

将领导仅仅当成领导,还是可以和领导处成朋友,这条界限到底该如何把握才好呢?值得玩味的是,她了解到,她的一位"有背景"的同事在明显是越级汇报的时候,反而得到了领导既快速又和蔼的反馈,这位同事当然也没有出现被当众批评的情况。显然,领导并不是按照一个统一不变的原则去端平每一碗水的,至少在上下级的阶层人际关系上,这位领导并不是对所有员工都做了严格要求。对比之下,这位领导更像是把那位有背景的下属视为了朋友。

这两种情况呈现出了不同的领导与下属的关系模型:一种领导可以无私的、不计较地去帮助和提携下属,下属便会相应地明确他们之间无条件付出、成就彼此的关系;一种领导是"见人下菜碟",对不同背景的下属采用不统一的标准,这样会导致下属预判自己在领导那里的角色和地位,从而有针对性地应对:尤其是那些自认为没有利用价值和所谓背景的员工,就会采取能完成工作即可,不用特别用心尽力的"策略",因为即使自己拼尽全力,领导也不会"领情",也不会给予相应的奖励和晋升的机会,这就是非常普遍的"职场玻璃天花板",大家心知肚明,但是无法突破、无法挣脱。由此可见,下属怎样表现,很大程度上取决于领导的态度和做法,取决于该单位内部的工作机制。

当然,我们必须强调的是,毫无疑问,第二位领导要求员工对其事无巨细地汇报的做法,是对自己的权力边界缺乏约束的表现,这本身就是在滥用权力。对权力缺乏合理质疑的领导者常常会用可怕的方式行使权力。

除此之外,需要明确的是,这位员工的纠结与困惑并不是个案,这种疑惑是具有普遍性的。事实上,很多领导都声称要与员工做知心朋友,但是知心朋友的人际距离并不适合领导与下属的人际关系。而总是尝试与领导建立朋友般友谊的员工,很大程度上也并不清楚管理层级带来的人际距离与朋友之间的人际距离是有根本差别的。上下级之间的关心与朋友之间的关心,说到底还是有区别的。如果认识不到这一点,对领导和员工而言都会造成不便和误解。

人们常提到"友爱",要对他人释放出爱心和关心。但是其实这个词完整地说是"朋友之爱",是先当朋友,然后自然而然地释放出友情之爱。如果连朋友都谈不上,怎么能要求做到"友爱"呢?所以,如果领导在很多时候对下属表现得比较冷酷、不耐烦、暴躁,这些"不友爱"的表现反而表明了该领导对其下属的态度和立场。在这种情况下,如果下属再妄想把领导当朋友而不仅仅是领导,那就大错特错、太不识时务了;而领导要求下属对其无条件服从,像朋友那样无条件付出,也根本就是痴人说梦。

对领导与下属之间建立的关系类型的把握失误,归根结底属于一种认知偏差,一般而言,这种认知偏差是人们无法避免的。

有科学证据表明,认知偏差根植于我们的大脑内,了解它们并不能帮助我们避免它们,根本的盲点是我们将世界上所有事物都功能化的倾向。功能固着的心理倾向使我们只能看到事物被赋予的单一用途,而忽视事物固有的内在特质——这些特质通常可以让它们具有其他用途。

在领导与下属的关系谱系中,内在特质是一种等级关系,这种关系维系着普遍的领导权威。但是在现实世界中,所有的机构和领导者都在片面强调一种虚幻的人文关怀与友爱和谐,似乎这种理想是可以不经努力或不挑战等级关系便可以自然而然建构出来的。然而,对领导和下属而言,这种虚幻建构的"美梦"会带来困惑与矛盾,而能够处理好等级关系与朋友关系的冲突的领导和下属实在不多。

由此可见,对领导与员工之间关系的误判会造成团队合作的灾难,无论是领导一方还是员工一方,都需要对上下级关系的类型加以重视并慎重地针对不同类型做出自己的选择。

大多数领导者并不清楚,他们的人际关系大致可以分为四类:朋友、敌人、同盟和对手。① 朋友和敌人是无条件的关系:无论怎样,朋友都会支持你,敌人都会反对你。至于同盟和对手是支持还是反对你,则视利益而定,这两种关系是有条件的、可转换的。

领导者会犯的最常见的错误是把同盟错当朋友,把对手错当敌人。② 同盟与对手之间的界限是可以跨越的,而朋友与敌人之间的界限是不可跨越的。关系管理首先需要将关系正确归类。只有了解关系网中的各方属于哪一类,你才能知道如何与他们打交道。③

你需要问自己的问题不是"这个人有多友善",而是"为什么他/她这么友善"。如果答案是"因为我们出于对彼此的爱或义务而关系紧密",那么这个人就是你的朋友。如果答案是"因为我们想要同样的东西"或"因为我们有同样的目标",那么这个人就是你的同盟。当然,有的人可能既是朋友也是同盟,或

---

① 斯蒂贝尔,皮博迪.朋友、敌人、同盟、对手……还是其他?[J].斯隆管理评论,2005,46(4).
② 戴维斯.论领导力[M].侯贝贝,译.北京:电子工业出版社,2018:21-22.
③ 戴维斯.论领导力[M].侯贝贝,译.北京:电子工业出版社,2018:245.

者是正向朋友转变的同盟。即便如此,我们还是应该努力将朋友和同盟区分开来,这有助于我们避免犯下洞察力不那么敏锐的领导者所容易犯的错误:把同盟的支持看作理所当然,结果疏于维持你们的共同利益。①

在上文提到的案例中,那位领导给予下属"恩惠",并需要下属为此做出"回报",是将下属视为同盟者,即利益共同体。但是如果领导者将这种恩惠表现为"这件事我只把机会给你",则表现的是想与下属做朋友。但问题是,下属之间会交流信息,很多事情并不是根据领导个人的说法而去定性的。那位员工就会发现,领导并不只是对他个人给予机会,并不是把他当作朋友,只是当作员工而已。所以当领导暗地里希望员工表现得更突出、更"忠心"时,员工并没有领悟到领导的这层心思,仍然按照同盟关系来处理。本来领导也是按照同盟关系来对待下属的,非得说成是用朋友关系来对待的,当下属用同盟关系来回应时,领导反而气恼了。在这个案例中,领导显然是在用双重标准来对待和要求员工。

如果将对手作为敌人对待,必然会使其真的变成敌人,相比之下,努力将对手争取为同盟的举动虽然有些冒险,但通常是更可取的选择。

因此处理关系最佳的方式是:与朋友亲近;与同盟更亲近;以开放的态度对待对手;尽可能少地树敌并远离敌人。②

一般而言,领导与下级员工之间起码是同盟关系,因为在同一个部门工作,一定程度上属于利益共同体,有共同的行动目标,遵守同一个行动准则。所以,首先,领导与员工都要明确彼此同盟者的身份,并不应该存在主人与奴仆这种身份等级。发布命令不等于发号施令,应当允许提出异议而不是一旦听到异议便进行各种形式的惩罚。

其次,领导是可以将员工发展为同盟兼朋友关系的。只要双方能够平等

---

① 戴维斯.论领导力[M].侯贝贝,译.北京:电子工业出版社,2018:246.
② 戴维斯.论领导力[M].侯贝贝,译.北京:电子工业出版社,2018:251.

相待,要达到这样的目标并不难。但是如果领导对员工仅限于"使用"和"利用"而从不"重用",那么要求员工像对待朋友一样无条件地支持自己便无疑是白日做梦了。

聪明的领导者会与同盟者交朋友。

对关系最正确的考察标准在于两个方面:与你站在同一阵线还是站在你的敌对阵营;有条件还是无条件支持你。

其实这个关系模型不仅适用于领导与下属,也适用于一些其他的关系判断。比如有些人对祖国或政党是朋友关系,他们与祖国和政党处在同一阵线,对祖国和政党是无条件的爱与支持;有些人对祖国和政党只是同盟关系,他们只是生活在这个国家和政党的领导之下,并不是无条件的支持和爱,他们的支持和爱是有条件的,所以当国家和政党满足他们的需求和想象的时候,他们就支持和爱,如果不满足,他们就会骂、就会分裂、就会做出种种反对的举动,从而从"同盟者"转变为"对抗者"甚至是"敌人"。

在团队成员之间关系的定性问题上,孟启予特别敏锐,具有极强的政治敏感:

> 1955年3月,孟启予在莫斯科广播电台华语广播部任编辑。
>
> 华语广播部一是负责对中国进行广播,二是负责对蒙古进行广播。部主任是巴宾格,后来被聘为我国中央人民广播电台顾问。工作人员分为两个组:一是编辑、记者组;二是翻译、制作组。翻译队伍中,有一级翻译斯塔干诺夫、王光明,还有一个三级翻译,他们都是苏籍中国人。另外,还有丽达和柳芭两个助理翻译,一位制作监督妮娜,一位译审诺米(曾任塔斯社重庆分社社长)。
>
> 播音员分普通话与广东话,都是中国派去的。普通话播音员最早是在全国解放前派去的马淑云,后来陆续被派出播音的有崔玉陵、

刘涵、闫小云、费寄平(已故)、庞啸、林如、姚琪、刘希琴等同志,经常是一部分人到期回国,另一部分人又被派去。其中刘涵、姚琪是在哈巴罗夫斯克工作,那里是苏联对中国广播的发射基地,也办一点对中国广播节目,所以总有一名播音员在那里工作。广东话播音员有黄一中、汝弘、王瑞深(已故)、黄志澄等同志。

编辑部有编辑、记者五六人,负责发稿。他们负责编辑、播出的节目大致包括新闻、专稿、文艺三部分内容,新闻和专稿一般都是通稿,由编辑选编和记者采写的报道较少,几乎没有录音报道。

华语广播部感到中文翻译水平不高,向我国提出聘请中文定稿专家的请求,于是孟启予被派往莫斯科,负责华语广播部翻译稿的中文定稿工作。

虽说播音员也叫"专家",但其待遇和苏联的编采人员是相同的,孟启予的待遇与播音员不同。播音员住的是电台的职工宿舍,或集体住在一个单元房内,或与苏联的职工合住在一起,孟启予住的则是供应热水的高级公寓。

我国派往苏联工作的专家,在苏联工作和生活等方面享受的是专家待遇。然而孟启予不以专家自居,和苏联的同志们相处得比较友好。

原本的工作流程是翻译文稿完成后交译审定,审定后就去录制,现在在录制前又加了一个中文定稿,是原来流程中所没有的,这就要挤占其他环节的时间。因此,孟启予的工作有一定的难度。然而,由于长期养成的工作习惯一时很难改变,给中文定稿的时间就不能保证,所以孟启予接到翻译定稿后,必须在非常短的时间内审定中文,不然就要影响节目录制,工作时间非常紧张。在这样短促的时间内要完成中文修改、修饰,提高翻译的中文水平,确实有一定的困难。

因为用的是通稿,孟启予不能改变稿件的内容,只能在比较短促的时间内进行文字的修改。翻译有快有慢,她只能翻好一页修改一页,所以连整个节目的内容也不能完整地了解。

作为中国方面的专家,孟启予可以参加编辑部会议,参与对华宣传的意见。同时,苏方对孟启予是比较尊重的。虽然住房条件较好,但周围没有国内的同志,自己又不懂俄文,生活上遇到很多不便和困难,她总是自己默默克服,从不提出过分的要求,也不肯麻烦同志们。

由于苏联当局不准外国党在苏联境内活动,中国派遣人员党的关系都在中国驻苏联使馆,由大使夫人刘英直接领导。孟启予来到苏联以后,担任了莫斯科广播电台中国派遣人员党小组组长。后来,中国驻苏联使馆与苏方达成协议,中国党小组归莫斯科广播电台苏联党组织领导,苏方党组织派人参加中国党小组会议,中国党小组也派人参加苏方党支部大会。无论是哪方会议,对方人员只是倾听,一般都没有发表意见。苏方党支部大会非常注重形式,开会后要选会议主持人,发言人上台发言时,下面的人也可以插话或反驳,批评起来上纲上线,争议激烈。

孟启予非常注意中国的同志与苏联方面的关系,提醒大家与苏籍中国人交往也要注意分寸,虽然在一起过组织生活,但终究国籍不同,不能没有限制。这个提醒很重要,避免年轻的同志在两国、两党关系上犯错误。在莫斯科广播电台工作的中国方面的同志,因为年轻,有时会出现一些不协调、不团结的现象,孟启予总是以老大姐的身份,做耐心细致的思想政治工作,消除误会,要求大家搞好团结,努力做好播音工作。[1]

---

[1] 周迅.大海的一朵浪花:孟启予的广播电视生涯[M].北京:中国广播电视出版社,2008:117-120.

本书的六位研究对象，都在少年时代参加了革命，历经各种考验和磨难，百折不悔，对祖国和党是无条件的支持与爱。在她们的信念中，这种支持与爱代表着正义与正道。

如果一国之君的全部成就不过是杀戮臣民，那么他真正拥有的权力又有多大呢？真正合格的领导，真正能够发挥出领导力的领导，势必不会想做"孤家寡人"，一个朋友也没有，但是也势必不会要求与所有下属都做朋友，因为不同的下属对领导亦有不同的期待与要求。领导与下属的关系是一对一的关系，是互动性的关系，只是单方面要求领导，或者单方面要求下属，都是不切实际的。所以，即使是在一个团队中，可能也并存着几种不同的关系模型。能够应对复杂关系，是优秀的领导所必备的能力之一。

一个社群或组织的合适的运作和管理方式是让其中的每个人都行为得当，并受到恰当的待遇，从而都能取得成功。对于领导者来说，制定通用规则并不偏不倚地加以执行尽管很重要，但这只是正义的起点。如果就此止步不前，最终会使你待人不公，或者至少，有人会认为你待人不公。充分的正义意味着了解每个人的优点、弱点、经历，以及同你和其他人的关系，并据此对他们进行区别对待。如果你觉得有必要的话，应有自己的侧重点。如果你是一位好的领导者，那么你一直都在打破黄金规则：你对待别人的方式不是推己及人，而是称其所愿。只有那些追求更合理、更灵活的正义的领导者才会被认为具有真正的正义感，这种正义能使每个人得到他们真正应该得到的。① "最好的管理者们拒绝黄金规则。他们认为，应该按照每个人所希望的方式去对待他们，记住他们都是什么样的人。"②

---

① 戴维斯.论领导力[M].侯贝贝，译.北京：电子工业出版社，2018：51-57.
② BUCKINGHAM M, COFFMAN C. First, breall all the rules[M]. New York: Simon & Schuster, 1999.

涉及人际关系的处理时，尤其需要灵活应用不同的对策。领导力是一门技术，也是一门艺术。它绝对不是铁板一块，更不是"一刀切"。领导力也不是终身制的，因为领导者可能在上一件事上表现出了领导力，但是在下一件事中就做得不够有领导力。修炼与提升领导力是领导者终身的任务。领导绝对不单纯意味着一个官职、一个职务、一种权力，它更是一种复杂的协调与提升，是多种能力的综合运用——正直是审慎和坦诚的结合，权变是坚持和灵活的结合，大度是细致和容忍的结合，关切是冷静和热情的结合。好的领导一定会辩证地看问题，正面清单与负面清单一起思考。

在应对各种不同的"关系"方面，孟启予是有自己的一套理论和手段的，她的这个能力得益于她在战乱年代不断积累的生活经验。

1937年，年仅17岁的孟启予受地下党派遣，只身一人到江宁县农村小学支教，利用教员的合法身份从事抗日救亡宣传工作。所以对于身份的多重性和复杂性，孟启予的理解是相当深刻的。当时她的教学任务是给三、四、五年级同时上课，教四年级写字的同时，可以教五年级算术、教六年级语文。错开教学的方法启发了孟启予有针对性地区别对待不同的对象。即使是在同一时空面对一群差别很大的对象，孟启予也能做到"一人千面"。

1938年，孟启予到武汉八路军办事处报到，组织交给她的任务是"了解剧团每一个人的思想情况，然后发展组织"。这项工作实际上锻炼了孟启予识人辨人的能力，使她具有了挖掘他人特点、将不同个性不同水平的同事团结在一起的能力。了解人、把握他们的思想，然后做好他们的组织工作，这使18岁的孟启予在领导力的核心能力方面得到了很好的磨炼。最终，孟启予被抗敌演剧一队的党员们一致推举为党支部书记。

从一开始接触实际而具体的工作，孟启予就认识到，在管理上注重人际关系并不是说要尝试成为所有同事的挚友,而是要作为一个有血有肉的人与这个团队连接起来。领导者应该用尊重和勤奋来对待每一个人,无论是副手还是普通的一线员工,应该一视同仁予以尊重。领导者不应只关心数字、自己提出的要求以及现在遇到的问题。领导者最应重视的是每一个团队成员之间是否建立起了足够的信任。要做到信任,领导者必须要倾听下属的价值诉求和他们的见解,而且要鼓励和帮助下属取得成就。领导者需要认识并重视每个员工身上独特的强项和特点,一方面要激发他们的特长与天赋,另一方面要帮助他们扬长避短,实现效益最大化。

领导者必须要充分观察、了解、尊重下属,才能确定与每一个员工的关系模型。在此过程中,要能够发现员工的独特需求,他的能力、习惯等,这样在发布任务时,可以尽可能地有的放矢,让每个员工能发挥其特长。领导者要用科学合理的分配机制来保证每位员工都能为该项任务贡献最大的力量。那种只依靠员工运用道德使命来支持和投入任务的领导,或者做一套、说一套来糊弄员工的领导,都不会令领导与下属的关系在合适的关系模型中发展下去,也不会有利于工作和任务的开展。

孟启予对下属的尊重体现在她对下属的观察与研究上。她能够灵活地把行动目标贯彻到不同的对象身上。注重方法而不是单纯地注重结果,让她在工作中受益不少。她很善于观察别人,并且能够根据观察的结果选择和制定恰当的对策。在其传记中,记载了这样一件事:

1938年年底,抗敌演剧一队来到韶关,孟启予看到菜地里的活儿都是由妇女干,挑水、浇地、施肥、摘菜、卖菜,一年四季忙个不停。然而,这里的男人们则不干活,整天捧个茶壶,蹲在门前看风景,晚上还要喝酒。怪不得,这里出嫁前的姑娘都要在娘家哭个三天三夜。①

孟启予要做妇女思想的团结工作,她注意到当地有结拜十姊妹的风俗,于是,为了与群众打成一片、深入群众,开展抗日救亡工作,孟启予也入乡随俗,很快找到了九位姑娘结拜。她排老七,人们就都叫她"七姐"。孟启予不仅教她们唱抗日救亡的歌曲,还自编、自刻、自印了一本识字课本,给她们买纸笔。第一课她写的是"人,我是人,你是人,他也是人"。孟启予让这些妇女先认字再学写字。然后她给大家讲人与人之间的关系,讲为什么有的人穷,有的人富,有的人受苦,有的人有享不尽的福。一天到晚,她的课堂都热闹非凡,听课的妇女风雨无阻,而且人越来越多。后来,孟启予结合工作的实际情况,写了一篇《开展农村妇女歌咏运动》的文章,刊登在当地的妇女杂志上。②

能将宏大的概念具体化、形象化,深入浅出,结合当地女性的生活特点与生活经验,找准她们的需求点与困惑点,将要开展的工作与这些内容结合起来,这是孟启予领导力的体现。尤其是她在做思想工作时,不是灌输,而是随风化雨、润物无声。

当然,应对棘手的"领导",孟启予也有一套手段。

1940年,抗敌演剧一队驻扎在柳州时,上面派了一个叫梁华盛的人来当政治部主任,他是蒋介石的人,既是反动派又是个大草包。抗敌演剧一队在柳州的演出引起很大轰动,梁华盛因为在隔壁,常到队里来转悠,于是大家把一些进步报刊、书籍都藏起来,他找不到什么把柄,便想出一个绝招,要给抗敌演剧一队排戏和编剧。他要排的

---

① 周迅.大海的一朵浪花:孟启予的广播电视生涯[M].北京:中国广播电视出版社,2008:41.
② 周迅.大海的一朵浪花:孟启予的广播电视生涯[M].北京:中国广播电视出版社,2008:42.

一个是《春香闹学》,一个是《衣锦还乡》,完全是一派胡闹的所谓"文明戏",与抗战主题风马牛不相及。如果不演,得罪梁华盛肯定不行;如果演出,怎么拿得出手呢?肯定也会败坏抗敌演剧一队的名声。于是,大家商量后决定,为了应付梁华盛,演出可以草草行事,广告可以高调一点,剧场内外都张贴上:政治部主任梁华盛亲自编剧、导演。实际上这么做是撇清了责任,而且出了梁华盛的洋相。孟启予也没有坐以待毙。抗敌演剧一队在南宁逗留了个把月后,回到桂林。孟启予去八路军办事处见李克农,向他做了汇报:"我们如果留在柳州,就要受梁华盛的控制和监视。我们经常在外面转,又不能得到党组织的领导,目前形势又比较紧张。所以我请求加强党对我们的领导。"李克农认真考虑后,同意了孟启予的意见。组织上安排胡家瑞与孟启予单线联系,别的同志都不知道。[①]

面对危机,真正的领导者既没有坐视不管,也没有惊慌失措,而是采取行动,进行估测、适时调整、勇往直前。在片刻之间着眼大局,根据实际情况做出决策,从无数种能够采取的应对行动中选出最有效的一种,这可以被称为"实践智慧"。领导者的实践智慧指的是能够从各方面认识和把握全局:包括所有人以及他们的需求、才能、希望和忧惧;所有可能的前进道路以及路上会出现的障碍。即使是在事情偏离正轨的时候,也能够冷静处理矛盾,立刻采取正确的应对措施。罗纳德·海菲茨的理论提出,领导力是实际行动,而不是一种地位或品质。海菲茨提出了"危机周期"概念,在这一周期里,团队会先后经历三个状态:舒适状态、危险状态和学习状态。无论是舒适状态还是危险状态,都无法帮助我们应对世界的动荡和混乱——这个世界似乎永无宁日。海菲茨认

---

① 周迅.大海的一朵浪花:孟启予的广播电视生涯[M].北京:中国广播电视出版社,2008:45-46.

为,在学习状态里,我们随时保持警惕,并充满活力,但是不会陷入徒劳无益的偏激或恐慌情绪中。学习状态就是应变状态。① 面对危机时,无论这个危机指的是一场战斗,还是仅仅是意料之外的竞争威胁,优秀的领导者总能带领人们保持学习状态。

孟启予是做宣传工作的,她太了解宣传的特性以及宣传的技巧了。当然这些也是在她遭遇的不断的"学习状态"尤其是"危险状态"时所积累的智慧和经验。她巧妙地利用了"反面宣传""反话正说"等技巧,既没有与敌人撕破脸,也没有放弃和妥协自己的立场与主张。

通过梁华盛事件可见,孟启予是一个会主动工作、善于思考,能根据形势提出问题并寻求有效建议的领导者。

首先,她没有放任问题成为发展的障碍,而是直面它、提出它,尽可能地借助组织的力量来学习处理这个障碍的方法和智慧。当然,这么做需要有很强的责任意识,而最能激励团队的莫过于领导者能承担责任,但这对领导者而言也往往是最难实现的。优秀的领导者总是能够做到头脑清晰、明确责任、细致规划和坚毅行动。清晰首先要从自我做起,在能够清楚传达愿景之前,领导者必须确保自己是真正清晰的。当相关责任者都清楚了目的和结果时,领导者就要承担起自身责任,不能退居他人身后,然后努力制定出严密的规划,坚定不移地引导这些规划付诸实践。领导者需要让重要的决策者和参与者将眼光放在结果和实现结果所需经历的步骤上,这样就能让大家明确相互的职责。如果没有有的放矢的行动,就不会有结果。清晰而有效地关注成果是领导者的影响力和成功的根基,也是胜利的必要条件。

在如何应对梁华盛的问题上,孟启予做到了头脑清晰、责权明确。她向上级提出的要求和询问是及时的,避免了工作上的被动,而且事实证明她的行动

---

① 戴维斯.论领导力[M].侯贝贝,译.北京:电子工业出版社,2018:109.

也是有效的。正是在她的带领下,抗敌演剧一队不仅能积极活跃地工作,而且很好地发挥了宣传革命的作用。这一切正是基于孟启予对自己的领导角色的清晰认知,以及对其权利和义务的明确认知。

其次,梁华盛给抗日演剧一队带来的是一个困境而不是一个问题。孟启予对此有很清晰的认识。这对于一个年轻的领导者来说实在难能可贵。因为人们普遍的思维模式是简单的二元论,容易将一切不如意都当成必须解决掉的问题。但事实却是,有些时候出现在眼前的障碍并不需要被当成一个问题来解决。正确的方法应该是调整思路,把这个障碍仅仅作为一种困境来评估,找到真正的问题所在,把精力花在解决真正的问题上。

所以孟启予一方面高调地宣传这些"文明戏"是梁华盛编导的,很明确地将抗敌演剧一队的立场与其划清了界限,另一方面又不破坏他们之间表面的合作关系,而应付地排练和演出。就在这一张一弛中间,既表明了抗敌演剧一队的态度,也没有使局势恶化。

好的领导者不会被牵着鼻子走,而且对行动议程有着相当的主控权。如何才能达到这样的境界呢?简而言之一句话:领导者最需要重视的是不要掉进把困境错当成问题的陷阱里。

很多领导对于区分问题和困境没有足够的意识,对二者的区别也普遍缺乏清晰的认识。概括地说,问题是能够解决的,而困境只能够管控。必须首先把困境与问题区别开来。"问题"是一种可能得到解决的挑战,你找到并运用解决方法,问题就随之不复存在。而"困境"则没有解决方法。困境是一种不断发展的挑战,它具备两个互相依赖的方面,无论单独站在哪一方面,都无法找到正确的、一劳永逸的解决方法。要管控困境,领导者必须不断努力地对两个方面各自的利弊进行统筹处理,使利最大化,使弊最小化。困境的答案从来不是非此即彼,而是二者兼顾。① 巴里·约翰逊在《两极管理》(*Polarity Management*)中写道:我有一些坏消息和好消息。坏消息是,你这一生中要遇到许许多多无法解决的问题……好消息是,你不用试图去解决它们。约翰逊以呼吸作比喻:你绝不会尝试只靠吸气来解决"缺氧问题",你也绝不会尝试只靠呼气来解决"二氧化碳过剩问题"。要保持氧气和二氧化碳的恰当水平,你必须持续地、不停地既吸气又呼气,呼吸不是静态的,它是一种过程——不断把重点从一方转移到另一方,循环往复。他指出,呼吸的道理对于领导者来说同样适用:不要试图消灭问题,而要努力打造一个呼吸的组织。②

在梁华盛这件事上,孟启予很好地判断出它是一个困局而非一个问题,从而使组织很快做出了相应调整,没有大动干戈,而是悄无声息地破解了当时的迷局。如果孟启予判断失误,将梁华盛事件作为一个问题去看待和处理,这样势必正中国民党方面意图挑起争端的下怀,而且抗敌演剧一队的精力也将会由主要投入抗敌宣传而被动转移到与梁华盛个人的周旋上来,这将大大削弱我方的工作力度,于大局和当下的工作而言都将十分不利。

此外,对于认清关系中每个利益相关者的角色,了解他们每个人的需求,作为领导者的孟启予也有一套自己的心得。这体现在工作中就是她很重视差异化的经验并尊重这种差异,特别灵活地制定对策而非"一刀切"。比如:

> 她明确提出节目的安排要为演出对象的特点而特别制定。在城市演出要考虑照顾群众的爱国热情。要以革命的、抗日的、高质量的演出去征服观众,才能牢牢占领文化阵地,承担起党交给演出队在国统区进行宣传的重任。所以抗敌演剧一队的演出水平非常高,每一个节目都赢得了观众的热烈掌声,在当时可谓盛况空前。她们的晚

---

① 戴维斯.论领导力[M].侯贝贝,译.北京:电子工业出版社,2018:133-134.
② 戴维斯.论领导力[M].侯贝贝,译.北京:电子工业出版社,2018:135.

会连演了几天,天天爆满,轰动了长沙,当地报纸还作了报道和评论。①

有针对性地工作,一直是孟启予的重要行动原则,而对差异的重视,也是孟启予能够在各种关系中准确定位的基本保障。

1946年,孟启予义无反顾地投身于广播领域的学习和研究之中。她从最基本的学起,不贪多,下细工,专门学习了播音的技巧。她认真领会稿件的精神,认清播音的对象是谁。② 1955年,因工作需要,孟启予被派往莫斯科广播电台华语广播部工作,主要负责翻译的中文定稿。她在编辑会议上明确提出,播送的广播节目要注意针对性。比如科技类的广播节目,可以多播一些中国听众容易接受、推广的实用的科普知识和信息。

在处理与苏联同事的关系上,孟启予也有策略。尽管她是"中方专家",但她并没有认为自己高人一等,而是与同事们打成一片,不仅做到了平等,还在很多时候特意压低姿态。比如:

> 她除了完成自己的文字改稿工作以外,还主动帮助负责听众来信方面工作的丽达复信,并在稿上签丽达的名字,因此丽达很感激她。她们成了无话不谈的好朋友。
> 有一天,丽达告诉孟启予,她和丈夫已经结婚很多年,因为她没有生孩子,她的丈夫曾对她说如果再不生育,便要和她离婚。为此,

---

① 周迅.大海的一朵浪花:孟启予的广播电视生涯[M].北京:中国广播电视出版社,2008:53.
② 周迅.大海的一朵浪花:孟启予的广播电视生涯[M].北京:中国广播电视出版社,2008:80.

她很苦恼。她听说中医、武术、中国画是中国的"三大国粹",西医治不好的病中医能有疗效。中医神乎其神,人们吃小白菊预防偏头痛,吃生姜防治晕车,吃银杏促进大脑血管流通……于是,她请问孟启予中医是否有办法帮助她生个孩子。孟启予说:"这要根据具体情况而定。首先要找出你不能生孩子究竟是什么原因,是你丈夫的问题还是你的问题。只有弄清了原因,然后才能对症治疗。"

有一次编辑部组织郊游到莫斯科郊外的森林采蘑菇。孟启予采了一大袋新鲜的蘑菇,洗净晒干后,送给了没有去采蘑菇的丽达。①

因为与这些外国同事没有行政上的领导与被领导的关系,所以孟启予在与她们接触时,更强调发展朋友关系,而不仅仅是同盟关系。她不会为了讨好对方而失去基本的原则,也不会为了让对方暂时有个心理安慰而失去本有的理性判断。她用将心比心的姿态去发展与这些外国同事的关系。

其实,领导与员工能够建立怎样的关系,通常取决于领导选择哪种领导力执行模式,也就是领导者究竟想当怎样的领导。

根据领导力分类模型理论,四种类型中有三种类型的领导者,他们要么没有赢,要么赢得很难看,要么在半路上放弃了人性化管理。②

第一类是利用型领导者,他们是不惜一切代价也要赢的管理者,他们倾向于将他人视为换取结果所需要的道具。他们专注于短期成果,强调把现在的事情做完,外来的事情临近眼前的时候,利用型领导才会去思考和担忧。为了达到其想要的结果,利用型领导会尝试通过恐惧和控制等手段来逼迫其下属。他们从不提供适当的帮助,只有无尽的要求和索取,对于其自身该承担的责任

---

① 周迅.大海的一朵浪花:孟启予的广播电视生涯[M].北京:中国广播电视出版社,2008:119.
② 赫特,戴伊.深度管理:突破管理困境的25条黄金法则[M].苏健,译.北京:中国友谊出版公司,2018:17-22.

也是反复无常,在面对不利的业绩和结果时常常变得叛逆和暴躁。他们常常会进行单方面的命令下达,不愿真正倾听其他人的意见和建议。对于这一类领导,下属与其的关系最多是"同盟者",要想成为"朋友"几乎是不太可能的。

第二类是取悦型领导者,他们不追求必胜,只想要与同事建立亲切和谐的关系。他们的大部分时间都用于想方设法取悦所有人。这类领导者也只关注短期发展结果,他们要确保的不是长期发展,而是眼下是否得到了他人的喜爱。但自相矛盾的是,在努力讨好一个人的时候,取悦型领导者可能无意识地伤害或侮辱了另一个人。除非迫于他人压力,否则取悦型领导者很少会承担责任。对于这一类领导者,员工往往会与其建立表面上为"朋友"的关系。但是,双方的等级阶层毕竟是不容忽视的影响因素,所以这种"朋友"关系更多是领导对其所谓的人文关怀和人性特征的有意展示甚至是炫耀,但这种关系并不牢靠也并不可持续。当领导不需要展示或炫耀它的时候,所谓的朋友关系立马就分崩离析了。而且,与哪个员工成为朋友,选择权并不在领导个人的好恶上,决定因素往往是利益冲突和价值驱动。说到底,这类领导者与其员工之间也往往是"同盟者"的关系。

第三类是玩家型领导者,他们既没有对结果追求必胜,也不想取悦他人,他们对什么都漠不关心,他们只在乎自己的地位。所以这类领导者每天忙着玩弄权术。这类领导者与其员工的关系可能是最多样化的,视其需求不同,也会同时出现"同盟者""朋友""对手"和"敌人"的关系。这类领导者对整个团队和员工个人是没有责任感的,员工和团队对这类领导者也没有忠诚度和执行力。

第四类是赢家型领导者,他们会特别重视与下属的健康工作关系。他们在相互扶持的环境中共同进步。这类领导者非常善于提高会议效率,在委派工作上有技巧,能够与下属一同解决面临的难题,而不是一味把责任推给他人。当利用型和取悦型领导者对所处环境感到失去控制、束手无策时,赢得漂亮的领导者却知道自己有能力改变不利环境,并有着强烈的个人责任感。赢意味着领导及其下属成功地完成了应当完成的工作。每个人的竞争对手不是别人,而是平庸。这类领导者在做小事情的时候也会心怀大局,这样才能让所有的小事都朝着正确的方向发展。如果领导者不能让下属明确认识到每个任务的目标和大局,就会让下属认为领导者是利用型领导者,所以下属只会做好不得不做的事情。只有当工作对每个员工都变得有意义的时候,人们才能做得更好。这类领导者与员工的关系更多是"同盟"与"朋友",并争取将有利益冲突的"对手"和"敌人"转化过来。

整体来看这四种类型便可以知道,领导与员工之间的关系并不必然是"朋友",甚至可能连"同盟者"都算不上(比如利用型领导),如果处理不好,还极有可能形成固化的"对手"关系甚至是"敌人"关系。所以,当工作不顺利的时候,领导和员工都应该跳脱出"这个人怎么这么难搞啊"这种片面的思维模式,而应该考虑是不是彼此之间建立的关系出现了偏差和矛盾。比如你当他是同盟,他却将你当对手。只有理顺了关系,领导者的权威才能建立起来,其领导力的发挥才能有效。

"老广播"夏之平投身广播事业近40年,她有一个比较强烈的感受,就是同志之间的关系有着时代的特色与烙印,处理好了人际关系,工作关系也会相应地理得很顺:

> 中华人民共和国成立初期,我觉得那时候同志之间的关系是很有时代特色的。在解放区都是这样的,大家都不分彼此,都是一家人,都是兄弟姐妹,白天黑夜地在一块儿,像一个大家庭。但是后来我们到了上海,下班以后各自回家了,给我的感觉就像大家庭快散了,这对我们来说也是一个转变。
>
> 那时候从来没人叫苦,没人讨价还价,工作需要就是命令,大家

都绝对服从命令,同志之间真的是无私的相互关心、相互关照。这些东西都是很宝贵的,在我们老同志之间一直持续到现在,所以大家一见面都特别亲切,共同语言特别多。像我跟施燕声、施岁华在一起工作的时间只不过一两年,但是我们一直都是有联系的。我在播音组才工作几个月,可这些播音组的同志一直跟我保持联系,平时很多人都是打电话,写信啊,逢年过节寄一个贺年片啊。特别是20世纪50年代初一起工作的这些老同志之间,真是志同道合的感情,可以说同志之间的感情比家人还亲。这是真正的同志关系,60年了①,我觉得我们的时代特色就在这。②

在顺境时不容易看出领导与下属的关系模型,一遇到极端情境,领导与下属的关系究竟怎样便一目了然。

20世纪50年代末开始,新兴的电视事业,其中包括中央电视台和一部分省、市电视台,在艰难地,但又迅速地发展着。电视新闻事业也正在从零开始。

电视起步的1958年正是我国现代史上特殊的"三年困难"时期,国家财政乏力,要办点事情实在是力不从心。客观条件是有限的,主要得靠人的主观能动性去克服困难,去闯,去创造。

当时,新兴的电视传媒事业在少数发达国家已经放出光彩,而在中国还是一张白纸,我们需要急起直追。早在1955年,国务院就已经讨论并决定筹建中国的电视台,因而当时的广播事业局派出章之俭等一些无线电技术人员到国外去考察学习,要把中国的电视从头

---

① 夏之平受访时,上海人民广播事业走过了60年——作者注。
② SMG节目资料中心,上海音像资料室.老广播人口述历史[M].上海:学林出版社,2009:52.

勾画。再穷，再苦，只要有人去干，中国总有一天会有自己的电视，会建立起最现代化的、具有中国特色的电视事业。

1957年8月，以罗东、孟启予、胡旭为首的筹建班子成立了，当时叫"电视编辑部"。人事部门向各方寻求支援，招兵买马，筹建电视台的活动紧锣密鼓地开始了。首先支援电视事业的是中央人民广播电台、国际广播电台、新闻电影制片厂和八一电影制片厂。于是，对电视一窍不通的普通"石头"，一个个地先后被调进电视台。许多同志不论当时是否明确地意识到，应该说，都是甘当奠基的"石头"而来的。

经过"石头"们的齐心协力和一阵手忙脚乱之后，在1958年5月2日，北京电视台（中央电视台前身）终于"试验播出"了。①

共同的使命与高度一致的奉献精神，使得电视编辑部的所有同仁形成了牢不可破的同盟关系甚至是朋友关系，大家将自己个人的命运与中国电视的命运紧紧连在一起。因而尽管面对重重挑战，这种关系都牢不可破。

人们经常把梦想仅仅当成对未来的美好规划来谈论。真正的梦想并不等同于制定目标或"制造行动的催化剂"。梦想是一种高危游戏，对于领导者来说，它可能是最危险的游戏。② 当人们陷入巨大的困境，尝试了所有常规的解决方法却都毫无作用时，他们才会转而求助于梦想家。出色的领导者会身先士卒、创造希望、以人为本。这些行为会使领导者赢得他人的信赖。咄咄逼人的官员激励不了任何人，坦率、乐观的领导者却能够鼓舞很多人。领导者之所以能赢得下属的支持，不仅是因为下属相信梦想，还因为下属相信领导会与自己并肩前行。

---

① 夏之平.铭心往事：一个广播电视人的记述[M].北京：中国广播电视出版社，2009：58.
② 戴维斯.论领导力[M].侯贝贝，译.北京：电子工业出版社，2018：281-282.

厘清领导与下属的关系,是影响领导力成效的关键。而厘清关系的前提,是领导和下属都尊重对方的经验、特色、需求,双方抱持共同构建和谐关系的理念去判断和磨合。无论彼此认可的关系模型有多么大的差异,将心比心总会带来意想不到的调和效果。领导者尤其不要忘记这一点:为了更好地与下属建立和谐关系,摆谱永远不如袒露真心。

第四章　注重细节：领导力提升的阶梯[①]

人们常说，千里之堤毁于蚁穴。决定成败的往往是一个个的小细节。对细节是否注重，也往往是判断领导力能否更上一层楼的重要标志。

黄惠群，浙江杭州人，我国著名声学家关定华（广西梧州人）之妻，国防部外事办公室副主任关友飞大校之母。1937年，抗日战争爆发，年仅7岁的黄惠群跟随父母逃难到重庆，并于1944年考入四川巴县青木关的国立社会教育学院附属中学读初中，抗日战争胜利后，该中学迁到江苏丹阳，黄惠群读完初中升入高中。1949年5月参军，先后进入华东军政大学、中国人民解放军第三野战军政治部俄文专科学校、上海俄语专科学校学习俄语，毕业后被分配到北京中央广播事业局任翻译，1959年8月调到北京广播学院工作，先后任外语系秘书、组长、副系主任等，后又调派至中国驻阿尔巴尼亚大使馆任翻译，1984年6月调任北京中央广播电视局干部司任副司长，1985年7月调到中央电视台，历任副台长、台长，1992年1月任中央电视台梅地亚中心董事长、中塔有限责任公司总经理，还兼任过中国广播电视学会副会长、中华妇女联合会

[①] 感谢中国传媒大学硕士研究生邹靓、李悦宁对黄惠群相关资料的搜集和整理。

委员、中国残疾人福利基金会理事等。她是一位杰出的政治活动家,为中国广播电视事业、中国妇女及中国残疾人福利事业作出了很大的贡献。

黄惠群担任中央电视台台长时,恰是中国社会发展的一段特殊时期。1985年7月来中央电视台之前,黄惠群担任过翻译,在高校从事过外语教学工作,进入广电系统后,她主要从事的是干部、党务、外事工作,并没有多少业务主管经验。也因为如此,所以她比较超脱,在工作中发挥了突出的协调能力,充分调动了其他几位业务副台长的能动性,牵头把中央电视台的各项工作组织协调了起来。

领导者的特质之一是能够接受关键时刻的考验。在应对突发和重大事件时,黄惠群的领导力发挥得淋漓尽致。在她撰写的文章《接待布什总统的前前后后》中,我们可以清晰地感受到她掌控全局、不放过细节的卓越领导力。

> 1989年2月下旬的一天,我接到外交部新闻司打来的电话,说美国新上任的乔治·布什总统即将对我国进行的国事访问计划中,有一项活动是接受中国中央电视台记者的采访(同时向全世界现场直播),采访的地点已确定在中央电视台。能否圆满完成这项任务,其实是对我们台整体水平和综合实力的一次检验。
>
> 我们的准备时间只有两三天,而面临的又几乎都是尖端问题。为了快速、准确、高效地解决问题,也为了便于集中指挥,我成立了一个三人特别领导小组,除了亲自担任组长外,成员中还吸收了有丰富外事经验的外事处处长徐创成和国际电视服务公司总经理郭宝祥。接下来,我迅速对全台各部、处的负责同志进行动员,除了反复强调这一任务的重要性外,我还对简化接待领导小组的这一做法和意图进行了必要的解释。我会同外交部有关同志多次与美国驻华大使洛德以及美方先遣队的新闻官员、技术专家们研究修改实施方案,最后

我们达成共识,确认了"现场采访5分钟,总统从下车进台到离台上车总计15分钟"的计划原则。

由于采访时间太短,我们考虑到,记者如以中文提问,再通过译员翻译,则势必会造成节奏的拖沓和时间的延长。因此,我们商定并经部领导批准,确定用英语采访,重播时再译成中文。我们选定台内英语播音员党兵同志担任采访记者,她接受了这个任务后,立即全身心投入演练。

我想,布什总统来电视台之前是在大会堂进行长时间的会谈,对于一位年届七旬的人来说,那无疑是一个疲劳的过程,而紧接着他到我们这里是要出镜头的,那么到时他是不是需要化一下妆呢?我凭经验与直觉感到这也应该是一个需要考虑的问题,便立即与美方联系,他们说不需要了。然而我又想了想,觉得宁愿备而不用也不能有什么疏漏,于是我还是通知了台里最有经验的化妆师徐晶以及她的助手邵京京,让她们到时带上化妆品在现场附近待命。①

在正式接待之前,黄惠群做了四件最重要的事情:其一是组建一个"黄金指挥团队";其二是亲自带队;其三是安排合适的人做合适的事情;其四是在小小的细节中体现人文关怀和政治考量。由此,黄惠群的女性领导力水平也就一览无余了。

首先,应对重大事件时,领导者能否调配最优资源,决定了事件应对的质量。而在具体剖解重大事件的每个环节时,避免盲点是最重要的也是比较不容易做到的。为此,领导者不能过分自信甚至自负,封闭自我,而应该将事件放在一个更宏大的高度上,越是重视该事件所带来的影响,越应该强调集思广

---

① 黄惠群.接待布什总统的前前后后[J].老年,2018(10):40-42.

益。黄惠群将外事处处长徐创成和国际电视服务公司总经理郭宝祥纳入领导小组中,体现的正是这种优化资源、提升效度的能力与水平。

其次,领导者既要能拍板决策,又要能掌控全局。在面对重大突发事件时尤其要求领导者宏观上可以决策,微观上做到知晓。领导者要树立阶段目标,每达到一个阶段目标,就和员工们一起庆祝。同时领导者清楚地知道,整个任务尚未完成。不要在刚攀登到第一座山峰的半山腰的时候(仅仅发布实施的命令),就宣布"任务完成了";不要在逃跑情绪已经在营地里酝酿的时候,还安坐在帐篷里面画着流程图(仅仅关注命令本身而忽略了执行中出现的各种问题)。显然,黄惠群在接待布什总统的这个事件中,达到了既敢于决策又兼顾细节的要求。

再次,用合适的人实现更重要的结果。作为领导者,要能够掌控团队的整体节奏,了解每个员工的特色与优势,将他们放在适当的岗位上并承担相应的责任。黄惠群选定台内英语播音员党兵担任采访记者,既有采访时间上的考虑,也是对受访者的语言习惯的尊重。另外,黄惠群已经认识到"能否圆满完成这项任务,其实是对我们台整体水平和综合实力的一次检验"。虽然只是英语播音员担任采访记者这么一个小的细节,却是彰显中央电视台在传播理念、传播人才、兼顾国内外受众的观看习惯等方面国际化水准的一个切口。

最后,对受访者的重视归根结底体现在对他的尊重上。作为美国总统,布什的个人形象不再单纯是他个人的事情,也是美国形象的一个部分。中央电视台在此时也不仅仅是一家媒体,还代表了中国立场,传达了中国人的待宾之道。黄惠群通知台里最有经验的化妆师团队待命,体现的是人文关怀,也有大国外交、政治高度上的考量。

2月26日是星期天。我早早来到台里,做最后的检查和准备。

已经是傍晚5点多钟了,我们所有参加接待工作的中美双方人员都站在方楼前厅等待着大会堂发出车队出发的报告。时间一分一秒地流逝。已经过了预定的出发时间，然而报话机里什么声音也没有。我们已向世界各国预报了这次采访的直播时间，如果延误，那后果真是不堪设想。报话机仍然沉默着，空气都仿佛凝结了。大家不时地看腕上的手表。我感觉到心头好像有什么重物慢慢压下来。

突然，一个急促的声音从联络官手中的无线对讲器里传出："总统已登车去电视台！"所有的人都长出了一口气。我看了看表，比预定时间晚了6分钟，在场的每一个人看上去都很紧张和激动。突然，我似乎听到一声轻微而稍显异样的声音，我下意识地低头一看，糟了！我身上那件新礼服唯一的扣子掉到地上。我急忙俯身去拾，对讲器里又传出"车队已到西单"的报告。二月的黄昏虽然很冷，可我头上猛然冒出一层冷汗，心跳也明显加快了。怎么办？再换衣服肯定来不及了。我环顾四周，所有的目光都向我投射过来。我暗暗提醒自己，不要慌，不要慌，倏忽间，我情急生智，立即让保卫人员用对讲器按台内频道呼："台长衣服扣子掉了，谁有针线立刻送到大门口来。"第一遍呼叫就有了回音，有人快速跑来送上针线，这真好比雪中送炭，我顾不上感谢，飞针走线几下子就把扣子钉好了，当时根本来不及打结和断线，就那样连针带线地别到衣服里面。而几乎是在同时，大门外一片红灯闪烁，插着两国国旗的庞大国宾车队转瞬间就涌进电视台大院。

时间已经非常紧张了，我引导着我的客人直奔演播室。当他在沙发上坐下时，我告诉他我们备有最好的化妆师，问他是否需要梳理一下头发，用一点淡妆，他欣然同意。徐晶和邵京京应声从里屋出来，她们用不到一分钟的时间就使这位特殊的"演员"改变了形象。这样看上去，布什总统显得容光焕发。

一切准备就绪。举止文雅的党兵坐到采访对象面前，总统一点头，中英文片头即刻切出。18点整，全世界都看到了在北京CCTV演播室里进行的这场不同寻常的采访。

直播结束了，布什总统一再对能在这里接受采访表示满意，并对我们周到的安排以及处理意外情况的能力表示赞许。谈笑中，我将一套播出带以及总统进入CCTV的活动素材带赠予布什总统，他惊喜地接过这一不同寻常的礼物并回赠了一支刻有他签名的书写用笔。

那次活动之后，我又重新投入日常繁忙的工作中去。

有一天，台办秘书送来一封寄自美国的信函，我随手打开，里面竟是布什总统亲笔签名的感谢信，以及一张那天我们在一起的工作照片。看着照片上每一个人生动的面庞，我忽然感到自己似乎又回到那个紧张而又充满戏剧性的星期天……我踱到窗前，望着下面的一片绿荫，脑子里突然跳出一个可笑的念头，以后再遇到这样重大的外事活动，可千万不要忘记检查一下自己的衣服扣子是不是钉得牢靠啊！①

作为台长，黄惠群最了不起的地方，也是她最展现其女性领导力的地方，就是她对整个采访事件的政治高度的把握。她充分认识到中央电视台不仅仅是一个采访和播出的渠道，更是展现中国风度、中国对美国态度的重要渠道。当黄惠群向布什总统赠送采访播出带的时候，记者拍摄了一张非常经典的照片。② 照片中，黄惠群带领台里的一干领导，与布什总统相对而立。黄惠群娇小的身姿，与布什高挑的身材形成了鲜明的对比。不过，布什总统微微弯腰向

---

① 黄惠群.接待布什总统的前前后后[J].老年,2018(10):40-42.
② 黄惠群.接待布什总统的前前后后[J].老年,2018(10):42.

前,郑重地接过播出带,黄惠群站得巍然笔挺,展现了强大的气场。中国的女台长与美国总统的这张照片很是耐人寻味。

这篇回忆文章充满了紧张感和风趣感,黄惠群的台长风采跃然纸上。对细节的注重使得她进行了全面而细致的筹谋与安排,在与采访有关的一切细节中都进行了细腻的构想。在领导力研究中众所周知的一点是,领导者的特质之一就是言行适度。领导者的实践智慧包含三种品质:认知力、洞察力和效能。认知力是看清形势的能力;洞察力是知道如何应对的能力;效能是领导者的执行力,而执行力尤其需要坚毅的性格。执行力意味着将一份详尽完备的策划案或勾勒清晰的流程图展示在人前。[1] 对受访者的习惯、形象、心态、心情的注重,表面上看与采访不直接相关,但黄惠群注重的这些细节却毫无疑问地决定了这次采访的质量,提升了受访者的愉悦感,也提升了电视播出时的效果。其实,在黄惠群的这段工作经历中,体现出的正是出色的领导艺术所承载的那种实用型的智慧,即灵活多变、把握全局的能力,加上她精准的判断力,使她在应对突发的挑战时能够游刃有余。

有时,虽然突发的事件不大,但若处理不好也可能招致恶劣的后果。

当黄惠群在广播事业局干部司教育处当处长的时候,有一次文化考试,她负责找人出题。考完以后,一个干部说:"我没问题,八九十分。"哪知别人就反映了:"这人从来不学习,怎么能考八九十分呢?准是漏题了。"

这个问题一直反映到中纪委。黄惠群对大家说:"咱们现在不下结论。他自己说考八九十分没用,咱们等卷子评完了。如果他真是八九十分,我来追查是不是漏题了,或者用类似的题叫他再考一遍。

---

[1] 戴维斯.论领导力[M].侯贝贝,译.北京:电子工业出版社,2018:87.

是否漏题也好分析了。"

结果,那个说自己能考八九十分的人,实际上只考了二三十分。通过这件事,大家更佩服黄惠群处理事情的能力了。①

在这件事中,黄惠群的处理方式十分高明。作为直接关系人,她没有急于撇清关系和责任,甚至没有去推翻这件事中最为根本的指控——漏题,而是抓住了这件事的关键点——不能去臆测是否漏题,而是要看最终的结果再来下判断。如果结果不佳,还需要审慎地再考一次再定夺是否漏题。如此一来,不仅服众,也令整件事透明、清楚。黄惠群在处理这件事的过程中始终保持着异乎常人的理智。她没有顺着他人的指控去彻查有否漏题,因为按照这个思路下去,若查到漏题之人,所有出题组都有责任;若查不到漏题之人,此事也不能就此作罢。显然,这个思路有可能会冤枉人,也有可能得出的结果无法令人满意。

在法律上,其实是有两种思路来看一桩疑案的——欧美法系是将"疑点利益归于被告",大陆法系是将"疑点利益归于原告"。虽然黄惠群不是法律专家,但她是一个有着政治敏感的领导。处理这件事,可以顺着"原告"的思路去解决,但是效果不见得好;也可以从"被告"的角度入手去调查,"疑罪从无"。正是因为她选择了后者,所以此事无论是调查过程还是调查结果都令人无话可说。毕竟,被指控漏题的根据只是那个考试者的一句感受性的话,这个细节才是需要去关注和验证的。黄惠群抓准了这个细节,在这次危机中大获全胜。

人们常说"细节见人品",这句话在黄惠群身上也是适用的。

2001年6月26日的《北京晚报》上刊登了这样一则消息:《寻找民间珍藏党史文物:建国纪念毛巾50年没舍得用》,说的就是黄惠群注重细节的又一个

---

① 沈铂.CCTV的"巾帼"台长[J].北京纪事,2011(4):41-42.

生动案例：

> 中塔责任有限公司常务董事黄惠群家中珍藏着一件宝贝。这宝贝是1949年10月1日部队发给她的一条白毛巾，毛巾上印着"将革命进行到底"的红字。如今已经古稀之年的她一提起这条伴随自己50多年的宝贝，总是激动不已。那时候，她在南京当兵，是华东军政大学第三野战军三中队女兵连的一名战士。中华人民共和国成立的当天，部队请大家吃了顿南京板鸭，每人发了一条印有"将革命进行到底"字样的白毛巾。许多战友都把毛巾用掉了，她却怎么也舍不得用，存放在箱子里，于是这条毛巾成为她第一件纪念品，也是最珍贵的纪念品。以后每当她遇到挫折和困难，就拿出毛巾看看。在家里，她经常拿着这条毛巾给孩子们讲故事。1976年，她的儿子去当兵，她让儿子把这条毛巾带上，鼓励他在部队好好干。现在她的儿子已成为海军的一名大校军官。这条看似平淡的白毛巾，随着时光的流逝已变成了黄色。

这段报道很有意思。一条纪念毛巾不是一年两年没用它，而是50多年都一直没有用它，与其说这是偶然，不如说是有意为之。纪念毛巾本身具有日用品的属性，但它同时也是一种纪念品，其中蕴含着文化价值和精神力量。所以，在衡量其意义和价值的时候，能首先考虑其象征意义而非实用意义，黄惠群的政治觉悟和对这种觉悟的贯彻力和执行力，的的确确远在一般人之上。

在他人眼中，黄惠群本人也像这条纪念毛巾一样，表面看上去普普通通，实则并不简单。

> 在中关村科学院宿舍区中，有一位普通得不能再普通、和善得不

能再和善的老太太。她常蹬着一辆三轮车出出入入,常坐在最小的饭馆里吃饭,带着最平和的神态和最普通的人聊天。不知道底细的人,会以为她是社区请来的服务人员,甚至是哪里的下岗职工。知道底细的人,会对她非常尊敬,因为她曾经是中央电视台唯一的女台长,还兼任过大名鼎鼎的梅地亚中心董事长,她就是黄惠群。①

为何这段描写这么有趣、这么富有戏剧性呢?原因就在于人们对"领导该是什么样子"有着某种陈规定型的观念,甚至因为人们有这种观念,还催生了一种职业——"领导形象设计师"。不要小看这个职业,很多大国的领导人和商界精英都有专业的设计团队为其打造公开形象。这已不仅仅是一个普通的职业,而是攸关国家形象、企业形象的必不可少的一个要素。

在领导力的理论研究中,也有关于领导形象的专门研究。

"糟糕的领导"要么乱发脾气,要么是被动攻击型人格,拒绝作出决策,一旦事情搞砸了就归罪于下属。不想成为坏老板的领导者必须警惕以下八个陷阱:忽视盲点、对人际关系的认知过于单纯、不近人情、追求简单化的答案、急于宣告成功、不会变通、轻视他人的长处、独裁与放任。我们可以把这八个陷阱理解为一个总体错误的不同表现,即做选择时更注重正确与否,而不是看效果如何。另外,单独来看,每一个陷阱对领导力而言都是致命性的。② 最能帮助领导者避免陷阱的方法就是寻找与其看法不一样的人,倾听他们的意见——有时候,他们的意见可能与领导者截然相反。

倾听意见,尤其是普通老百姓的意见时,如果你在形象上与他们明显不同,他们不会愿意与你攀谈,更不会袒露其真实想法。这是社会学的访谈方法的一个基本常识。所以,黄惠群是一个能够抓住细节,展现不同形象的领导。

---

① 沈铂.CCTV 的"巾帼"台长[J].北京纪事,2011(4):40.
② 戴维斯.论领导力[M].侯贝贝,译.北京:电子工业出版社,2018:18-19.

当她作为一个台长处理台内事务时,她自有台长该有的形象;当她作为一个暗访者体察受众的生活和想法时,她又有合适这种身份的形象。

俗话说得好,要从领导者的影响力而非他在机构里的职位和级别来评判领导力。黄惠群在当台长之前已经展现出了良好的领导能力,而且由她对细节的把握总是能看到决定性的、核心的关键所在。

> 在黄惠群还不是台长的时候,台里出了一件棘手的事。当时,几个分到电视台的大学生在院子里打排球。球砸到了小汽车的玻璃,司机不干了,吵得一塌糊涂,还动手打了人。部长派了好几个人也没法处理。这时,有人建议,找干部司教育处处长黄惠群去。黄惠群来了,一点不怯阵。她对大学生说:"我也是知识分子,我在高等学校干了20年。你们以后还要合作,将来你们还要用车呢。刚分配到这来,我希望你们的事业在这里有所发展,为这么点小事,第一步就摔了个跟头,多不好。你们道个歉有什么了不起?"黄惠群又对司机说:"干吗动手打人呢?打人总是不对的。这广播电视的建设还得靠大学生啊!咱也不是公交公司,只靠司机。还是消消气,和好吧!"接着,黄惠群又组织他们打了场篮球比赛,真正的友谊比赛,赛完就没事了。这件事在当时是很有影响的。[①]

黄惠群在处理这个矛盾时真的很厉害、很尖锐,寥寥数语便将打架双方各自的优势与不足轻描淡写却又清清楚楚地讲了个明白。她并不是直接说服某一方,而是令双方都跳脱出来,站在制衡点上理性客观地看双方关系维系好坏之利弊,从而达到攻心的效果。无论是刚分配来的大学生,还是台里的老司

---

① 沈铂.CCTV 的"巾帼"台长[J].北京纪事,2011(4):41.

机,都要继续在台里干下去,端好各自的饭碗,显然比争得一时的高下、意气用事重要得多。既然大家的目标都是相同的,利益诉求也是相同的,那么从大局着眼,当然就没有必要顾及当下的这点小得失了。

黄惠群厉害的地方在于一下子就看到了双方势均力敌的方面以及他们在终极利益上是一致的这个方面,求大同、存小异,即使是有着截然不同的政体和发展水平的国家之间都能形成同盟伙伴关系,更何况是刚入职的大学生和台里的老司机呢?而且,黄惠群知道刚入职的大学生不想道歉,是不服这个"下马威"。他们刚毕业,心高气傲,还不太了解退一步海阔天空的道理。而台里的老司机,虽然学历上不如这些刚毕业的大学生,但是在台里干久了,愈发要面子,所以也不肯善罢甘休,想要修理一下这些新来的"晚辈"。这种人际关系中的弯弯绕绕,对于当时担任干部司教育处处长的黄惠群来说太门儿清了,所以她用寥寥数语先给双方都扎个针,然后搭一个很自然的"台阶"给他们下,在一场体育运动中唤起双方"友谊第一、以和为贵"的意识,不动声色又水到渠成,体现出了高超的领导水平。

对广播电视事业而言,注重细节是非常重要的。对这一点,中央电视台第一任主要负责人之一的孟启予也有深刻的体会。她的传记中记录了这么一段细节:

> 北京电视台①开播不久,一天,周恩来总理视察了非常简陋的、仅有40平方米的临时"演播室"。当他看到播音员播简明新闻时摆在桌上的一瓶假花时,当即对孟启予和其他随行人员说:"从明天起,你们不要摆这假花了,你们可以到中南海花圃里去摘鲜花!"
>
> 虽然这事看起来是小事一桩,但含义却非常深刻。中南海,那里

---

① 中央电视台建台初期叫作北京电视台。

是中央领导同志工作和居住的地方。周总理让孟启予和北京电视台的工作人员到中南海去采摘鲜花,孟启予明白它的分量。她理解周总理的意思:新闻媒体必须强调真实,不能以假代真,要说真话、报实情、对人民负责。这件事给她的启示是她终生难忘的。①

这件小事,孟启予的领悟从"看花是花",到了"看花不是花"以及"看花还是花"的境界。将桌上的假花换成真花,这本来不过是装饰方面的一个细节。但是,孟启予由真花想到了新闻真实的问题,想到了中南海的真花代表着国家领导人对新闻工作的重视问题。抓住真花这个符号,孟启予解读出了更深的含义,这是一个台领导该有的敏感度和能力。在电视这个领域中,不知还有多少类似"真花"这样的细节,能不能把所有同类的问题都关注到,自查自省、举一反三、触类旁通,则是对孟启予领导力的考验,也是对电视人的考验。

孟启予究竟有没有做到,在日后的工作中确实有其答案。

1961年4月5日,第26届世界乒乓球锦标赛在北京工人体育馆开幕。这项体育赛事的现场实况转播工作既是一项严肃的政治任务,又是一项十分繁杂的创造性劳动。为了充分体现"隆重、热烈、团结、友好"的气氛,北京电视台在现场直播中,除了直播好比赛本身的内容以外,孟启予在指导思想上还特别明确了三点:

> 一是转播乒乓球比赛,要贯彻"对等"的原则,不能"以我为核心",不论大国、小国,强队、弱队,都应该一视同仁。对于小国和弱队,着重反映他们的好思想、好作风,鼓励和宣传他们的进步。二是要努力体现双方运动员相互学习、交流经验、共同提高的新风尚,畅

---

① 周迅.大海的一朵浪花:孟启予的广播电视生涯[M].北京:中国广播电视出版社,2008:139.

谈友谊、促膝谈心的生动场面,胜不骄、败不馁、顽强奋战的精神,以及优良的新的体育道德作风和良好的球艺。三是抓紧一切机会,多出、出好友谊镜头。①

可以说,孟启予的传播理念是非常准确的,也是具有宏观高度的。她提出的平等原则,不仅仅强调了镜头数量上的均衡,更具体指明了如何对小国和弱队进行报道,怎样发现它们的优点。她提出的注重精神交流和道德作风传播,是真正将体育作为一项凝聚精神、引领道德风尚的重要运动,超越了那种就体育比赛而体育比赛的狭隘视野。她提出的注重友好镜头的比例问题,是出于中国媒体在塑造和传播中国应有的立场和价值观的需求的考虑。做了那么多年的一线宣传工作,孟启予对于传播效果和传播目的之间的关系的敏感度早已经超越了一般的媒体工作者。虽然她交待的三件事都是小细节,但正是这些细节处处体现着大格局。

从另一个角度讲,孟启予对这些细节的重视与交代,体现的是领导力中一个重要的素质:正义。事实上,平均对待每个人反而会使你受到待人不公的指责。大多数情况下领导者要能够知道每个人适合或应该干什么,即使那意味着对某些人要区别对待。作为中国的国家媒体,要有怎样的播出理念和播出技巧,才能传达出中国的风度呢?孟启予的思考显然包含了播出对象的国家规模、体育能力的强弱、体育比赛本身及体育精神中蕴含的道德力量、竞争与友好的辩证关系等维度。孟启予不愧是中国广电领域资格最老的一批创始人,她的经验决定了她对这场赛事本身的把握;同时,孟启予也不愧是从十几岁就开始做党支部书记的人,她对这场赛事背后的各种权力关系、传播理念的把握也是非常准确的。这件事算是回应了周总理的"真花"曾经带给她的启

---

① 周迅.大海的一朵浪花:孟启予的广播电视生涯[M].北京:中国广播电视出版社,2008:161.

示,她确实是消化了、升华了。

相关的研究结果一再表明,正义感并非只是人类文化或习俗的产物,而是一种根植于我们的思维中、极易被触发的感受。践踏正义感的领导者是在将自己置于险地。有些领导者意识到了正义的重要性,但是他们对此的处理方式仍过于简单。他们觉得自己知道正义是什么:根据所有人都同意的规则和契约,给予人们应得的东西。[①] 对于广播电视而言,正义感就是信息资源均衡,它并不简单地等同于镜头一样多,而且包括有没有呈现积极、正面的信息,传达了怎样的价值观等。孟启予提醒的三点正好就是广播电视"正义感"的关键。而对这三点的提炼,也体现出孟启予作为领导,对如何发挥国家媒体的使命,如何发挥电视镜头的影响力有着很深刻的理解。

正义不是死板拘泥于合同和法律的文字,因为我们总是能够想到特殊情况,经常不得不应对问题人物或不良意图,这些都要求我们作出更为灵活的解释。《理想国》揭示了"为所当为"之于不同群体、不同个人,甚至每个不同的人生阶段所代表的不同含义,其复杂程度超出了我们的预料。如果我们没有把人们应得的——根据他们的品行和所处形势,我们亏欠他们的——给予他们,我们就会被他们认为有失公正。[②] 评价一个体育赛事播出效果的好坏,其中一个指标就是被播出的对象是感到了被挤压还是得到了满意的画面呈现。在这一点上,孟启予的提醒不可谓不关键。

对细节的关注同样也是曾任中央电视台广播电视部总编室副主任的夏之平所重视的。

夏之平生于1924年的杭州。1943年毕业于杭州省立女子中学,1944年参加中国共产党,从事青年学生、知识分子工作。1947年奉命从杭州撤离,在上海隐蔽。1948年撤往苏北解放区,同年8月调入华东新华广播电台,任播

---

① 戴维斯.论领导力[M].侯贝贝,译.北京:电子工业出版社,2018:49-50.
② 戴维斯.论领导力[M].侯贝贝,译.北京:电子工业出版社,2018:51.

音组组长。1949年5月接管国民党上海广播电台后任播音组组长。7月任上海人民广播电台文艺部副主任。1955年调入中央人民广播电台文艺部任广播剧团副团长,1958年任中央人民广播电台文艺部副主任,1960年调入中央电视台,任新闻部主任,1978年任中央电视台专题部主任,1979年任中央电视台总编室主任,1982年调任广播电视部总编室副主任,负责电视与文艺方面的工作。1985年离休后,参加《当代中国的广播电视》《当代中国的新闻事业》的撰写与统委工作。①

在《又一份文献珍品——电视纪录片〈毛泽东〉观后》②这篇文章中,夏之平对这部纪录片进行了客观且精准的评价。在谈及一些遗憾之处时,夏之平指出:

> 也许是因为浩瀚的历史资料,使人一下沉溺在应接不暇的大量信息之中,来不及冷静思考。但还是感到有一些不够精密之处,如第一集,对人民的感情缺乏渲染;瑞金那个座谈会是否需要保留?毛泽东有藏书91 000册,为什么只表现他对古书的钟爱?纪录片中有一段表现了他在81岁高龄接见李政道时,还曾与之探讨科学上的"对称"问题,说明毛泽东那样爱好书籍,那样认真地学习英文,是否都与面对世界、面对现代社会、面对先进的科学技术有关,编导对这方面似乎有所忽略。③

从大的格局中关注小的细节,更能凸显一个人的格局与水平。夏之平讨论的是纪录片如何展现伟大领袖毛泽东的形象问题,如何更全面、更立体、更

---

① 感谢中国传媒大学硕士研究生梁媛媛、程哲对夏之平资料的搜集和整理。
② 夏之平.又一份文献珍品——电视纪录片《毛泽东》观后[J].中国电视,1994(3):11-12.
③ 夏之平.又一份文献珍品——电视纪录片《毛泽东》观后[J].中国电视,1994(3):10.

客观地展现他的形象,而不是基于人们已知的一些特征加以展现,夏之平提出的问题和给出的依据是重要的,也是具有政治高度的。因为纪录片中的人物形象固然是其自身,但毛泽东的特殊身份也决定了他的形象势必已经超越了他个人,而代表着国家所力推的、光辉的、榜样的形象。毛泽东对科学、对英文、对外部世界的关注,说明他作为一位国家领导人,对中国发展问题进行了多维度的思考。毛泽东与李政道探讨科学问题,他学习英文,这些细节对于一般的编导和纪录片创作者而言也许是无用信息,但是在夏之平这样一名具有格局意识和政治高度的领导看来,却是大有文章可做。由此亦可见,关注细节,不是只有细心便可,而必须还要有政治素养和大局观念方可达成。

对细节的关注,也体现在夏之平对所有同事、下属的观察和记录中。在夏之平的著作《铭心往事——一个广播电视人的记述》中,三分之二的篇幅都在记述与她共事过的人与事,她笔下的广播电视工作者超过两百位,工种涵盖了技术、工程、播音、编辑等多个领域。可贵的是,这些普通的同事身上所发生的故事,都被她讲述得那么精彩生动。她对一个人的观察是立体的、全方位的,提炼也是简练而准确的。能够看到每位与她共事之人的细节、记住这些并最终用文字把它们记录下来,可见夏之平对身边的人与事一贯观察入微。也许这是一名老地下党的职业习惯,也许正是这种习惯使得夏之平能够在所有工作过的地方都那么受欢迎、得民心。她的经历也恰恰验证了"领导力的提升需要以关注细节作为基本条件之一"的这条准则。

在对细节的把握上,丁一岚也有自己的一套心得,并将之融进了国际台记者队伍建设的规范之中。

1982年6月,丁一岚出任中国国际广播电台台长。

在记者队伍的建设中,丁一岚结合广播电台的实际,常常引用邓拓办报纸的一些工作方式方法和经验来培养、辅导记者,她自己在工

作中也身体力行。譬如,

"记者工作,最忌机关化,上班下班,公事公办,这是老爷记者。"

"百花齐放,是繁荣文艺的方针,报纸不仅要宣传这个方针,而且本身也要成为一个百花园,新闻写作就应该来个百花齐放,做到新闻体裁、风格的多样化。"

"新闻,新闻,一要新,二要闻。所谓新,是说新闻必须有新东西,新闻要反映新事物、新人物、新气象、新风尚。所谓闻,是说记者要多闻,要耳闻八方,而不是闻一点就写,不仅要用耳朵闻,而且要用鼻子闻,要辨别和分析,把事实提供给读者。""报纸工作是重大的政治工作、思想工作,但表现出来的却是日常的、细致的技术性工作,例如排版、组版、标题、校对等,如果我们一个环节上不注意,就可能出现差错,损害到党和人民的利益。一篇见报的文章,如果版面安排不当,如果错了字倒了字,都会使人看了不舒服,甚至在政治上造成不好的影响。"

"一个记者最重要的修养是什么:立定脚跟。是说记者一定要做一个有原则的人,一个正直的人。作为一名党报的记者,要站在党和人民的立场上,敢于讲事实、讲真理,要做一个敢于坚持真理、敢于为真理而献身的人。"

"我们记者的职业特点,就是不能回避现实生活提出的问题……而且要站在斗争的第一线,对于现实生活提出的问题,记者每天都要表明自己的态度,这就要求记者一定要立定脚跟,要善于进行独立思考,遇事要有自己的主见。"①

---

① 北京晚报.我们走过的路:北京晚报三十年经验文集[M].北京:北京日报出版社,1988:82-83.

关注细节、掌握细节,在关键时刻能够发挥巨大作用,甚至能够具有彰显国家立场的效果。丁一岚对于这一点感受尤其深刻。

1995年,应"美国之音"邀请,丁一岚率中国国际广播电台代表团访问美国。

一次,美国人介绍经验时说,每天早上他们都有编前会议,各部门领导共同开会布置一天的工作。美国人邀请丁一岚一行来到一个会议室。会议室内有一个主席台,面前还有几排椅子。美国人说当天有一个新闻发布会,请丁一岚他们体验一下美国式的记者招待会,并请丁一岚坐到主席台上。

"我事先毫无准备,坐下开始回答问题。我首先介绍了国际台对外广播的情况。美国电台内有一个部门负责发布统一评论、新闻资料。这一部门发出的稿件各个语言都必须播出,新闻播出顺序也要按照规定不得更改。一些人对此很有意见,于是问中国对评论、新闻的播出如何安排。"

"我如实回答,我说我们电台的一些重要评论、新闻对所有国家播出,但根据与之关系大小,繁简不同。至于播出顺序无统一规定,依其重要性与该地区关系大小与否决定播出顺序。没想到说完后下面还噼里啪啦一阵掌声。当时我莫名其妙,后来才知道美国人在这方面的限制很严,他们很赞成我们的做法。谈的时间不短了,领导给我打招呼我就宣布结束了,这个活动效果很好。"

丁一岚的即兴发言非常重要,首先她是"如实作答",是基于中国广播实践的事实来谈,因此她的发言非常有底气,也很自然顺畅。其次她细致解答了我国关于新闻内容审查和播送的规则,以"实"代"虚",有力地呈现了中国在思想与宣传方面的立场与实践。不说一句空话、虚话、套话,势必能够赢得在场外国同行的掌声。

> 这次访问丁一岚还有一个意外收获,就是与曾经举世闻名的20世纪30年代美国电影童星秀兰·邓波儿会面。
>
> 丁一岚是50年前在天津知道的秀兰·邓波儿,那时,秀兰·邓波儿的电影海报在天津租界区的电影院门口,甚是招徕年轻一代。奈何那种时局,那种家境,丁一岚始终未能在电影院里欣赏到秀兰·邓波儿的童趣和演技。
>
> 秀兰·邓波儿息影后,于20世纪60年代步入政界、外交界,先后担任了美国驻联合国大使和驻加纳大使,这使她要求自己从更开阔的视野和更深的层次上去观察和认识整个世界。她对丁一岚说:"我在很多美国人爱上中国之前,就爱上了中国。1967年,我曾发表过同情和称赞中国的话,这对当时许多美国人来说是并不能理解的。"
>
> 临别前,丁一岚送给秀兰·邓波儿一幅峨眉山风景织锦轴画,秀兰·邓波儿爱不释手,表示一定要到中国去回访丁一岚,并把自己的一张签名照片送给了丁一岚。①

丁一岚与外国人对话时的从容自若、稳健自如,源自她在平时的工作中的历练。

> 1984年4月和11月,经过丁一岚的努力,中国国际广播电台先

---

① 成美,陈道馥,薛夏原.丁一岚传[M].北京:中国国际广播出版社,2011:208-209.

后得到外交部和中共中央办公厅的同意,确认国际台为采访党和国家领导人出访活动的中央新闻单位之一。

"20世纪80年代初,是咱们中国对外广播史的转折点,拨乱反正,改革开放,任务越来越重。建制上也由原来的中央广播事业局的对外部,向一个独立的国家电台转变。这意味着要克服原来的许多依附性,根据国家对外宣传的要求,发展和健全相应的机制和体制,随着对外宣传要求的提高,还必须拓展和丰富自己的业务,以更多的手段、更有效的形式承担起对外说明中国、对内解释世界的任务。"

"我那时脑子还好,思维也很清晰敏捷,对外国人不卑不亢,所以在管理外国专家工作时处理自如。在京单位中,我们国际台的外国专家第二多,第一是外文出版社。台里专家来自十多个国家,加上家属共30多个人。"[1]

丁一岚以她的亲身经历说明了"不积跬步,无以至千里"的道理,她的自如和自信,正是源自她对工作实务的全盘把握,"细节决定成败"!

---

[1] 成美,陈道馥,薛夏原.丁一岚传[M].北京:中国国际广播出版社,2011:206-207.

第五章 规则意识:领导力的"红线"

俗话说,没有规矩不成方圆。规矩与规则不仅需要遵守,也是所有人都高度关注的内容。很多时候,团队成员和其他相关人员就是通过领导能不能恪守规则这条红线来评判其有没有领导力的。

在注重规则方面,原中央电视台台长黄惠群可谓出类拔萃。

1992年,黄惠群从中央电视台台长位置退下来后,调任梅地亚宾馆当董事长。梅地亚当时是一家三星级宾馆,黄惠群上任时,工作人员就给她腾了一个套间,让她中午在那里休息。从1992年到1995年,她把梅地亚的年收入从3 000多万元提升到9 000多万,员工的工资翻了两番。可是她从来没有用过那个套间。休息时,她就在办公室里的沙发上躺一会儿。那个时候,房子租不出去,有人劝她:"反正空着也是空着,有客人了再腾也行啊。"可是黄惠群却说:"不行,空着也得空着。"后来生意越来越好,那间房子也租出去了,她始终没有住过一次。①

也许有人会说黄惠群不懂变通,反正房子空着,她可以先住进去,等租出去了她再腾房子也没什么大问题。但是在黄惠群看来,这恰恰就是大问题。她要为了自己一时的便利而破坏应有的原则吗?如果她带头开了这个口子,以后其他的员工是不是都可以理所应当地"变通规则"了呢?不以善小而不为,不以恶小而为之。守得住规则、扛得住诱惑,这也是领导力的体现。

领导者应以人为本建立规则。管理的对象可能是一件件具体的事物,领导的对象却是一个个活生生的人。管理作为一种职能,主要是运用政策、机制和流程来控制组织活动。彼得·德鲁克曾这样嘲讽:"我们所谓的管理,大部分都是为了给人找麻烦,不让他们完成工作。"智慧的领导者不会将事物的结果看得比人重要。与之相反,优秀的领导关注人本身:培养人、动员人、赢得人的信任。如果当权者强调管理而非领导,他们就会变为官僚:牢牢把控着繁文缛节,却全然不管他们的"人力资源"作为人的情感和需求。② 对于一个领导者而言,规则的制定容易,规则的落实却并不容易。好的规则会让人容易理解、容易接受、容易推广,而领导者在将规则变成"好的规则"方面,起着重要的核心作用。

领导者最差的做法是用情绪化的语言去命令下属推进相关事务,依靠下属对其个人权威的"惧怕"和服从来开展工作。因为这种工作模式完全依赖于下属对领导者个人权威的绝对服从,一旦这种状态受到挑战,这种相互关系遭到破坏,相关的事务便无法顺利开展。智慧的领导者会着力建立一套行之有效且得到所有人认可的制度,不依靠任何个人,任何下属都可以遵照制度和机制的要求展开工作。

---

① 沈铂.CCTV的"巾帼"台长[J].北京纪事,2011(4):42.
② 戴维斯.论领导力[M].侯贝贝,译.北京:电子工业出版社,2018:13.

中央电视台第一任主要领导者之一孟启予,也是一个以人为本建立规则的领导。1950年,她结束了在苏联为期三个月的交流和学习后,受中央广播事业局领导的委托,组建中央人民广播电台少儿广播部并担任部主任。少儿编辑部的规矩应该如何立,节目调性应该怎么定,应该以什么标准来做节目、来用人,孟启予有她独到的理解。

> 在少儿节目中,有一位非常受广大少年儿童欢迎的讲故事的老爷爷——孙敬修。对于这位从国民党统治时期、敌伪时期便在广播电台专为孩子们讲故事的几朝"元老",在中华人民共和国成立后,人们议论纷纷:"这样的人,能留他继续在中央人民广播电台给孩子们讲故事吗?"大多数人不同意,但是孟启予最后决定:"只要他愿意继续为中国服务,为孩子们讲有益于孩子们身心健康、热爱中国的故事,为什么我们不能留下他呢?他的确有丰富的经验,孩子们确实喜欢听他讲故事。"于是,孙敬修留下了,他终身为孩子们讲故事。
>
> 孟启予规定,少儿部每一位编导、记者,都要到学校去深入生活。在良好的大环境里,每天听的、看的、想的、做的,都是如何创作出学生们最爱听的广播节目。①

建立规则的过程中,起决定作用的是价值观和格局意识。在孙敬修的去留问题的定性上,孟启予看的是服务意识和业务能力,而不是因为历史原因留在个人身上的那些烙印。中华人民共和国成立后,各行各业都存在着类似的人才留用问题,讲教条还是讲实际,体现的是不同的思考方式,更体现出规则意识中最核心的价值观。

---

① 周迅.大海的一朵浪花:孟启予的广播电视生涯[M].北京:中国广播电视出版社,2008:108.

第五章 规则意识：领导力的"红线"

在摸索经验和提炼理论的过程中建立规则，与制定不刻板、不教条的规则同样重要，而前者的难度更大，意义也更大：

> 1947年6月，孟启予担任陕北新华广播电台播音组组长。她按口播部领导的指示安排工作，传达重要文件精神，组织学习。每天收到稿件后和播音员一起备稿，遇到疑难词句，帮助查找字典、词典；遇有错漏的文字，时间如果来得及就打电话给编辑部更正，否则，就改正播出。大家一起听播音员播读，包括她自己，接受大家的意见。播出时，组织监听，如果有错漏或不流畅的地方都要认真记下来，每月把这些情况做出总结汇报给编辑部。这成为播音组的一种工作制度。①
>
> 1948年，陕北新华广播电台播音组接到编辑部送来的稿件，是毛泽东起草的文件《一九四八年的土地改革工作和整党工作的指示》。编辑部主任温济泽在致播音组的信上说："今天播送的中央指示，非常重要。主席亲笔指示，叫不要播错一个字。请你们万分注意。20点到20点30分，由齐越播，播慢些，标点符号不播，长句子要注意语义连贯。"信中温济泽还对关于记录新闻的播法提了具体要求。
>
> 这份文件有3 300字，送到的时候，距离播出的时间大约不到一个小时。孟启予看到毛泽东的批示，心想："要做好一切准备工作，又要一字不错地播出去，是很紧张的。"于是，她马上组织齐越备稿。
>
> 齐越全神贯注地进行准备，并就文件的精神和具体播法跟同志们商量。那时候，没有录音机，所有广播节目都是由播音员在话筒前

---

① 周迅.大海的一朵浪花：孟启予的广播电视生涯[M].北京：中国广播电视出版社，2008：86.

"直播"的。在进播音室的前5分钟,播音组组长孟启予提醒齐越,并且鼓励他:"不要怕,你已经准备好了,你不会播错的!沉住气,不必紧张,把全部力量集中到内容上。要有坚决完成党的任务的信心!"

到了晚上8点,编辑部的同志们围坐在收音机旁,听到了齐越浑厚、庄重的声音,从头到尾一气呵成,做到了一字不错。

1948年5月底,播音组总结了这个时期的工作。会上,同志们肯定了齐越按中央指示没有播错一个字,较好地完成了任务;同时对齐越前一个时期片面追求"语气自然"而容易播错进行了分析和批评。组长孟启予的发言对齐越有很大启发和帮助。孟启予说:"播音,第一位的是准确,理解要准确,表达要准确。因此,就要深刻理解稿件内容,掌握它的精神实质。准备得很纯熟,到话筒前思想高度集中于内容,播起来才能自如,语气才能自然。在播的时候,越是专心一意想稿件内容,播音的感情、语气也会表达得越好。否则片面注重技巧,只动嘴、不动脑,顺口溜,反而要出毛病。正因为如此,平时就要加强政策和时事政治学习,注意语言的锻炼,这些方面学习得好,播音水平才能真正提高。"①

孟启予作为一名资深的支部书记,她在工作中最讲究思想工作的落实到位,这种将精神观念与党高度统一放在工作首位的做法已经成为她无意识的自觉举动。作为一个"老广播",她深知播音员的角色与使命的独特性,讲政治绝对不能流于表面,播音效果的好坏更多不在于技巧,而在于是否投入了感情,是否在观念和价值观上与党紧密贴合在一起。如果不明白这个道理,技巧再好也播不出真正好的效果。因此,建立播音好坏的规则,不能按照西方那一

---

① 周迅.大海的一朵浪花:孟启予的广播电视生涯[M].北京:中国广播电视出版社,2008:90-91.

套学术语言和审美规则,要与中国的播音实践相结合,与中国的广播属性相适应。

考察规则的建立情况,可以通过考察其是否建立了完备的规则,也可以通过考察其规则建立后的效果如何,但归根结底,考察的核心还是其规则体现出的是怎样的价值观与方法论。

很多领导者常常以自己很忙为借口而不参与下属的工作过程。这其实非常不利于工作的推进。事实上,忙碌并不意味着生产力。领导者应该有意识地规划时间,尤其要恢复自身的生产力,一个大脑无法在同一时间在不同的角度上产生优秀的见解。有些时候领导者需要忽略领导者与下属的层级、等级,把注意力投射到工作的推进上。

领导者疏于与下属沟通,也是影响领导力发挥的大忌。善于沟通的领导者能使他们的听众为他们骄傲。沟通的四个错误是:拒绝发掘人们对参与与众不同的事业的渴望;塑造个人或小团体的精英形象;重视事实和数据,忽视情感和故事;没能成功激发起你的听众对理想目标的追求。[1] 沟通要达到激励人心的效果,必须满足三个标准:(1)要使听众感到自己是一个实体的一部分,而这个实体不仅比他们自身宏大,还必须具备以下特征:永久、有价值、与众不同;(2)必须激发起听众对你所描述的理想目标的向往;(3)应该言简意赅。[2]

是否愿意与下属沟通,考察的也是领导者的协作精神。

协作不仅仅是在一起工作这么简单。协作是一种态度,让每个人都有充分的参与感和责任感,而不是让任何人都可以游离在团队整体之外。领导者必须要认识到,每个下属是在与领导者一起工作,而不是为领导者工作。

在协作的过程中,领导者要面临的最难的挑战是如何在与人为善的同时

---

[1] 戴维斯.论领导力[M].侯贝贝,译.北京:电子工业出版社,2018:146-148.
[2] 戴维斯.论领导力[M].侯贝贝,译.北京:电子工业出版社,2018:150.

让别人负起责任来。一个可能有帮助的建议是：如果领导者在员工和下属面前反复巩固相同的期望，这些期望就会变成标准。如果领导者只是偶尔重申一下期望，那么潜台词就是如果员工无法达到期望也没有关系，最多只是偶尔被轻轻敲打一下而已。最忌讳的是一些规则只针对某些个人，其他人则可以不必遵守，这样的规则是无效规则，而且会造成团队意志涣散、领导权威丧失。对领导和下属而言，最基本的就是制定一个通用规则，并且确保每个人都会遵守规则。

很多领导者在指派任务时会犯三种错误，结果浪费大量的时间和精力，使下属丧失信心——领导者指派的是过程而不是结果；没有定义完成的期限；没有让下属承担彼此的责任。许多会议根本就是浪费时间，无法完成任何事情。大家进行着解决不了任何问题的毫无意义的讨论，所有人都感到不耐烦，觉得自己的时间应该用在更有生产力的事情上面。

优秀的领导者会将每个人的时间都视为珍贵的资源。领导者越是重视员工的时间，越会对员工体现出起码的尊重。与此相反，当领导者毫无顾忌地拖延会议结束时间或推迟会议开始时间，或者召开根本没有必要的会议，每个参与者都会感到被冒犯而心存不满。

遇到效率低下的下属，领导者要及时干预。否则该下属将会浪费整个团队80%的时间。对所有领导者而言，无论身在哪个团队，都要率先遵守的一条规则就是珍惜时间、提高效率、尊重团队每一个人。

孟启予、丁一岚、夏之平、黄惠群、崔玉陵、周建这六位领导，都是与下属工作在一处、非常重视任务落实和工作推进成效的领导。她们的角色意识是很强的，她们不把自己当作一个发号施令者，而是当作同样去完成共同使命的责任人，她们将自己与团队视作一体，而不仅仅是高高在上地去考察、批评、评价团队。正因如此，她们的领导力获得了团队的一致认可。

广播电视行业从诞生之日起，就肩负着国家建设的使命，也肩负着传播党的政治理念的使命。所有从事广播电视工作的从业者,都有着基本的政治素养。而广电行业的领导者,更需要有坚定的信仰、正确的政治信念,这些是广电人要遵守的最基本的工作规则。

在平时的工作中,事无巨细、方方面面、无时无刻不在考验着广电人对这一规则的认知情况和遵守情况。夏之平记录了她们当时为悼念周恩来总理而制作电视报道节目的曲折过程,其中可以看到编辑部的每一个工作人员不忘工作规则、坚守基本政治立场和底线的情况:

> 二十五年的电视新闻工作生涯中,最使我难以忘怀的是周恩来总理逝世后,围绕悼念活动的电视报道所经历的那番曲折。是真实地反映人民群众对周总理的深厚感情,还是按照"四人帮"的秘密部署,昧心地违背事实,进行歪曲和削弱?在"文化大革命"后期,这真是一场考验!不同的人,不同的心态,在这关键时刻,在这重大是非问题上,都难以掩饰自己的心灵,留下了人生的足迹。
>
> 那是多么黑沉沉的年月啊!"四人帮"横行,祖国万马齐喑!人们的心在流泪、在滴血,不知我们的国家在这场风浪中要漂泊到何时。噩耗传来,周总理病重,继而病逝。我们敬爱的总理,国家的顶梁柱,竟然在这最困难的时刻离我们而去!祖国的希望在哪里?谁还能力挽狂澜?人们沉浸在极度悲痛中,饱含着难以诉说的忧国忧民之情。
>
> 中央电视台新闻部的同志们站在传播媒介第一线,需要及时、如实地向全国、全世界人民报道周总理逝世后的一系列悼念与丧事活动。大家唯一的愿望是让国内外的电视观众能在电视屏幕上详尽地看到北京悼念活动的全过程,借以寄托内心的哀思和深情。
>
> 参加此项电视报道的摄影记者是以李华为首的时政组记者和录

音人员,他们在周总理遗体旁日夜值班,唯恐漏掉一个过程和细节。北京各界群众举行告别仪式时,在北京医院内外,人们肃穆地排着队默默鱼贯而入,与敬爱的周总理最后见上一面。在"四人帮"高压下,埋在心底的对总理的理解和感情,在见到总理遗体的一刹那,喷泻而出,许多人痛哭失声,哭声震动灵堂,揉碎了人们的心。听记者回来说,歌唱家郭兰英和跳高运动员郑凤荣哭得晕倒在地。我们的记者也屡屡泪眼模糊,很难通过镜框看清眼前的情景。

当样片出来时,新闻部里不论是参加还是不参加这项任务的,都挤进了放映间,室内安静极了,大家全神贯注,空气十分凝重。一边看,一边悄悄流泪,不时发出轻轻的抽泣声。

这时候不需要工作动员,大家都自觉行动。共同的愿望只有一个,那就是:好好编辑,把感人的镜头一个不漏地编进去。负责剪辑的两位年轻女同志——王云和王嘉玲,严肃地坐到了剪辑台前。

对周总理逝世的电视报道,由治丧委员会宣传组统一领导,组长是新华社社长朱穆之,成员有广播事业局局长邓刚、新华社副社长李琴,还有那位显赫一时的人民日报社的鲁瑛。广播事业局与宣传组研究决定:除每天及时报道新闻外,电视台要另编三辑长达20分钟的新闻专题,每辑要连播三天,以全面、细致地报道悼念周总理的详细过程。新闻与专辑都必须以最快时效寄送地方台与国外电视通讯社转各国电视台播出。当时全国性的微波线路刚开始建立,微波干线以外的许多电视台尚未具备直接转播中央电视台节目的条件,遇到重要新闻,我们就印制有声复制品向全国各地传送。

为了编辑这三辑新闻性专题,夜以继日的工作开始了。大家力求通过自己兢兢业业的工作,形声俱备地把专辑送出去,让所有国内外热爱和敬重周恩来总理的电视观众与北京的人民群众同声一哭。

新闻部同志连续干了两夜一天,才把第一个专辑顺利编成并且通过了审查,直到第三天拂晓以前,我才拖着沉重、疲惫的身体回家休息。然而就在这天上午,"四人帮"及其在广播局的代理人插手打乱了预定计划,一场如实报道周总理的悼念活动与无理压缩、削弱报道、任意改变报道计划的斗争,在审片间里不可回避地展开了。在第一个专辑已经寄送给地方台的第二天下午,我匆匆赶到办公室时方知台宣传办公室按局里的指示,已在上午给各地方台打出电话,限定已经寄出的第一个专辑在地方台只能播一次,并要地方台立即把这个节目封存起来,不得对外借阅;第二辑、第三辑专题也将不再寄送地方台。消息来得突然,使我难以置信。我找台宣传办公室领导询问,证实确有其事。新闻部同志为此愤愤不平:悼念总理的节目为什么要封存?有人尖锐地问:难道它是毒草?是人物有问题?我找到台领导和局总编室同志要求纠正,他们虽然都同意我的意见,但都不愿意出头。在"文化大革命"中,这样的情况是很多的,他们心里明白,但绝不介入矛盾,以明哲保身。

祸不单行,新的命令传达下来:"昨天播出的新闻和专题中哭的镜头太多,要化悲痛为力量,不要老是哭哭啼啼。"他们说得堂而皇之,然而大家一眼看穿,这分明是害怕总理,害怕总理在群众中的崇高威望,企图掩盖真相,缩小影响,以维护他们摇摇欲坠的权力宝座。

悼念周总理的第二个专辑的编审过程荆棘丛生。"哭泣的镜头太多了,要删掉!"面对来势汹汹的高压,不能公开反抗,只能采取软性抵制的做法,在执行时暗中打折扣,争取审查时能够"蒙混过关"。当时新闻部里负责这项工作的是我与朱继峰同志。我们站在剪辑人员后面,一个镜头一个镜头地研究,哭泣的镜头不得不删去几个,但是感人的镜头绝不能删。经过修改的样片再次送到审片间审查。朱穆之、邓刚、李琴同志都认为可以了，但是那个代理人还要挑刺。新闻部的同志在私下说："在总理遗体前没有人哭泣，这与事实相符吗？与新闻的真实性相符吗？"恨得大家在背后骂他是"阴谋家""危险人物"。

当时我的心情已经到了无法忍耐的程度，一气之下便离开了审片室。敬爱的周总理已经被他们置于这种境地，我作为一名共产党员，干着这种违心的工作，还有什么意思。我疲惫而懊丧地回到家里，倒头就睡，第二天清晨睡醒了，头脑也清楚了。我思索着如何改变昨天给地方台发的电话通知。

机会终于来了。朱穆之、邓刚、李琴等同志来审查第二个电视专辑。样片已经审查过一次，拿到三楼去修改了，他们正坐在那里等待再看第二遍。我突然想到，只有这一个办法了，直接向朱穆之请示。但是那位"代理人"就坐在那里，我等于在他面前向朱穆之告状，后果将不堪设想。但这一切都已经顾不上了，顶多开除党籍、开除公职。这时，朱穆之与邓刚坐在第一排沙发上，我走到他们背后，李琴与那位坐在第二排，我在他们中间对朱、邓二位说："听说昨天上午台宣传办公室按上面布置给各省、市地方电视台都打了长途电话，通知他们悼念周总理的专辑在地方台只能播出一次，而且必须立即封存起来。第二、第三个专辑将不再寄给他们播出。对这个电话通知，大家想不通，中央电视台可以播的节目，为什么地方台不能播？为什么要封存这个节目？"

李琴同志听后第一个厉声责问："中央哪有这个精神？是哪儿来的这个精神？"这时坐在她一旁的广播局那位却一言不发。如果确有公开的上级指示，他为什么不敢向宣传组领导成员如实讲出来？是有背着宣传组的秘密活动？是根据谁的秘密指示下达了这个电话通知?没有人问,但大家心里都明白。朱穆之同志直接回答了我的问题,他连声说:"地方台可以播的,可以播的。"邓刚同志点头表示赞同。

得到周总理治丧委员会宣传组组长朱穆之同志的首肯,我趁机提出了一个建议:是不是可以这样,给地方台再打一个电报,申明昨天打的电话作废。这个电报主要是说明中央电视台的播出是如何安排的,供地方台参考,至于地方台如何播出可请示地方党委决定。因为地方台的宣传,从来是由地方党委领导的。邓刚同志立即表示赞同,并说:"夏之平同志,你去拟一个电报稿。"

我立即奔上三楼办公室拟电报稿。电报的文字大意是:昨天打去的长途电话作废,以此电报为准。悼念周总理的专辑共有三个,将按原计划陆续寄给你们。每个专辑中央电视台将播出三次。地方台如何播出,可请当地党委决定。我拿着电报稿到一楼大播音室请邓刚同志审发。他看后没有修改一个字,就同意发出这份电报,当我转身已走出几步时,他突然又叫住我说:"夏之平同志,等一下,请某某同志再看一下。"这位领导看后,在电报稿上加了一句"一律不得向外借阅",他还在竭力坚持昨天的电话通知。我问他:"如果上级党委要调看也不得借阅?"他凝思片刻,改为:"一般不得向外借阅。"电报稿算是通过了。我回到三楼地方组,请贡吉玖同志立即去邮局发出。第二天台里接到大庆电视台的长途电话说:"我们的电视发射设备突然发生故障,不得不改在电影院里为大庆职工和家属放映。你们来电报说'一般不得向外借阅',可我们这里已经组织好群众去电影院观看,怎么办好?"我回答说:"片子已经到了你们手里,至于如何让群众看到,请大庆党委决定吧!"这正反映了我们当时的意愿。

首先,从这段描写中能够感受到夏之平的热血,看到敬爱的周总理遭受到不公的对待,她没有"明哲保身",更没有"随波逐流",她勇敢地站了出来,体现的正是领导者的责任意识和使命感。其次,她的做法也体现出非凡的智慧和领导力。她并没有就大家都在讨论的"新闻的真实性"上的瑕疵去找鲁瑛和治丧宣传组讨论和争辩,而是抓住了限制传播的命令是鲁瑛单方面传达的这个细节,询问整个宣传组是否确有其事。因为她和大家都明白,有些所谓的"命令"是只可意会不可言传的,一旦讨论起来,很难摆在桌面上去说得清清楚楚。并没有人愿意去承担历史的骂名,而一旦有人提出疑问,所谓的命令或某某的授意便无法再顺利地执行下去。最后,她深知广电系统的运作规则,所以她在已经取得的胜利面前继续保持冷静,对接下来鲁瑛可能要做的事情有了预判。所以她提议把定夺权交给地方党委。这样一来,究竟该如何对待悼念周总理的片子,就不是一个鲁瑛可以只手遮天的事情了。通过这么几个细节,可以看出夏之平不光有热血,更有领导和行动的智慧与策略。

接着是拍摄十里长街上几十万群众自发为总理送灵那感人肺腑的场面。我知道灵车在下午4时从北京医院出发。我与台里的领导孟启予同志正在剪辑室里研究工作,突然想起总理的灵车大概快到我们大楼前了。我们两人飞快地奔向大楼北门外的马路,挤进了人群。这时马路南北两面排满了群众,街上一片肃静。一月的北京,时近傍晚,寒风凛冽,冷气逼人,人们都翘首东望,默默等候总理灵车的到来。几分钟以后,看到车队徐徐开来,首先见到的是记者乘的那辆敞篷车,我们的电视记者手举摄影机也站在其中。随后,挂着黄黑两色缎带的总理灵车也缓缓开来。大街南北两侧爆发出一片哭泣声。我也大声痛哭起来,千万思绪涌上心头:"总理啊!你操劳一生,为国为民。你像父兄一样爱护我们。你是生生累死,活活气死的呀！"每一个为总理送灵的群众都在用哭声与眼泪诉说着久久郁积在心头的语言，尽情吐露着对敬爱的周总理那种难以言传的深情。日薄西山，悲痛欲绝的群众在斜阳中目送总理的灵车缓缓西行，直到见不到踪影才渐渐散去。

记者从八宝山回来了，他们个个眼圈发红。他们对我说："我们把总理送到了八宝山，全体工作人员最后在总理灵前绕行一圈，向总理做最后一次告别。我们第一次看到邓大姐扶着总理灵柩大声痛哭。没有一个人不哭的，真心酸哪！"

当天晚上，新闻部同志们都等着看十里长街的样片，新闻部大放映间里挤满了人，都希望看到十里长街上，北京的人民群众为自己总理送灵的全过程。样片的长度有一个多小时。大家一边看，一边哭，连一些男同志都"呜呜"地哭出声来。大家看到总理的灵车缓缓从北京医院开出，从东单到八宝山的十里长街上，北京的几十万群众站在寒风中的马路两旁为总理送行。虽然西下的阳光已经逐渐暗淡，但摄影的灯光仍然能把人们含泪的眼睛照亮。一些特写镜头更加令人难忘：老人在掩面哭泣；一些年轻人在不断地擦泪；手抱孩子的父亲把头贴在孩子身上哭泣；警察站在群众的前排，含着眼泪在维持秩序。看了这条样片，等于跟着灵车队在悲痛欲绝的群众中穿行了一次。尤其感人的是，在八宝山灵堂，邓颖超同志及周总理身边的工作人员与总理最后告别的那一幕。

十里长街的专题片连夜编出来了，邓刚同志第一个来到一楼录音间。他坐下后的第一句话是："昨天十里长街送总理的场面实在是太感动人了。"说话时声音颤抖，眼里噙着泪水。编成的十里长街专辑很顺利地通过了审查。但一个命令下来："不得播出！""四人帮"对这场感天动地的群众性丧礼活动的报道进行了明目张胆的扼杀。影视文献史上这部感人肺腑的作品被无辜地打入库房,不见天日。但当时常来电视台帮助我们审查电视片的客人:外交部、对外文委、有关领导机关的领导人都强烈要求看到这部片子。邓刚同志多次让我们在一楼大放映间里招待客人观看,新闻部也在私下为广播局里的同志放映了许多次。我们把悼念总理的所有片子,包括剪余的镜头,尤其是那些不许播出的最为感人、最为珍贵的镜头全部整理出来,装进一个精致的、结实的大胶片盒存入库房,等待有朝一日……

这一天终于来了,1976年9月16日,不可一世的"四人帮"倒台了。悼念周总理的电视片,尤其是十里长街为总理送灵的电视片一播再播,人们也一再地观看,沉湎于这段悲痛与难忘的往事。

1976年年底、1977年年初,审查"四人帮"在广播局里的罪恶时,对待周总理的态度自然而然地成为重要内容之一。在电视报道中对周恩来总理背信弃义的人是有的,但那不是邓刚同志。我亲眼看到邓刚同志对周总理是有感情的。当时他的处境确有为难之处,因为姚文元正在抓他的辫子。我们敬佩朱穆之和李琴同志为捍卫周总理而显示的胆略,敢于在关键时刻承担风险、主持正义。他们在"四人帮"倒台前再一次在新华社里受到批判,被打为"死不改悔的走资派",也因而赢得了更多人的尊敬。

电视报道中的这个曲折过程,正反映了"文化大革命"后期两个司令部在悼念周总理治丧活动的报道中展开的激烈斗争。"四人帮"竭力压制播出悼念总理的电视报道,但不仅是中国人民,全世界的人民群众都热切期待着看到这些电视报道。外交部、邮电部和中央广播事业局分别收到美国全国广播公司香港分公司、日本广播协会、日本电视网、东京广播以及加拿大等国的电视机构的电话、电报,要求通过卫星转播周恩来总理丧事活动。根据国外的要求,中央电视台向中央写了《关于通过卫星转播周恩来总理丧事活动》的报告。报告送到姚文元那里,他根本不批,原件退回,借口这是外事工作而一推了之。而邓小平同志与"四人帮"针锋相对,毫不犹豫地批准了这份报告,于是,我们摄制的三个电视专辑及周总理的追悼大会都通过卫星向国外传送。在我的记忆中,通过卫星向国外传送重大新闻事件,这是第一次。我事后知道,通过卫星接收我们这些节目的有美国、英国、意大利、加拿大、埃及、苏丹、日本、菲律宾、中国香港等几十个国家和地区,"欧广联节目交换"使欧洲各国也能及时收转,英国维斯新闻社则向全世界几十个国家和地区转发了这些报道。事情发展的结果是,不仅中国人民,世界各地的许多电视观众都看到了中国的人民群众是如何发自内心悼念自己敬爱的周恩来总理的。

"四人帮"的罪恶意图彻底成了泡影。

为《周恩来总理与广播电视》
写于 1990 年①

在这段记述中,我们能够清晰地感受到夏之平心中的原则不是能否获得上级的表扬毫无立场、毫无底线地执行上级下达的命令,而是是否站在了历史的高度和党性的高度上去思考问题、去有所作为。因此被批斗的和敢于站出来说话的人在当时和后来所受到的群众的尊重,尤其被她看在眼里、记在心中。因为她也正是这样的一个人、一个广电系统里有担当、有立场的女性领导者。

夏之平之所以能够顶住压力、不顾一切地维护周总理,既是出于对总理的

---

① 夏之平.铭心往事:一个广播电视人的记述[M].北京:中国广播电视出版社,2009:90-96.

敬爱之情,也是她多年来深受总理的教导、深受总理坚持原则的影响所致。

1971年,我还在河南淮阳干校劳动时,林彪的突然出逃和理所当然的结果发生了,周总理趁机签发文件,让干部从干校回来"检查身体",我才得以回到原来岗位。在这段时间里,与总理经常接触的一项工作,那就是审发毛主席接见外宾的电视新闻。毛主席习惯于在晚上10点前后接见外宾,而为了新闻的时效性,尤其是我们向国外寄送的电视新闻都必须千方百计地抢时间,以最快的时效航寄给英国维斯新闻社和日本电波新闻社等国外新闻机构,由他们转发给世界各国电视台。总理给我们规定:从毛主席那里出来,在三个小时内完成洗印、编辑、录制等全部工序,包括来回花在路上的时间。然后由总理亲自审发。等把样片送到总理那里都已经是后半夜了。总理总是等在那里,有时候秘书着急,想给我们打个电话催问,总理不让他们来干扰我们,等到总理审查完毕,那已经是两三点钟了。知道总理年事已高,而工作还是这么辛苦,我真为总理的身体担忧。

在电视新闻片上常常可以看到这样一个镜头:大会主席台上,第一排中央领导人的位置,左边是周恩来、叶剑英、李先念等老一代领导人,右边是王洪文、江青、张春桥、姚文元那些新贵们,连开会的座位都显得两边阵营分明。但眼看着左边的领导人在逐渐减少,他们已年迈多病,有些会已经不能出席。每当看到这个镜头时,我的心情更加沉重,不知这场重大斗争会是什么结果。

国家生死存亡的千斤重担都压在周总理身上。"四人帮"搅乱了的局面只能由总理千辛万苦地去收拾。但与此同时,他还必须面对"四人帮"的挑衅,应付来自他们的干扰,大家为总理愤愤不平。印象最深的是1974年春节,在年初四的上午,突然传来一个命令,要我们到北京体育馆去开会。在体育馆里,看到台上有以周总理为首的老一代领导人和郭沫若等知名人士,"四人帮"个个出席,当时红得发紫的迟群、谢静宜这两个跳梁小丑是这个会的主要"演员"。迟、谢先后发言,尖刻批评周总理、郭沫若和耿飚等人。当着上万名中央和北京市的机关干部的面,如此激烈地对周总理进行攻击,我坐在会场里真是心惊肉跳,生平第一次感到心脏在颤抖,不知将发生什么事情。这是"四人帮"对周总理发动的一次最为凶狠的进攻,目的是想一举搬掉这块最大的"绊脚石",这是一场惊心动魄的斗争,总理处在多么困难的境地!"四人帮"使出了浑身解数,在春节期间召开大会动员以后,就在全国发动"批林批孔",但无论他们怎么使劲,基层的群众还是发动不起来。新闻部同志在讨论时问:"到底要批谁啊,不是为了批'周公'吗?"群众一眼看穿,"四人帮"故技重施,为的是从老一代手里夺取政权。到这时,发动什么运动都已经无济于事,实在是大势已去奈可何!

"四人帮"使出的最后一手,是在总理去世的时候。总理忍辱负重,在"四人帮"砍掉了他得力的左膀右臂以后,为国家的存亡苦苦支撑了十年,他实在太累了,精力已经耗尽了。他在多次动手术以后,还以病重之身赶到湖南见毛主席,安排好了他的接班人邓小平。在弥留之际以微弱的声音向罗青长交代了解决台湾问题必须注意的事情,就撒手人间。现在有一些年轻人,批评周总理"愚忠",他们不了解历史发展中的复杂性。如果总理当时拍案而起,与毛泽东主席分庭抗礼,树立一个对立面,肯定会号召起大半边天下。但不能否认的是,那时候追随"四人帮"的野心家不少,由毛主席的威望动员起来盲目行动的群众也无以计数。除"林彪副统帅"以外,"四人帮"早已安排和拉拢了黄、吴、叶、李、邱这批掌握军权的干将,在军队内部由追随"四人帮"起家的也大有人在,各地和基层有一大批野心家已经登上了领导宝座,掌握着大权。这时候如果采取鲁莽的行动,中国将陷入内战的大乱,局面将不可收拾。作为一个冷静思考国家大事的领导人,只能在顾全大局的范围内,尽最大努力把损失降到最低程度。清楚这段历史的是亲自参加了"文化大革命"的千千万万人民群众。许多人知道历史演变的复杂情况,知道在当时的条件下什么事能做,什么事不能做。而在群众中涌动的这场斗争情绪,在总理去世时终于公开化了。①

夏之平的这段讲述完整地呈现出了当时大部分中层干部的意识形态状况与思考情况。人们对规则的坚持首先要对规则作出全面的判断。规则并不只针对一人一事,而要将之放在大的格局中展开通盘的考量。规则不是争一时之高低,也不是争一件事的对与错。尤其是在历史考验面前,规则不是死板的、更不是有唯一不变的解读模式的,相反,规则恰恰是需要人们全面去解读,坚持底线立场不动摇的。坚守底线、恪守规则,本身就是对领导者的领导力的一种考核。经历过大浪淘沙的夏之平,用自己的亲身经历和思想感悟,为此作出了真诚又生动的诠释。

---

① 夏之平.铭心往事:一个广播电视人的记述[M].北京:中国广播电视出版社,2009:101-104.

第六章　家庭与早期人文教育对女性领导力提升的影响

性别是女性领导力分析中的一个有效范畴。女性领导力研究与一般的男性领导力研究最重要的差别之一，就是女性生理身份带来的婚姻、家务劳动、性别分工等对领导力提升的直接影响方面的差异。这些因素对于男性领导者而言并不是直接因素，也不是普遍的重要因素，但是对于女性领导者而言，这些因素往往是决定着女性领导力是否能够发展的关键。忽略性别因素而泛泛地谈领导力提升，对于女性而言是无效的，也是不公正的。

"性别分工"范畴的使用为分析整个社会劳动活动中沿性别轴线产生的社会关系提供了方法。① 对性别分工的分析可以说明妇女在社会结构方面的从属地位是如何产生和维持的。譬如，能表明男人在特定社会怎样占据了社会有限地位的既不是生物学上的原因，也不是心理学上的原因。只有当产生于劳动活动中的社会关系组织给男人规定了接触和控制那些妇女不能接近的生产资料的准则时，他们才能占据优先地位。性别分工有助于说明男女对劳动资料的这种不同的接近和控制，因而也有助于说明男性统治制度是怎样产生、

---

① 扬.超越不幸的婚姻——对二元制理论的批判[M]//李银河.妇女：最漫长的革命.北京：中国妇女出版社，2007：84.

维持和变化的。①

长久以来,基于性别分工思维而产生的各种社会观念,比如"男主外、女主内""男强女弱"等就是女性领导力提升的巨大障碍之一。在这样的观念影响下,女性从家庭领域中走入社会公共空间是不被传统性别文化所鼓励的事情,而将女性固化于家庭空间的生活机制与常规观念又限制了女性获得其领导力被认可的机会。

性别研究者提出,规定妇女不工作的"妇女思想意识"(ideology of femininity)成了妇女边缘化过程的后果和这一过程已经开始的证明。这种思想一直影响着人们的观念,认为妇女的天职就是做母亲,妇女根本不能从事繁重劳动,妇女的适当活动是养育孩子,给家庭创造安静和舒适的气氛。这种将妇女的价值只限于家庭之内的观念与做法,是对妇女劳动价值的极大挤压与窄化。当社会资源紧缺的时候,让妇女回家便成了解决问题的一种既便捷又自然的方案。这种思想是基于男女不平等的观念而形成并代代传递下来的,即使是在当代社会,这种思想依然发挥着作用。很多人以"优化资源"为借口,以倡导女性"牺牲、奉献的传统美德"为道德绑架,挤压和侵占女性的正当权利。女性自愿选择回归家庭,和女性没有选择的权利只能回归家庭,这是两回事。也正因如此,恩格斯指出的"解放妻子的首要条件是要使全体女性回到公共事业"②是如此振聋发聩。中国的妇女解放因为特殊的历史原因而呈现出有别于其他国家妇女运动的景象,即中国的妇女解放的所有工作重点都放在了"在生产中解放妇女"。毛泽东曾说:"妇女解放,突起异军。男女并驾,如日方东。"③

---

① 扬.超越不幸的婚姻——对二元制理论的批判[M]//李银河.妇女:最漫长的革命.北京:中国妇女出版社,2007:85.
② ENGELS F. The origin of the family, private property state(1884)[M].New York: International Publishers,1942:66.
③ 丁娟.试述毛泽东关于中国妇女解放道路的思想[J].妇女研究论丛,1994(1):9.

看妇女解放运动对女性领导力的影响,要追溯到近代中国的社会发展局势,也要追溯到一部分知识分子与社会精英阶层是如何对性别关系与国家命运之关联展开思考与行动的。在历史的发展轨迹中,家庭关系与早期社会教育的重要性逐渐凸显出来,成为妇女解放运动中最为突出的两大议题,而且这两大议题从其在中国社会被提出和展开讨论之际,直至今天,它们仍旧是困扰和影响妇女发展的关键因子。

1903年,中国历史上第一本"女权"论著——《女界钟》在上海大同书局出版,这本书在当时的知识界引起了极大的震动,短期内即告售罄。其作者金天翮也因此被誉为"中国女界之卢骚"。作为中国近代史上第一部专门谈论妇女问题的著作,《女界钟》对于百年来中国妇女运动与妇女解放的历程有着深远的意义。在这样的一本意义非凡的书中,作者勾勒的完美女性形象是:"须以一夫一妻为基础,红袖添香,乌丝写韵,朝倚公园之树,夕竞自由之车,商量祖国之前途,诞育佳儿。"[1]也就是说,近代完美的女性形象被作者提炼为既是丈夫的贤妻、贤内助,完成传宗接代的良母,也是能够享受公共生活、讨论政治前途的知识女性。这种形象无疑已经突破了传统的"男主外、女主内"的要求,将女性在主内和兼外之间的责任勾勒得清晰无疑。而且,要讨论政治前途意味着女性必须受过教育,具有国际关系视野,对政治问题有所涉猎。不过,这样的要求显然与当时的社会保障机制脱钩,与当时妇女普遍的现实情况也有较大的距离。

毫无疑问,正是这种仅仅针对女性责任的"突破",将女性群体带入了独立对抗社会观念与社会体制的陷阱之中。男性群体并未被要求做家庭与社会的双重责任承担者,他们的责任边界并未发生改变。因此,只对女性进行规训的改革,尽管在某些层面上有重要的进步意义,但对于妇女解放而言,其带来的

---

[1] 陈雁."百年中国女权思潮研究"国际学术研讨会综述[M]//王政,陈雁.百年中国女权思潮研究.上海:复旦大学出版社,2005:436.

隐性危害其实不容小觑,这一点在近现代乃至当代的妇女生活和发展中都得到了验证。

中国女性高等教育始于1905年。是年,中华基督教会创办的华北协和女子大学在北京成立。此后,各类教会女子大学在当时中国的一些相对发达地区相继成立,1907年在福州成立了华南女子大学;1917年在南京成立了金陵女子大学。① 1919年,北京国立女子师范学校改为北京女子高等师范学校。这是第一所由政府主办的中国女性高等学校。1920年,北京大学首次招收3位女生入学,开创了中国高等教育男女同校的先河。② 虽然中国高等教育在20世纪初就向女性敞开了大门,但在以后的几十年间,由于经济落后、政局动荡,并且受到传统文化的影响,女性高等教育的发展非常缓慢。到1931年,中国各类高等学校中,在校学生总数有44 130人,但其中女学生仅有5 180人,占学生总人数的12.3%。如果"按当时全国4.5亿人口计算,每一万人中仅有一位大学生,每十万人中有一位女大学生"。③ 到了1947年,各类高等学校在校学生总数发展到15.5万人,其中女性有2.27万人,占在校学生总数的17.8%。④

毛泽东对提高妇女素质表示关切,他认为没有扫除文盲,没有进小学、中学、大学,妇女便不可能彻底解放。⑤

1949年,我国高等学校有205所,在校生有11.65万人;1957年,高等学校发展到229所,在校生有44.12万人(表6-1)。⑥

---

① 吴琼.论中国教会女子高等教育的早期发展[J].教育评论,1997(4).
② 马万华,陈定芳.巨大的进步 严峻的挑战——中国女性参与高等教育世纪之交的回顾[J].清华大学教育研究,1998(4).
③ 茅仲英.俞庆棠教育论著选[M].北京:北京人民教育出版社,1992:67.
④ 赵叶珠.建国后我国女性接受高等教育研究[J].高等师范教育研究,1993(5).
⑤ 燕凌.合作化是农村妇女彻底解放的道路[J].新中国妇女,1955(12):13.
⑥ 吴玉金,王卫国,邓晓春.改革和发展中的中国高等教育[M].沈阳:辽宁大学出版社,1996:24.

表 6-1　1949—1957 年高等学校女学生数及其比例　　单位：人①

年份	调查的学生数	女学生数	占比
1949	117 133	23 157	19.77%
1950	138 731	29 411	21.20%
1951	155 570	35 050	22.53%
1952	193 910	45 356	23.39%
1953	216 430	54 714	25.28%
1954	257 731	67 716	26.27%
1955	292 475	75 755	25.90%
1956	408 017	100 374	24.60%
1957	444 359	103 324	23.25%

可以看出,在家庭关系和社会教育这两大领域中,中国政府一直是非常重视且有计划地展开推进的。通过在这两大领域中提高妇女发展的实力,才能真正赋权于妇女,使其能够有底气、有能力争取更大的社会资源,在社会话语博弈中更充分地享有其权利/权力。

按照马克思主义妇女解放理论,妇女的社会地位归根结底是由社会生产状况决定的,参加社会劳动是妇女解放的必要条件。社会化大生产为妇女开辟了参加社会生产的途径,②从而使广大妇女有机会获得与男子平等的家庭、政治地位。

中华人民共和国成立后,承诺进行妇女解放的新生政权也是按照这一思路开展妇女解放事业的。一般来说,中华人民共和国成立后的妇女解放运动较偏重于经济层面。由于 20 世纪上半叶的中国经历过军阀混战、抗日战争及内战,民生困窘,社会经济破落凋敝,故中华人民共和国成立后的首要任务便

---

① 中国教育年鉴(1949—1981)[M].北京:中国大百科全书出版社,1984:974.
② 恩格斯.家庭、私有制和国家的起源[M]//马克思恩格斯选集:第 4 卷.北京:人民出版社,1972:70.

是尽快使国民经济复生。为此,中国共产党除了解放原有的男性劳动力外,更必须解放占人口半数的妇女劳动力。在劳动力的急切需求下,妇女的地位备受重视。

早在1940年2月8日,毛泽东在《中央妇委的指示信》中就指出:"妇女的伟大作用第一在经济方面,没有她们,生产就不能进行。"[①]妇女在投入社会经济生产的过程中,不仅可以增加收入、逐步实现经济独立,而且在劳动生产的过程中更可以学到有关的技术,充实妇女的能力。妇女的经济地位的改善对妇女解放至关重要。1949年,毛泽东为《新中国妇女》创刊号题词:"团结起来,参加生产和政治活动,改善妇女的经济地位和政治地位。"[②]随着"一五"计划的实施,大量妇女进入社会生产领域,为社会主义现代化建设做出了重要贡献,社会地位也得到了显著提高,"妇女能顶半边天"的口号在20世纪50年代迅速响遍全国并影响至今。

马克思主义妇女解放理论同样强调经济生产与社会再生产之间的平衡关系,家务劳动社会化和妇女参加社会劳动是"一体两面"的统一体,共同构成了马克思主义妇女解放理论的基本内涵。[③] 也正是在这一逻辑维度上,列宁才明确表示:"公共食堂、托儿所和幼儿园是这些幼芽的标本,正是这些平凡的、普通的、毫不华丽、毫不夸张、毫不显眼的设施,能够在实际上解放妇女,减少和消除她们在社会生产和社会生活上同男子的不平等。"[④]

1949年4月1日,中国妇女第一届全国代表大会通过了《中国妇女运动当

---

① 毛泽东.毛泽东给中共中央妇委的一封信(1940年2月8日)[M]//中华全国妇女联合会妇女运动历史研究室.中国妇女运动历史资料.北京:中国妇女出版社,1991:261.
② 毛泽东.为《新中国妇女》杂志创刊号题词[M]//建国以来毛泽东文稿:第1册.北京:中央文献出版社,1987:204.
③ 徐明强.资源分配、互济互助与单位集体福利——北京地区单位托幼机构的历史实践(1954—1957)[M]//杨凤城.中共历史与理论研究:第8辑.北京:社会科学文献出版社,2020:68-69.
④ 列宁.伟大的创举[M]//列宁选集:第4卷.北京:人民出版社,1972:18.

前任务的决议》,明确提出"应当适应工业生产的需要,吸收工人家属和能劳动的妇女参加生产,尽可能组织大批家庭妇女参加劳动,使许多过去不事生产的妇女转为社会财富的创造者"①。经过这种劳动动员,广大妇女被吸纳进社会生产当中,在整个"一五"计划期间,全民所有制各行业女职工总人数由1952年的184.8万人增长到1957年的328.6万人,增幅达77.81%。②

承担家庭内责与社会外责的双重责任,是近代女性被迫的使命,也是她们所不得不承受的自我变革的开始。对于女性领导力的发展而言,能够走出家庭、参与社会生活甚至是参与政治生活,无疑是大有裨益的。但同时,并未减少的家庭内责的压力,造成了女性领导者精神与身体上的分裂,使她们不得不在家庭与事业二者不可兼顾的时候做出痛苦的抉择。并且,这种抉择并非偶然之举,而是伴随着她们事业起步期与上升期的整个过程的。抛弃母职和妻职,她们在社会道德上会受到潜在与公开的谴责;不抛弃母职和妻职,她们的内心则会承受无法想象的沉重压力与矛盾挣扎。

出生于新西兰的女权主义理论研究学者朱丽叶·米切尔(Juliet Mitchell)是英国最重要的女权主义思想家,她的论文《妇女:最漫长的革命》是女权主义理论史上的经典之作,也是20世纪六七十年代兴起的妇女运动第二次浪潮的纲领性文献。在该文中,她提出了妇女受压迫的机制主要有四类:生产、生育、性和儿童的社会化。在生产结构中,她探讨了体力与妇女受压迫的关系;在生育结构中,她探讨了避孕及生育与生产的关系;在性爱机制中,她对比了东西方两种文化的差异;在儿童社会化机制中,她讨论了幼儿期与家庭模式等问题。她认为只有改变结合成一个整体的这四大机制,妇女才能真正获得解放。③

---

① 中国妇女运动当前任务的决议[J].新中国妇女,1949(1).
② 中华人民共和国国家统计局.我国的国民经济建设和人民生活:国民经济统计报告资料选编[M].北京:统计出版社,1958:273,288.
③ 李银河.妇女:最漫长的革命[M].北京:中国妇女出版社,2007:1.

这四种压迫机制广泛存在于妇女日常生活的方方面面。在分析和衡量女性领导力的发展维度中,儿童的社会化、家庭模式是影响女性领导力发展的重要切入点,这在孟启予的生活经历中得到了充分的验证。

生于1920年的孟启予是那个时代非常有代表性的女性领导者。在她的成长经历中,既有与女性领导力发展相关的各种阻碍与挑战,也有她在女性领导力形成与发展过程中所做出的艰难抉择与不懈努力。

从孟启予的幼年、青少年直到壮年时代,家庭给予了她种种关于领导力的磨炼,对其日后的工作观、生活观、领导观都产生了不容忽视的重要影响。

在孟启予的原生家庭关系中,男性的缺失对其成长经验的影响是值得引起足够关注的。孟启予的祖父陈兰溪是清朝北洋海军舰队的一名官员,他生前奢侈挥霍,先后娶了四房姨太太。他在孟启予的生命中只以一张遗像的方式存在。在照片中,他身着白色海军将领制服,袖口镶有金边,身佩宝剑,威武异常。他的正妻和四房姨太太以及封建大家庭的结构与复杂关系,是他传承给孟启予的很重要的有关家庭关系的模式与经验。

封建大家庭以小农经济为前提,且与宗法一体化互为依存,为封建等级家长制的实行提供了场所。在这里,成年男子主宰一切,而女子处在父权、夫权和族权的统治下,守着"三从四德""三纲五常"的清规戒律。尽管封建的大家庭有互助合作的优势,但也衍生出种种问题。比如,同居共财制度制约了经济的发展,养成了青年人的依赖性和奴性;妻妾制是变形的一夫多妻制,致使男女不平等,衍生出妇女节烈的腐朽观念。所以当时人称"中国现在的社会,万恶之源,都在家族制度"①。封建大家庭时常是众多人口生活在一起,关系复杂,常常发生矛盾冲突。②

---

① 李大钊.万恶之源[J].每周评论,1919(30).
② 邓红,刘海霞.觉醒:民国"新女性"婚姻家庭观之嬗变——以二十世纪二三十年代对城市女性的调查展开[J].河北大学学报(哲学社会科学版),2007(2):88.

孟启予的祖父母正是典型的封建大家庭,这种家庭模式中女性地位的复杂性和整体弱势性,对孟启予思考家庭模式对女性发展的利弊影响起到了直接的刺激作用。

孟启予的祖母喜欢吸食鸦片,犯烟瘾的时候就会浑身难受、神经紧张,动不动就辱骂姨太太。在陈兰溪逝世以后,四位姨太太只留下一位,其余三位都出走了。而留下的姨太太虽然有一席栖身之地,但是饱受压制,生活过得极艰难。这种局面在孟启予日后建立自己的家庭观时埋下了一粒深具威力的种子。当她在家庭中感到压抑和不愉快的时候,她的选择恰恰如三位姨太太一样是逃离,哪怕要只身带着女儿生活,也不将就和忍受。而在面对祖母和姨奶奶的关系时,她也体会到位置和角色带来的不对等的权利,所以日后成长起来的她并不甘于只在时代的洪流中做一名普通的追随者,而要做一个勇于争先的开拓者。可以说,在她成为真真正正的领导者之前,她已经为此做了充足的思想上的准备,她在革命中不断历练自我、挑战自我,逐渐形成了承担责任的格局意识。

孟启予也是从照片中认识父亲的。祖父病逝以后,孟启予的父亲也因伤寒而去世。父亲是新派的知识分子,他与母亲的书信和照片堆满了两大抽屉。在父母亲的合影中,父亲穿着一身笔挺的灰色西服站在母亲旁边,照片上写着"举案齐眉"四个毛笔字。孟启予父母的婚姻模式属于当时比较流行的"文明婚礼",这种婚礼模式的出现受到新的思想观念的影响,一些学生、教师和其他受过现代教育的有识之士以身作则,将自己的婚礼删繁就简,引导婚嫁风俗向简朴的方向发展。在这种情况下,出现了西式婚礼,婚礼程序、服装等都与传统婚礼明显不同。1911年,《妇女时报》刊载了一张西式结婚照,照片中男着西装、皮鞋,打领带,女披白色婚纱,手持鲜花。当时称西式婚礼为"文明婚礼",体现了对西式婚礼的赞许,其对立面中国旧式婚礼就成了野蛮和愚昧的代表。从清末开始的这股西式婚礼新风犹如涓涓细流,从大城市缓缓流向中小城市。到民国初期,西式婚礼在城市里已经发展成时尚,渗入普通百姓的日常生活之中。①

一张结婚照传递出的信息是,孟启予的父母这一代已经不是典型的传统封建大家庭的制式与观念,父辈一代与祖父辈这一代有关婚姻家庭观念的更迭并存,其复杂性与冲突性都被幼年的孟启予承接下来,在她的心里形成了非常重要的认知基础。

女权主义理论家认为,妇女的境遇有别于其他任何社会群体的境遇,因为她们并不是诸多孤立的团体中的一个,而是人类这个整体的一半。妇女是人类的基础,不可替代。故她们并不像其他的社会群体,所受的剥削也有别于其他社会群体。对人类来说,她们必不可少,然而,她们在经济、社会和政治中的作用却被忽视。恰恰是这种结合——必不可少却被忽视——决定了她们的命运。除非在社会劳动中产生一场革命,否则,妇女的劳动就只会被看作是男性劳动的附属品。然而,妇女被赋予了自己另外的世界——家庭。家庭就像妇女自身一样,被视为自然的产物,而实际上,它是文化的产物。②

家庭文化对于女性个体成长是非常重要的,按照精神分析学说的观点,女性在幼年时习得的婚姻家庭观会映射在其成年后的家庭婚姻现实中。在传统的封建家庭中,理想的女性是足不出户的大家闺秀,她们在婚姻关系中扮演着贤妻良母的角色;在"文明婚礼"一代的家庭关系中,理想的女性是与男性相依相伴、共同奋斗的贤妻良母。如果不是祖父与父亲的早亡造就了家族中女性既要挑起主内的责任又要肩负起主外的责任,恐怕孟启予日后的婚姻家庭观念中不会如此自然又坚决地强调自主性与独立性。当事业与婚姻家庭出现矛盾与张力的时候,她也就不会如此义无反顾地选择事业优先、个人发展优先。

---

① 李长莉.中国近代社会生活史[M].北京:中国社会科学出版社,2015.
② 米切尔.妇女:最漫长的革命[M]//李银河.妇女:最漫长的革命.北京:中国妇女出版社,2007:2.

而这种选择,是她在当时的时代背景下能够成就其女性领导力的很重要的一个因素。

一方面,在成长过程中父爱的缺失对孟启予的爱情观还是具有相当大的影响的。孟启予的两任丈夫身体都不太好,他们有着同样的病弱气质,这会让她将自己最亲密的爱人与自己并不熟悉的祖父和父亲之间建立起一种莫名的关联,因而对别人来说,病弱也许是缺点,但这种气质对孟启予而言却有着强烈的吸引力。而她爱恋的陈宝仓将军身上那种儒雅又不失威武的气质,正好又是孟启予的祖父和父亲气质的综合体。即使是在亲密关系中,孟启予都认为男性力量(man power)是偏弱的,虽然她并不会因此而贬低男性,但这种认知在无形中又增加了她对自身女性力量(woman power)的肯定与信任。在女性领导力的发展中,增强女性基于自身的自信、发展女性的力量,一直都是很重要的一个素养。

但是另一方面,也正因为在成长过程中男性角色的缺席,导致孟启予在处理与男性相关的亲密关系时往往处于或逃离或迷茫的状态里。尤其是家庭关系中男性与女性的角色与责任,总是令她感到无助与陌生。

其实,每个领导者都只是在某些领域中具备非凡的领导力,与此同时,其在另外一些领域却不能很好地施展拳脚。没有人能做到在所有领域得心应手。所以,在家庭这个感情与权力交织的关系结构中,孟启予总是显得力所不逮,得到的失望比希望多。

孟启予的第二任丈夫张纪明曾对她说过"日本女子对丈夫是非常温顺的"这样的话。而且他再婚的妻子恰好是他所期望的典型的日本式的贤妻良母,为了满足张纪明的母亲及其本人"传宗接代"的愿望,那位再婚的妻子不仅连生了三个孩子(都是女儿),而且孝顺公婆,在张纪明得了肺气肿的最后日子里,那位日籍妻子都竭尽全力照顾,长期的心力劳损导致她得了心脏病。这位妻子完全满足了张纪明对于传统贤妻良母的女性气质的期待。

其实,对日式贤妻良母类型的女性的期待并非张纪明个人的特殊癖好。在整个20世纪上半叶的社会文化思潮中,无论是西学中的贤妻良母观还是日本式的贤妻良母观,都与中国传统的贤妻良母观产生了碰撞,并形成了"新"贤妻良母的女性规训潮流。

随着译介工作在20世纪初的发展,卢梭的《爱弥儿》在中国国内引发了热潮。其所倡导的是极端贤妻良母主义,谓妇女之任务,在悦乐男子,夫对妻之意志为绝对命令,为妻者当完全屈服于此意志之下。[①] 卢梭是世界上最早重视妇女地位、提倡女子教育的伟大学者之一,对妇女解放运动有着不可磨灭的贡献。但卢梭的女性观裹挟着客体式的女性爱情观、依附式的女性家庭观、贤妻良母式的女子教育观。卢梭的女性观具有积极、进步的历史作用,但仍带有浓重的男权色彩。毫无疑问,在西学东渐的时代潮流中,来自西方的各种社会思潮都对中国知识界产生了或多或少的影响,[②]对中国女性重新认识自己的角色与地位也产生了冲击式的作用。尽管这些思潮带来的并不是纯粹进步的力量,里面夹带着矛盾甚至是落后腐朽的内容,但是对于当时的社会与进步人士而言,其吸引力与影响力都是不可估量的。

辜鸿铭是传统贤妻良母观的坚定捍卫者,他在《中国人的精神》的"中国妇女"部分向西方人热情地介绍"三从四德":"所谓三从,实际上指的是三种无私的牺牲或'为他人而活'。也就是说,当她尚未婚配时,要为她父亲活着;当她结婚后,要为她丈夫活着;而当她成为寡妇时,又必须为孩子活着。事实上,在中国,一个妇人的主要生活目标不是为她自己而活,或者为社会而活;不是去做什么改良者或者什么女性情感会的会长;甚至不是去做什么圣徒或给世界行善。在中国,一个妇人的主要生活目标就是做一个好女儿、一个好妻子和一

---

① 王森然.世界妇女运动大系[M].北京:大众文艺出版社,1995:5.
② 周蕾,刘宁元.抗战时期中国妇女运动研究(1931—1945)[M].北京:首都经济贸易大学出版社,2016:203.

个好母亲。"①当女性没有权利在家庭和社会之间做出选择时,这种"三从四德"的贤妻良母观无疑更加强化了女性"主内"的角色与责任。

在孟启予的家庭中,这种屈从型的女性理想角色观念在她的祖母、姨奶奶这代女性身上体现得最为彻底。但是,也正是三位姨奶奶的出走,给这种观念带来了最直接的否定性冲击。这种极端贤妻良母的女性角色在根本上是反人性的,女性在这种期待下发展起来的人格是受压抑的、不完整的、不独立的。而且这种女性角色是不可能发展出女性领导力的,因为它将女性限制在甘居屈从的位置上,这样的女性要发展出领导角色无疑是彻底的空想。

除了家人之间的耳濡目染之外,社会教育对一个人三观的影响也不可忽视。

事实上,20世纪初中国流行的"贤妻良母主义"与日本有着密切关系。日本的女子教育理念就是教养有文化的贤妻良母。"女子教育的重点在于培养女子为人之良妻,为人之贤母、管理家庭、熏陶子女所必需的气质才能。国家富强的根本在教育,教育的根本在女子教育,女子教育的发达与否与国家安危有着直接的关系。"②被中国人称为"贤妻良母主义"的日本女子教育理念随着留日热潮输入中国,正与20世纪初叶的中国国情多方应和:(1)国人追学日本,救亡图存的愿望迫切;(2)中国创办女学的热潮方兴未艾;(3)自维新时代提出,之后经久不衰的新贤妻良母观念;(4)中国传统文化根深蒂固之"贤妻良母"观念的因袭传承。因而,自日本舶来的"贤妻良母主义"容易为大多数中国人所接受,并成为一种社会流行思潮。③

虽然孟启予的母亲举行了"文明婚礼",在婚姻家庭观念中已经接受了新

---

① 辜鸿铭.中国人的精神[M].海口:海南出版社,1996.
② 李卓.近代日本女性观——良妻贤母论辨析[J].日本学刊,2000(4).
③ 周蕾,刘宁元.抗战时期中国妇女运动研究(1931—1945)[M].北京:首都经济贸易大学出版社,2016:205.

式的观念,但是由于丈夫与公公早逝,一大家子人都要靠她抚养,所以孟启予的母亲身上不可避免地体现出辜鸿铭所谓的传统的"三从四德":她三十多岁就守寡,独自承担起上有老、下有小的家庭重担。但是她观念中的新式思想与这种传统思想不断发生着碰撞和冲突,使得她生活在非常分裂的状态下。虽然她的种种行为恪守了传统的"三从四德"要求,于外界舆论来说符合传统女性的评价标准,但是她的内心却非常不快乐。所以,她在孩子们很小的时候甚至出现了精神错乱的情况,这都是因为她内心的自我发展需求与这种传统的"三从四德"背道而驰,但她却无法做出勇敢反叛的行为。

母亲的这种矛盾性和痛苦挣扎都被幼年的孟启予看在眼里,这在她的心灵深处产生的震荡无疑是无比强烈的。是像妈妈这样表面上做得非常完美,内心却备受煎熬,还是勇敢地拒绝一些责任(家庭义务),以便更好地去承担其他责任(社会服务)呢?

显然,孟启予选择了后者。

孟启予所做的这种选择在当时是非常大胆的,而且与整个时代的主流性别话语相冲突。因为在孟启予成长的整个少女时代,除了有传统的性别观念以及舶来的新贤妻良母主义的洪潮之外,整个当局还在倡导女子"家政""女德"。

据1932年《全民报·妇女》记载:教育部有令,中等女子学校添授家事一门;据1935年《大众日报·时代妇女》记载:北平教育局下令让各女中增加家政课,尤其是高年级班,钟点要更多,宁可去掉主要的功课,而家政不可不加;据1936年《东方快报·妇女与家庭》记载:当时社会上有人主张设立培养贤妻良母的专门学校。①

而与此同时,反贤妻良母主义的思潮亦风起云涌,与之势均力敌。

---

① 周蕾,刘宁元.抗战时期中国妇女运动研究(1931—1945)[M].北京:首都经济贸易大学出版社,2016:212.

《女子问题之大解决》旗帜鲜明、言辞激烈地提出:"女子者,国民之一,国家所有,非家族所私有,非男子私人所有,具完全人格者也。良妻贤母之说,盛唱于日本,吾国近日亦稍稍有其趋势……不过造成一多知识之顺婢良仆,供男子之驱策耳。有良妻贤母之名,无良妻贤母之实。"①胡适在《美国的妇人》中提出:"我是堂堂的一个人,有许多该尽的责任,有许多可做的事业,何必定须做人家的良妻贤母,才算尽我的天职,算作我的事业呢?""一位真正的中国妇人是没有自我的。"②

1940 年 8 月 12 日,邓颖超在《新华日报·妇女之路》第 7 期发表的《关于〈蔚蓝中的一点暗淡〉的批判》中说到:"我们坚决反对,从个人私有制度出发,从封建性的旧压迫、加重对妇女的束缚出发,要使妇女为小我家庭中,一个'夫'与'子'的观点上的'新'的贤妻良母主义。"她强调:"中国妇女解放运动的任务,是和中国民族解放的任务息息相连的。……我们主张:无论男女,都应当在'献身大我国家''抗战''救国'的原则下,而'齐其家'……新的贤妻良母主义,绝不是中国妇女解放运动的直接主要方向和任务。"③

1941 年 10 月 12 日,中共中央机关报《解放日报》刊登的张琴秋④的文章《动员妇女参战与保护妇女切身利益的关系》中指出:"今天摆在妇女群众面前的首要问题,当然也是如何驱逐日本帝国主义,如何保卫自己的祖国、自己的家乡、自己的生命财产和儿女。假使在这种情况之下,要幻想在家庭里获得平等地位,那么其结果将使中国妇女,或者成为傀儡宫里的陈璧君,或者成为'皇军'蹄下的'花姑娘'。何况封建式的中国家庭,本来就是束缚妇女的牢狱,哪里能够谈得到平等呢?因此,我们认为,在今天,妇女的真正位置,不是在家

---

① 高素素.女子问题之大解决[J].新青年,1917,3(3).
② 胡适.美国的妇人[J].新青年,1918(5).
③ 周蕾,刘宁元.抗战时期中国妇女运动研究(1931—1945)[M].北京:首都经济贸易大学出版社,2016:224.
④ 红军女将领,时任抗大女生大队大队长,延安女子大学教育长。

里,而是在抗日的各个战线上。"①

以上言论是反对新贤妻良母主义观念的典型代表,它们也是党所领导的妇女解放运动针对社会中传统的贤妻良母观、新贤妻良母观而展开的有针对性的、具体的驳斥与批判。在这些驳斥与批判的言论中,渗透着妇女应如何看待自身与家庭、自身与社会、自身与历史潮流的关系之价值观,这种关于妇女角色与使命的不同价值观的博弈与争夺,对于推动中国妇女整体的进步具有非常重要的意义。

可以想见,在孟启予出生时及日后的成长中,面对的是几股具有极度冲突性的女性角色的规训话语。不仅是对其原生家庭内呈现出的各种冲突话语的耳濡目染,她更是不可避免地完全陷入了整个社会思潮的相互角力之中。对于当时的女子而言,任何一种选择都不会得到完全的赞赏之声,如果为了成为人人交口称赞的"好"女子,便要努力去实现和完成每一种女性角色规训。但是对于当时甚至是现在的女性而言,这都是不太可能的事情。如何抉择生活方式、如何去实践符合自身需求的女性社会角色,成了妇女发展的一个重要的时代课题。

尽管当时的国民政府将女性的时代典型角色折中为"双重角色"的培养,但这种双重角色的目标与其说是解决方案,不如说是"双重负担"。

1927年之后,国民党成为执政党,国民党按照自己的理论政纲制定了妇女政策方针。国民党的妇女政策呈现了双重角色定位的特点:既维护女性的传统角色,注重女性的家庭责任,强调"母性";又鼓励妇女提高自身的智识,动员妇女参与社会事业,担当"国民"之责任。1929年2月7日,国民党第二届中央执行委员会第四次全体会议宣言在关于教育建设方面提出:"对于女子教育,尤须确认培养博大慈祥之健全母性,实为救国保民之要图,优生强种之基

---

① 周蕾,刘宁元.抗战时期中国妇女运动研究(1931—1945)[M].北京:首都经济贸易大学出版社,2016:223.

础,凡此诸端,皆须全国人民彻底觉悟,而与本党协力图之者也。"①4月26日,国民政府公布《中华民国教育宗旨及其实施方针》,规定"女子教育并须注重陶冶健全之德性,保持母性之特质,并建设良好之家庭生活及社会生活"②。"九一八事变"之后,国民党的政策开始强调对妇女民族意识的培养。"妇女训练,须认清妇女在民族生存中之重要地位。须使妇女明了对于国家社会所负之责任。"③

对于女子的解放,带有明确的功利性目的,且认为女性在国家意识与贡献方面是不足的,因而要通过教育的手段予以补足。这种观念与政令明显带有强烈的时代局限性。

对于当时的男子而言,投身国家建设与其男性气质的规训并不矛盾,甚至前者还会提升后者。但是对于女子而言,投身国家建设往往意味着要在家庭角色中做出一个要么走出家庭投身社会、要么放弃投身社会而守住家庭的艰难决定。任何一个女子,无论多么能干、多么有智慧,都很难做到在投身国家建设和维护家庭责任的女性角色上实现"完美的"和谐统一。因此,当时国民党政府所倡导的新的女性规范,一方面在女性受教育权利和投入社会公共事业的权利方面的确有促进作用,但是另一方面,这种倡导缺乏更为有机的、系统的社会机制的配套支持,因而为妇女带来了更难以破解的发展谜题,这种"双重责任"的困境也由此成为妇女发展的百年难题。

现代心理学最伟大的革命之一是其发现在个体生命过程中,幼儿期具有特殊的决定性作用。要探究孟启予的女性领导力缘何发展起来,势必要回归到她的幼年时代,探究她的家庭、她的直系女性亲属对她的成长产生的影响。

---

① 周蕾,刘宁元.抗战时期中国妇女运动研究(1931—1945)[M].北京:首都经济贸易大学出版社,2016:11-12.
② 宋恩荣,章咸.中华民国教育法规选编(1912—1949)[M].南京:江苏教育出版社,1990:46.
③ 中央民众运动指导委员会.中国国民党最近指导全国民众运动工作概要[M]//抗战时期中国妇女运动研究(1931—1945).1934:12.

孟启予的母亲是名门闺秀,是与宋庆龄同时代的知识女性,她精通英语,是虔诚的基督徒。在孟启予的父亲去世后,母亲生下了一个遗腹女孩,由于家境衰落,孟启予的这个妹妹被送给舅舅家抚养。后来,孟启予的姐姐也被送到孟启予母亲的娘家寄养。全家六口人①的生计全靠孟启予的母亲一人当教员维持。母亲种种独立、决断的做法,对孟启予日后面对家庭和事业的选择难题时所产生的影响是巨大而深远的。

孟启予的第一任丈夫患有肺病,在她刚生下孩子后还经常动手殴打她。于是孟启予选择带着幼女独自生活,其艰难可想而知。但她的这份勇气和决心势必带着姨奶奶的教训和母亲曾经独挑大梁的影子。她宁肯苦熬也不容忍和将就。在孟启予的传记中,有这样一段记载:

> 孟启予带着女儿久久搬到一间又矮又暗又潮湿的小平房里住。面对婚姻家庭的裂变,她保持了清醒的头脑,泰然处之,从容应对,很快就走出了婚姻的阴影……那时女儿刚学会走路,孟启予一边把女儿抱在怀里,一边纺线。冬天,经常把女儿尿湿的棉裤放在炭盆上烘烤。一天晚上,精疲力竭的孟启予关紧房门,带着女儿酣然入睡。突然,女儿久久哇哇大哭,把她惊醒了。她不知道久久为什么哭,但闻到一种烧煳的气味,屋里有一盆炭火,放在上面烘烤的久久的棉裤竟然烤煳了,还在冒烟。她想了想,会不会是煤气?于是,她马上把久久抱起,打开房门,跑出小平房。当时,外面正下着鹅毛大雪,她又把窗户打开,幸好还没有中煤气。她只好把已经被炭火烧坏的棉裤缝缝补补,凑合着给久久穿了一冬。②

---

① 即祖母、姨奶奶、母亲、孟启予的大哥、孟启予、父母早年间收养的一个男孩。
② 周迅.大海的一朵浪花:孟启予的广播电视生涯[M].南京:中国广播电视出版社,2008:68-69.

这段描写真实地描绘出孟启予与女儿相依为命又孤立无援的境况。所谓"治大国若烹小鲜",平凡琐碎的家务中所蕴含着的道理,同样适用于治国。在某种意义上,能够做好家务、把家庭维系得平顺和美的人,在职场中作为领导也往往会同样得心应手。但反过来,在职场上能够呼风唤雨的领导,却很难在家庭中做个合格的主事人。这是一个很有意思也值得研究的现象。孤儿寡母的孟启予,能把日子过下去,不影响工作,不影响个人发展,这种能力已然显示出她具备的女性领导力。

孟启予的第二任丈夫对她的印象是"精明能干,对人平易而随和"。当孟启予生下小女儿后,丈夫和婆家都想让她再追生儿子。丈夫想让孟启予像日本女子一样温顺听话,但孟启予很冷静地告诉他:"我认为,还是独身生活更适合我。"经双方协议,小女儿由丈夫抚养,孟启予给女儿抚养费:

> 孟启予离京的前两天的一个上午,小女儿张远远才两岁多一点,刚学会走路,她到隔壁的房前敲门要进屋,直叫:"妈妈开门,开门!"她怕女儿日后会更想妈妈,硬着心肠不理睬。也许女儿从门缝里看到了妈妈在屋里,便哭着喊着,那声音真是声嘶力竭,像要撕她的心肺肝胆一样。她强忍着眼泪,心想:"长痛不如短痛,让女儿恨我吧!恨就不痛了。"①

当孟启予被外派到莫斯科广播电台华语广播部工作时,大女儿久久在小学住读,虽然星期一到星期六可以在学校食宿,但星期天和寒暑假没有地方可去。在邓拓、丁一岚夫妇的主动邀请下,孟启予将久久托付给了他们照顾。

在对待两任前夫和两个女儿时,孟启予的原生家庭对其的影响之大显露

---

① 周迅.大海的一朵浪花:孟启予的广播电视生涯[M].南京:中国广播电视出版社,2008:113.

无遗。特别是在对待女儿的态度上,孟启予的做法可谓"决绝"。可以说,促使孟启予这样做的,是她的原生家庭关系和结构的影响,而且在此当中,她的母亲的遭遇对孟启予的影响尤其大。

孟启予的母亲在内心观念选择以及个人能力的储备方面绝对称得上是典型的"新女性"。在20世纪二三十年代,妇女解放已取得一定成果,部分女性成为这一成果的受益者,她们被称为"新女性"。在当时的社会环境中,这个词特指具有新的社会风貌的女性群体,这样的女性有思想、有追求,具有谋生的一技之长,而且在生活的各个方面,包括衣食住行都很时尚,与传统的家庭主妇有着明显的角色差异。她们大多是知识女性和职业女性,一定程度上体现了女子自尊、自立的精神。她们以崭新的面貌活跃于近代工业、手工业、商业、娱乐、服务、教育、文化、医疗卫生、体育、政治等新兴行业,是民国(以来)社会独特的风景。由于时代的局限,这些新女性面临很多困境与问题。[①] 而这些问题在孟启予的母亲身上得到了集中的体现。

在孟启予年少时,由于父亲早亡,养家的压力都集中在母亲一人身上。出于无奈,大姐和小妹都被母亲送出去寄养。后来因为生活压力过大,孟启予的母亲精神失常,时时要寻死,于是孟启予的哥哥姐姐也被送到干妈家里寄养。"有一次,孟启予发现母亲枕头下有一把剪刀,吓得她直哆嗦。"这个经历对于孟启予来说太特别了、太深刻了。所以,孟启予对于孩子离开母亲被寄养的这种做法并不陌生,也并没有觉得有什么不可行之处,而且母亲由于养育孩子压力过大会导致精神崩溃的事实也在孟启予的心中留下了一个阴影。她不想勉强带着孩子无限地压榨自己,她怕自己会像母亲一样精神失常。所以她的"狠心"与"冷酷"并非毫无缘由,而是特定的家庭关系和家人处理问题的方式在其日后成长和价值观形成时所留下的烙印。通过她对待至亲的女儿的态度和行

---

① 邓红,刘海霞.觉醒:民国"新女性"婚姻家庭观之嬗变——以二十世纪二三十年代对城市女性的调查展开[J].河北大学学报(哲学社会科学版),2007(2):87.

动,我们也可以感受到孟启予思考问题和处理问题是何等的冷静,其权衡利弊得失时始终没有放弃自我发展,这就决定了她不同于一般的女性,她对于女性角色和使命的思考也绝不是一般的母职或妻职话语所能加以限制的。

费孝通在谈到中国乡土社会时提出了"差序格局"这个概念,这个概念与中国的人伦纲纪是一脉相承的:

> 以"己"为中心,像石子一般投入水中,和别人所联系成的社会关系,不是像团体中的分子一般大家立在一个平面上的,而是像水的波纹一般,一圈圈推出去愈推愈远,也愈推愈薄。在这里我们遇到了中国社会结构的基本特性。我们儒家最考究的是人伦,伦是什么呢?我的解释就是从自己推出去的和自己发生社会关系的那一群人里所发生的一轮轮波纹的差序。
>
> 孔子最注重的就是水纹波浪向外扩张的推字。他先承认一个"己",推己及人的"己",对于这"己",得加以克服于礼,克己就是修身。顺着这同心圆的伦常,就可向外推了。"本立而道生""其为人也孝悌,而好犯上者鲜矣,不好犯上而好作乱者,未之有也"。从己到家,由家到国,由国到天下,是一条通路。《中庸》里把五伦作为"天下之达道"。因为在这种社会结构里,从己到天下是一圈一圈推出去的,所以孟子说他"善推而已矣"。
>
> 在这种富于伸缩性的网络里,随时随地是以"己"作中心的。这并不是个人主义,而是自我主义。个人是对团体而说的,是分子对全体。在个人主义下,一方面是平等观念,指在同一团体中各分子的地位相等,个人不能侵犯大家的权利;一方面是宪法观念,指团体不能抹杀个人,只能在个人所愿意交出的一份权利上控制个人。这些观念必须先假定团体的存在。在我们中国传统思想里是没有这一套

的,因为我们所有的是自我主义,一切价值是以"己"作为中心的主义。

为自己可以牺牲家,为家可以牺牲族……这是一个事实上的公式。在这种公式里,你如果说他自私么,他是不能承认的,因为当他牺牲族时,他可以是为了家,家在他看来是公的。当他牺牲国家为他小团体谋利益、争权利时,他也是为公,为了小团体的公。在差序格局里,公和私是相对而言的,站在任何一圈里,向内看也可以说是公的。其实当西洋的外交家在国际会议里为了自己国家争利益,不惜牺牲世界和平和别国的合法利益时,也是这样的。所不同的,他们把国家看成了一个超过一切小组织的团体,为这个团体,上下双方都可以牺牲,但不能牺牲它来成全别种团体。这是现代国家观念,乡土社会中是没有的。①

受到传统性别观念的影响,妇女在自身与家庭关系中,总是以"克己为公"("克己为家")作为道德典范。但是近代中国革命在某种程度上给了妇女一个机会去做选择,即可以选择继续"克己为家",也可以选择打破这种个人与家庭的闭环关系,将个人与另一个层面上的"公"——国家和政党团体——之间产生直接的联系。从中国传统的伦常纲纪来看,妇女依然通过克己完成了这个目标,首先是完成了其在价值观上的"破"与"立"。

恩格斯曾富有成效地将妇女受压迫的问题浓缩到她的工作能力上,他认为,妇女体力上的弱小是她们受压迫的主要原因。获得工作能力将使她得到解放:"只要妇女仍然被排除于社会的生产劳动之外,而只限于从事家庭私人劳动,那么妇女的解放,妇女同男子的平等,现在和将来都是不可能的。妇女

---

① 费孝通.乡土中国[M].上海:华东师范大学出版社,2018:26-28.

的解放,只有在妇女可以大量地、社会规模地参与生产,且家务劳动只占她们极少的工夫的时候,才有可能。"①恩格斯是从妇女解放的外部经济条件上来强调的,但是对于近现代的中国妇女而言,经济的解放并不是孤立存在的条件,首先要从价值观上进行革命,完成自我价值的重新评估并取得共识。

在孟启予出生和成长的时代,有一种关于女性"独立人格"的思潮甚为流行,这种思潮是由五四时期的"女国民"观念发展而来的。新文化运动第一次对流传了千百年的要求女子做贤妻良母的传统观念大胆进行了否定。女性"自立"的标志之一便是从家庭出走到社会中,是拒绝承担贤妻良母的角色与责任。孟启予做出家庭与事业的如此选择,不能忽略这种思潮对她的影响。

理论所勾勒的愿景总是高度抽象的,而妇女所面对的问题总是无比复杂和沉重的。对她们而言,在面对家庭和事业的抉择时,从来没有轻轻松松就能做出的决断。每一种选择背后,无不是百转心肠的纠结与折磨。如果选择做个传统意义上的"好妈妈",回归到家庭生活中,压抑自身发展的诉求,孟启予便不会成为日后在中国现当代广电历史上书写下重要一笔的那个孟启予了。

孟启予的这种冷静与"狠心",是需要很大的勇气的,并不是所有女性都有这个勇气做出如此的选择。然而,领导力的特质之一恰好就是有坚定无畏的勇气。勇气意味着敢于与你的心魔对话。就如诗人玛雅·安吉罗(Maya Angelou)认为的,如果没有勇气,我们就不可能保持践行其他任何美德。具备勇气的人即使冒着自己会受伤害的危险,也会去做他必须或应该做的事情。这对任何人来说都绝非易事,尤其是领导者,因为他们所担当的角色决定了他们随时可能面临恐惧、痛苦、嘲笑等伤害。这是冲在最前面或站在队伍排头的人常有的遭遇。②孟启予的做法在当时甚至于今日而言都算是"冲在时代前端

---

① ENGELS F.The origin of the family, private ppoperty state[M]//Selected works.London: Penguin Classics, II 223,152,311.
② 戴维斯.论领导力[M].侯贝贝,译.北京:电子工业出版社,2018:228-229.

的",无论她的内心多么痛苦煎熬,她都能当机立断,足见其在领导力的"坚定无畏"这个特质上是何等的出类拔萃。

在孟启予对待女儿的态度上,我们可以清晰地看到领导者的另外一个品质:决断力,也就是迅速而坚定地做出决策的能力。

当旁人有一百个理由缩手缩脚、犹豫不前时,卓越的领导者已经做出了或对或错的决定,开始披荆斩棘、大展拳脚了。在生活和工作中,很多问题其实是无解的,无所谓对或者错,重要的是去经历它、认识它、剖解它、战胜它。即使经过千锤百炼和反复斟酌,仍然会有出错的可能,所以做出决策意味着承担责任。很多领导者拖拖拉拉、久难决策,明明是怕承担责任、出错丢脸,却偏要说自己是过分谨慎保守,不过就是欺人骗己罢了。

决断力带来的另外一个效果常常被形容为"霸气侧漏",其实也就是说决策可能不会讨好每个人,不会被每个人充分理解和认可。比如孟启予对女儿的态度和做法,恐怕一旦公开就会遭到各种口诛笔伐。毕竟,守护在女儿身旁的"慈母"才是女性的主流社会形象。但这样的女性往往并不快乐,其自身发展也总是受到压抑,其潜能和影响力也会被无声地埋没。同理,领导者如果为了迎合某种主流刻板印象,往往会选择当个"老好人",以免影响其口碑。但老好人式的领导对"不"难以启齿,会令团队内的优先事项不断增加从而失去工作主次;也会在人事绩效上大行"虚伪的平等"从而令优秀的员工心灰意冷;还对任何争论都敏感,总爱听溜须拍马,而容不下合理的摩擦。见微知著,通过孟启予解决至亲需求和自我发展之间的矛盾,可见其决断力是多么强大。遵从内心决断而非一味迎合外在世界,恰好是杰出的领导者所必需的一种价值观。

虽然原生家庭的各种关系协调对尚在幼年的孟启予而言是沉重的,但是原生家庭的知识氛围和眼界开阔的传统对孟启予的成长却是助益良多的。自我发展是领导力的特质之一。自我发展包括个性的养成与价值观的塑造。原生家庭在塑造性格特质方面发挥的影响力通过前文的描述已见端倪,而后天教育,尤其是早期教育对塑造价值观的影响也是毋庸置疑的。

孟启予的祖母是福建林家的名门闺秀,读书识字、养花酿蜜都得心应手。每当她抽完鸦片来了精神,就会给孩子们讲福尔摩斯侦探故事和《聊斋志异》里的鬼怪故事。孟启予家的厅堂上方挂着末代皇帝的御师郑孝胥亲笔题写的横幅,厅堂里摆着两架已损坏的风琴。有一间屋子里放着几个书柜,书柜里有许多洋装的洋文书和我国古代的线装书,如《石头记》《官场现形记》《三国演义》和《福尔摩斯》等。

孟启予成长的时代也是比较提倡女子教育的时代。1927年,南京国民政府成立后,制定了教育法规,以期发展教育事业。1931年,国民政府《训政时期约法》承认"男女教育机会平等",规定"达年龄之儿童应接受义务教育"。[①] 20世纪二三十年代,经济的发展以及社会观念的转变,在客观上为女子教育的发展提供了有利的社会环境。这一时期,各层次女子教育都得到了一定程度的推进,在校的女学生渐成规模。学校课程的设置以西学为主,国文、外国语、数学成为女子中等教育的主要科目。女子高等学校开设了生物、化学、历史、地理、政治、哲学、教育学、经济学、法学以教授自然科学和社会科学知识,辅之以图画、音乐、伦理等修身课程。[②]

孟启予5岁时进入江苏省立苏州女子师范学校幼儿园学习,幼儿园的各方面条件都很好,有一架钢琴,还有很多玩具。良好的教育环境和教育条件开阔了孟启予的见识,小小年纪的她便已经会处理矛盾和问题了。

有一次,她和几个小伙伴到隔壁邻居家对岸的桑园采桑葚吃,吃到舌尖、牙齿和嘴唇都变紫了。因为桑葚弄脏了衣服,受到了大人的责备。但是第二

---

① 第一次中国教育年鉴·乙编教育法规[M]//吴相湘,刘绍唐.民国史料丛刊.台北:传记文学出版社,1971:1.
② 周蕾,刘宁元.抗战时期中国妇女运动研究(1931—1945)[M].北京:首都经济贸易大学出版社,2016:254-255.

天她依然去吃，不过她给大人们摘了一兜子回来，所以祖母和姨奶奶就不再管她这事了。懂得将个人利益与他人的利益统一起来，建立利益共同体，小小年纪的孟启予对此便应用自如。不得不说，孟启予在处理矛盾关系时能果断判断出症结所在，牵一发而动全身，自己设定事态发展的议程，而不是顺从长辈们所设定的议程，她真的很有领导者的天赋和风范。

正所谓"三岁看大，七岁看老"。这件小事已经显示出孟启予处理矛盾关系的成熟与自觉。她的目标意识是很清晰和强烈的。她要吃桑葚，而家里的长辈禁止她吃主要是因为桑葚会弄脏衣服。但是她没有顺着长辈的思路去解决衣服的问题，没有去强调自己如何保证不会弄脏衣服，而是将她的需求扩展为长辈的需求，即大家都对于吃桑葚有一定程度的渴望，而且大家吃的时候也会出现弄脏衣服的情况，所以问题的核心不是去保证一项自己不可能做到的空头允诺，而是充分理解利益相关各方的真正需求，从而建立统一阵线，共同联盟，将利益冲突方转变为利益共同体，建立起一套行之有效的策略来让其他人对自己的目标予以认同和提供支持。所以说，孟启予在5岁时已经自然而然、无师自通地实践着卓越领导者在达成管理意向方面的核心要素，与其说她是神童，不如说她复杂的成长环境和多样化的家庭关系历练了她在看清事物本质上的能力。

书本的教育永远比不上环境带来的教育的影响，环境带来的教育中最重要的是一个个人所带来的鲜活的教育启发。孟启予身边的几位女老师也对她的人生观和价值观产生了比较重要的影响。

对于孩童来说，老师在其心目中的威信往往是最具影响力的。尤其是对孟启予而言，父亲早逝，母亲独身一力承担养家职责，无暇亲近她，所以与她密切接触的老师在无形中成了她的"精神榜样"和"行为榜样"，无论是积极的正面榜样，还是消极的负面榜样，对孟启予来说都有深刻而深远的影响。

据孟启予的传记记载，孟启予结束幼儿园生活后，被送到苏女师附小上学。有一位教生物的女老师,她和她的姐姐都是范仲淹的后代,也都是留美的学生。她的姐姐曾是蒋介石的保健医生,姐妹俩都是独身主义者。范老师非常喜欢孟启予,让孟启予叫她"好叔"。

> 有一天,"好叔"带孟启予到家里去玩,并且说好第二天送孟启予回家。一踏进"好叔"的家门,孟启予就看见大厅里悬挂着一副对联:"先天下之忧而忧,后天下之乐而乐。"正是范仲淹的千古名句。孟启予当然不懂,只记得"好叔"给她讲"先忧后乐"四个字的意思。
>
> "好叔"家宽敞明亮,又有许多好吃的糖果,孟启予玩得很开心。吃过晚饭,拉开电灯,一片明亮。孟启予好像想起了什么,嚷着要回家去。"好叔"便说:"不是说好了,明天送你回家吗?"孟启予不依,一定要回去。并且哭着嚷着要回家。"好叔"没办法,只好雇了一辆黄包车送她回家。
>
> 孟启予回到那阴暗、狭小的屋子里,就一头扑到姨奶奶的怀里,姨奶奶抱着她,轻轻地拍着。一会儿她就睡着了。这情景久久留在她的心中。①

这段描述该如何去解读,孟启予并没有给出答案。这段描述本身可谓是意味深长。"好叔"是一个独身主义者,虽然也是女性,但是年幼的孟启予并不能全身心地亲近她,尽管"好叔"对她十分喜爱,孟启予自己的家阴暗、狭小,姨奶奶带给她的都是传统女性的影响,但是作为一个孩子,孟启予还是不能毅然决然地将"传统"等同于落后而去摒弃。在她的意识深处,虽然"传统"终将退出历史舞台,但是那个"传统"曾经给她带来过稳定、温暖和爱。所以,孟启予

---

① 周迅.大海的一朵浪花:孟启予的广播电视生涯[M].北京:中国广播电视出版社,2008:9-10.

在女性价值观的选择上并不是从小就能做到决绝、果断和冷静的,起码在她的幼年时期,她对不同价值观还是存在着复杂的感情的。

另外还有一位教音乐的顾西林老师,她是一名女扮男装的独身主义者。她非常喜欢孟启予,发现孟启予有音乐天赋,便常常带她到宿舍单独教她唱歌。

在孟启予的成长过程中,抱持独身主义并对她有特殊好感和关照的女老师不在少数。而在当时的时代,独身的青年女性非常多。究其原因,20世纪30年代是新旧观念交杂的年代,这种矛盾性也体现在作为时代新女性的女学生身上。一方面,一些具有独立意识的女学生不仅仅把走入社会从事职业视为谋生的需要,更视为人格独立的表现;另一方面,一些女子上学只是为了表明自己的社会身份,为了提高自己结婚的身价。"女学生是'女结婚员',大多是待嫁,少数才会去做教员。"[①]"如何做一个新女性,留着不少传统思想。如一方面好打扮时髦,一方面叫走出'厨房',不再做'家庭的奴隶',又没有勇气完全投身于事业,和男人一争短长。"[②]

20世纪初,"家庭革命"是一个醒人耳目的口号。无政府主义作为一种政治派别,以非常积极的态度关心妇女问题,在家庭革命问题上独树一帜,提出了"毁家革命"的口号,还规划了各种"毁家之法",一言以蔽之,即"不婚"。他们设计了没有家庭的"新世界"。取消家庭的办法之一,多设会场、旅馆为男女相聚之所,相爱则合,相恶则离;办法之二,大倡男女同校同业,务必使女子均能自立;办法之三,广设协助公会,多兴慈善事业,以解决生养、疾病、老死之难,如广设育婴院、幼稚园、产妇院、养病院、娱老院等。[③] 无政府主义者把毁家视为解放妇女的灵丹妙药,认为无家则男子无所凭借以欺凌女子,女子亦不

---

① 罗苏文.女性与近代中国社会[M].上海:上海人民出版社,1996:60.
② 郭立诚.中国妇女生活史话[M].台北:汉光文化事业公司,1983:213.
③ 鞠普.毁家谭[J].新世纪,1908(5):49.

负家庭责任与义务,从而获得彻底解放。①

"独身主义"的思想背景较复杂,而主要与婚姻问题、两性伦理相关,根本上源于改革婚制以及女性解放的思潮。民国时期的婚恋习俗呈现出鲜明的群体和地域差异。就社会群体或阶层来看,青年学生的观念变化显著,但仍受到社会、家庭、经济和思想上的重重限制,一些人走上自杀或独身的消极抗争之路,甚至屈服于旧俗而做妾。

民国时期,随着女权运动的兴起与女子高等教育的发展,妇女极力追求经济独立与职业平等,在相对开化的社会风气下,独身主义被视为人格独立的表现,在女教员和女学生中盛行。另外,受宗教性别观念的影响,教会大学中的女教师视"独身"为常态。在基督教新教看来,男女之间的关系应该平等和谐而非控制压迫。作为民国时期女子教育史上承前启后的重要人物,麦美德女士始终认为婚姻在某种意义上意味着必须承担琐碎的家务劳动,继而也就失去了自己的职业和独立的生活,因此不婚就是对自由最后的坚守。奉行独身主义的大学女教师,始终坚信"女子应该是社会的母亲,女子不仅是家庭的母亲"②。

尽管面对双重角色的现实压力,相当多的女性依然勇敢地追求着自己的职业理想和人格独立。1931年9月对金陵女大毕业生184人的工作去向展开的调查发现,从事教育工作的有106人,占57.6%;升学和从事研究的有31人,占16.84%;③其他女性则选择了从事医务、宗教、写作编辑和社会服务等工作。教育使女学生获得职业和经济独立的机会增加,经济独立使女性拥有

---

① 吕美颐.晚清妇女解放思潮的兴起[M]//郑永福,吕美颐.近代中国妇女与社会.郑州:大象出版社,2013:50.
② 孙秀玲,韩雪童.民国时期大学女教师的角色冲突与调适——基于社会学视角的分析[J].当代教育科学,2018(9):38.
③ 朱峰.基督教与近代中国女子高等教育——金陵女大与华南女大比较研究[M].福州:福建教育出版社,2002:381.

更多的婚姻自主权和选择个人生活的可能。一些具有独立自主意识和职业追求的女学生选择了独身。①

经济的自主所带来的独立之人格、自由之意志,已经成为女性获得与男性平等权利的基本条件。所以对于想要发展自我的女性而言,追求经济独立是最重要的需求,哪怕为此导致家庭和婚姻分崩离析也在所不惜。正如女权主义理论家所指出的,妇女的弱势地位相比于经济关系而言,更是一种政治关系。并不是她的体力弱势使其被排除在生产活动之外,而是她的社会劣势使其沦为社会的奴隶。② 正是女性在经济与政治上的觉悟,推动了女性独立自主的风潮,推动了两性社会关系格局的变革。

在20世纪30年代,女性的职业生活与相夫教子的传统妇女生活方式是相冲突的。1936年针对华南女大的178位毕业校友的一项调查显示,有128位校友没有结婚,也就是说单身比例占72%。③ 另外,受战时时局影响,机关企业大都有限制已婚女性的条款,对职业妇女而言,结婚可能意味着失业。所以大批的未婚女子,因为生活的鞭策,只好把"职业"和"结婚"悲惨地对立起来,要想不失业,就只有不结婚。根据1944年章珠对职业妇女的调查,70%的职业妇女未婚。④

在孟启予的传记中,她特别回忆了与这些独身女教师的一些点滴。对这些老师,孟启予是心怀尊敬并乐于接触的,但同时也抱有一丝畏惧和疏离。幼年孟启予的世界正如同当时的社会环境,既充斥着传统女性观、家庭观,也充

---

① 周蕾,刘宁元.抗战时期中国妇女运动研究(1931—1945)[M].北京:首都经济贸易大学出版社,2016:259-260.
② 米切尔.妇女:最漫长的革命[M]//李银河.妇女:最漫长的革命.北京:中国妇女出版社,2007:10.
③ 朱峰.基督教与近代中国女子高等教育——金陵女大与华南女大比较研究[M].福州:福建教育出版社,2002:377.
④ 章珠.昆明职业妇女生活[M]//李文海.民国时期社会调查丛编(婚姻家庭).福州:福建教育出版社,2005:497.

斥着独身主义的强大影响力。与当时的很多年轻女性一样,这种矛盾性、多重性伴随了她们成长的一生。是选择投身自我发展和国家建设而抛弃传统女性角色与家庭,还是通过努力来最终实现双重角色之间的平衡,这已经不是某个女性个人的迷思,而是整个时代各种话语激荡碰撞的一股潮流。在这股潮流中,对孟启予而言,家庭关系、工作关系、社会关系一直都是其努力协调的一个重点,这种努力伴随了她一生,也是她倍感压力和困惑之所在。

有价值的讨论从未停止。尤其是当它从每一个个体女性的难题逐渐上升为整个革命工作中具有战略意义的问题时,便产生了对孟启予价值观的形成具有决定意义的声音。党在面对和试图解决这个问题时,提供了极具启发性的思路。

如何做妇女的工作?怎样提高妇女的社会生产力和贡献?对这些问题的解答离不开如何解决好妇女所面对的这些困惑与问题。如果片面强调妇女的这些问题,会陷入孤立主义甚至"妇女主义";如果忽视这些问题,也会使妇女工作陷入僵局。

1939年3月,中央妇委发表了《关于目前妇女运动的方针和任务的指示信》①,其中提到:"要动员妇女抗战,要达到妇女解放,必须提高她们的文化水准、政治觉悟,培养她们的工作能力。设立各种训练班,同时在各种实际工作中培养与提拔妇女干部和领袖。""指示信"认为:一方面,不应空口反对"贤妻良母"的口号,而应作新的解释,应创造无数抗日革命的模范妻子(贤妻)、模范母亲(良母)以及模范女儿、媳妇、婆婆等。另一方面,提倡家庭建设,和睦家庭关系。②

值得注意的是,1940年以前,片面强调妇女利益的"妇女主义"带来了很

---

① 中华全国妇女联合会妇女运动历史研究室.中国妇女运动历史资料(1937—1945)[M].北京:中国妇女出版社,1991:138-146.
② 周蕾,刘宁元.抗战时期中国妇女运动研究(1931—1945)[M].北京:首都经济贸易大学出版社,2016:4.

多现实中的矛盾与问题。据《抗战时期中国妇女运动研究(1931—1945)》记载,边区政府的《陕甘宁婚姻条例》《陕甘宁边区禁止妇女缠足条例》等法规的颁布以及一系列旨在提高妇女社会地位的措施的实施,强烈地冲击了边区原有的婚姻家庭模式。由于根据地的党和政府权力的强有力介入,改变了传统农村家庭内部的权力结构,家庭关系开始出现紧张局面。妇联支持媳妇们以反抗的姿态对付公婆和丈夫,为遭受公婆和丈夫虐待的媳妇撑腰,有的地方给虐待媳妇的丈夫、公婆开斗争会、游街等。有的妇女干部在解决家庭纠纷时,偏于保护妻子、重责丈夫,保护媳妇、重责公婆。一些妇女把反对公婆、丈夫的打骂虐待作为提出离婚的理由。乡村矛盾的激化和社会的不稳定,与中国共产党的"进行广泛社会动员,扩大革命武装力量"的革命目标以及"三三制"建立广泛统一战线的策略发生了冲突。同时,由于没有顾及农村妇女的现实,忽视了她们的实际需求,各地方在开展工作的过程中遇到了很多困难。①

共产党反思了妇女工作出现的问题,认为这些工作"未能正确地处理农民妇女的关系,曾使工作遭受若干损失",并将之前的方式称为"妇女主义",将妇女从家庭中孤立起来看,"与其周围的人物不联系,强调了妇女与家庭(农民)的矛盾,站在狭隘、片面的妇女利益上解决,造成了两性间及青老年的对立;或者过分夸大了妇女的主观能动性",这样就使"妇女运动脱离了农民运动而陷入了孤立"。关于如何解决这些矛盾,中国共产党提出:"社会上的阶级矛盾是不可调和的,妇女与农民的矛盾,经过我们适当的工作是可以解决的。"②中国共产党既承认了妇女受压迫的特殊性,又看到了男性和女性农民受压迫的共

---

① 周蕾,刘宁元.抗战时期中国妇女运动研究(1931—1945)[M].北京:首都经济贸易大学出版社,2016:5-6.
② 浦安修.五年来华北抗日民主根据地妇女运动的初步总结[M]//中华全国妇女联合会妇女运动历史研究室.中国妇女运动历史资料(1937—1945).北京:中国妇女出版社,1991:692-693.

性,同时提出在关注妇女受压迫的特殊性时,不能过于夸大甚至超过共性的矛盾。①

这样的波折所起到的教育意义是具有哲学高度的。在看待矛盾问题时,是采用非此即彼的二元对立态度,还是更灵活地聚焦于矛盾双方的共同需求和主要问题,中国共产党的处理方式所带来的启发是具有扩展效益的。孟启予作为与中国共产党一起成长的见证人与建设者,党在处理矛盾问题上的智慧对她的教育、对她提升女性领导力是至关重要的。

1943年年初,中央妇委在调研的基础上,为中共中央起草的《关于各抗日根据地目前妇女工作方针的决定》,经毛泽东亲自审改后,在2月26日的《解放日报》上正式发表(因在1943年发表,亦称"四三决定")。决定中提出:"没有把握动员妇女参加生产是保护妇女切身利益最中心的环节,没有调查研究妇女的具体情况,不顾及她们的实际困难如'家务的劳累和生理的限制',不考虑当时当地的妇女的需求和能力,就根据主观的意图去提妇女运动的口号、规定计划、成立团体、要妇女经常出来开会,对她们做不必要的动员,浪费她们一些人力物力,致使工作一般化、组织形式化,缺乏真实的群众基础。"②"四三决定"重点强调了妇女工作作风、方式方法必须改变。"四三决定"将民族革命、社会革命与妇女解放结合起来,通过动员妇女走出家庭参加生产,改造家庭进而改变传统的秩序,为中国妇女改造开辟了新的空间,也规划了新的方向,它是中国共产党对马克思妇女解放理论本土化的重要发展,也是中国特色妇女解放理论关键性的提升。③

---

① 周蕾,刘宁元.抗战时期中国妇女运动研究(1931—1945)[M].北京:首都经济贸易大学出版社,2016:6.
② 周蕾,刘宁元.抗战时期中国妇女运动研究(1931—1945)[M].北京:首都经济贸易大学出版社,2016:9.
③ 周蕾,刘宁元.抗战时期中国妇女运动研究(1931—1945)[M].北京:首都经济贸易大学出版社,2016:11.

我们在处理矛盾问题时当然要立场坚定,但同时也要兼顾细节,"强扭的瓜不甜"。只有兼顾妇女切身的困难,站在她们的角度上思考解决问题的策略,发动女性自身的主体角色和意识,才是真正解决症结的举措。中国共产党在处理有关妇女的发展问题上所做出的探索、所积累的经验,是帮助青年女性在政治上迅速成长、在格局上有所拓展的重要助力。在这个方面,孟启予无疑是受益者之一。

正是孟启予在成长中受到了来自家庭、学校、社会早期教育制度等种种的冲击与潜移默化的影响,加上她在青年时代被裹挟着参与了社会思潮对女性角色矛盾性与复杂性的讨论,使得孟启予在人生格局和领导价值观的确立上逐渐形成了一定的敏感意识、积累了一定的实践经验,这对其在日后的领导力实践中"有所为、有所不为"发挥了重要的作用。

丁一岚的原生家庭和早期教育的情况与孟启予截然不同,但是也对她日后发展起来的社会观、家庭观、领导观产生了深刻的影响。

据丁一岚的传记所载,丁一岚的祖父和父亲都是知识分子,丁一岚原名刘孝思,乳名秀妹。按刘家大排行,丁一岚这一辈人是"孝"字辈,"孝"字后面,男孩子名字是竖心旁,女孩子则是横心底。如丁一岚的九弟孝忱、六妹孝志、十四弟孝恒、七妹孝慧以及四伯父家的八弟孝恬等。刘家子女们的名字,排列传承,很是儒雅,透出了父辈们对子女的启迪和期冀,也不乏彰显家乘、续写谱牒荣光的素朴愿望。当然,这个大家庭的祥和,更是因为母亲肖若兰温厚善良的性格。肖氏待丈夫前妻所生的子女如同己出,异母兄弟之间也亲密无间,家人相处得甚是融洽和睦。①

1932年,弟弟得猩红热病逝了,丁一岚也被传染了该病,父母吸取了给弟弟求医的教训,直接找西医开了盘尼西林,丁一岚因此捡回来一条命,她休学

---

① 成美,陈道馥,薛夏原.丁一岚传[M].北京:中国国际广播出版社,2011:9.

在家养病,在此期间,阅读文学作品使她受益良多。

养病期间,小学时读过的《寂寞》《寄小读者》已经无法满足她求知的渴望了。于是她便从邻居家大些的孩子那里找来冰心等人的散文和小说来读。哥哥姐姐们曾经用过的初中国文课本,更是她每日的必读书。

较之于今日的中学语文课本,20世纪三四十年代的中学国文教材,就内容而言,离社会现实究竟要远了许多。民族危亡的现实,也使有志青年很难在书桌旁心无旁骛,静心读书。但毕竟也还有许多可取之处。譬如,白居易的《荔枝图序》中"朵如葡萄,核如琵琶,壳如红缯,膜如紫绡,瓤肉莹白如冰雪,浆液甘酸如醴酪",用儿童所熟稔的事物去比喻生疏的事物,教会孩子们联想和对美好生活的憧憬;又如,选自沈复《浮生六记》的《童年记趣》中"明察秋毫、夏蚊成雷、怡然自得"等成语的学习,可以培养儿童于细微处观察生活;再如陆游的《老学庵笔记》中"只许州官放火,不许百姓点灯"这一名句,对儿童认知社会的培养;以及归有光以情动人的《项脊轩志》等。及丁一岚年长,她还是记忆犹新。

而丁一岚更感兴趣的,则是"新青年一代"的文章。从兄长那里拿来的《初中国文》第一册,首篇便是巴金的散文。十年后,在马兰村时,丁一岚在夜的星空下,还常常不自觉地吟诵着"我爱月夜,但我也爱星天"。只不过,"从前在南京时……"一句,常常成了"从前在天津时……"间或,也是在马兰村,她还能依稀背出鲁迅《秋夜》的开篇名句:"在我的后园,可以看见墙外有两株树,一株是枣树,还有一株也是枣树。"

鲁迅的作品成了丁一岚苦闷中的希望。休学一年,丁一岚从借来的书中,较为系统地读了鲁迅的小说、散文。

1934年9月,丁一岚以考试第一名的成绩进入天津三八女子中学读初中,并获得了奖学金。

"学校有几位老师思想进步,两位董老师,大董和小董都是语文教员,讲课不拘泥于教材,用的都是自己编写的活页讲义,随用随发。给我们讲鲁迅的《阿Q正传》、萧军的《八月的乡村》、高尔基的《母亲》、法国作家都德的《最后一课》《卖火柴的小女孩》等。特别是萧军的《八月的乡村》,我记得书中有一个女英雄,骑马在原野上奔驰,嘴里骂着'他妈妈的',很神气,我对她很是崇拜。"

"那时,我已经能够完整地背诵高尔基的《海燕》了。但是,家里不让看《红楼梦》,觉得这是些风花雪月、男女风情的书。对门邻居的一对青年夫妇家里有一套,我和大姐、四姐便经常趁串门去看书,还争相背诵书中林黛玉的葬花词。后来才知道,这时学校里已经有了一个党支部,徐克壮、薛明、大董、小董都是党员。薛明后来成为贺龙元帅的夫人。那时学校里暗地里传阅着一些书,有斯诺的《西行漫记》,里面的插图是延安的红小鬼穿着大军装的很神气的照片,其他的都记不清是什么书了,只知道是介绍苏区的情况的,八一宣言等。"

接受了人文通识教育的丁一岚不仅学会了如何观察、推理和交际,还徜徉于伟大的政治和哲学思想中。人文通识教育不只教给了丁一岚一些事实和技术,也塑造了她的世界观。要培养真正的领导能力,人文通识教育十分重要。

那些古典文学作品的熏陶使丁一岚更加蕙质兰心,在她与邓拓结识并相爱、结婚以后,古典文学功底相当的二人在思想上也变得更加和谐一致。尤其是那些带有进步思想的书籍,对丁一岚追求卓越、投身革命、与邓拓共担社会建设的重任起到了重要的作用。也正是因为有了这些书籍的熏陶,丁一岚对人生道路的选择更加明确,因而在党组织中表现突出,逐步发展为党的骨干,在党组织和优秀党员的带领下,成为党培养的优秀女干部。

在校期间,丁一岚参加了学生自治选举的学生会,她担任了学生会副主席;参加了天津"一二·二八"爱国学生大游行;加入了"中华民族解放先锋队"、天津学联和天津妇女救国会;作为敢死队队员参加了"民先"与"天津学联"组织的抗日游行;参加了学校组织的科学演讲比赛并取得了第一名;1936年,在家附近的卷烟厂开展成年义务教育,当年年底,与同学相约赴延安未果;1937年9月,离津,经烟台、济南、南京、西安辗转赴延安。

在校学习期间,虽然丁一岚的成绩很好,但她并不满足于课堂的学习,积极参与学校社团和社会运动,逐渐锻炼出非凡的胆识,并且在各种磨炼中,不断加深了对中国共产党的感情。在与进步青年的接触和共同活动中,丁一岚的组织能力与领导能力都得到了充分的锻炼。

与丁一岚同时代的夏之平能够最终成长为一名党的干部,主要是受到了家庭(尤其是父亲)的影响,同时,在她的青少年时期,"有幸得益于国内外上一代、上几代先进知识分子的思想传承,后来又受到共产党的直接教育,并且在抗日战争、国民党反动统治下那特殊而艰难环境中经历了种种磨砺"[①]。

> 1924年我来到人世时,正是中国军阀混战的时期,稍稍懂事时常听大人议论,军阀们不惜以连天炮火来争权夺地,倒霉的是老百姓,民不聊生啊!生活在这样一个年代和环境中,我经常会看到、听到在我的前辈、同辈中所出现的生命万象。为了生存,有的人像动物一样活着,一切辛劳都是为了艰难地维持一家人活命;在年轻人中,少数人有过一时的向往,但随着时间的推移,生活热情逐渐消失,美

---

① 夏之平.铭心往事:一个广播电视人的记述[M].北京:中国广播电视出版社,2009:前言,1.

好的愿望化为泡影，不得不随波逐流、逆来顺受，平平庸庸地了却一生，不幸地沦落到穷困潦倒、无以为生的地步。在我身边，贫病交加、少年夭折、投河自尽、上吊身亡的事情常有发生。日本侵略者在中国发动了侵略战争，战火烧遍了大半个中国，老百姓只能战战兢兢地在生死边缘上挣扎，苟且偷生。

我的童年还算是幸运的，那时在抗日战争以前，在家庭和学校里都受到过一些正面影响。我的父亲是一个具有相当文化水平的工商业者，他在少年时期受过比较正规的文化和品德教育，喜欢看书读报，在生活中严以律己。但当年他为了生存而忙碌，而且性格内向、严肃，从来不对子女进行言教，不愿意对家人敞开心怀，我从他身上受到的影响只是做一个诚实、正派的人。五四运动以后的知识分子，包括沿海城市工商界有识之士，他们的思想比较开放，父亲从来没有向我灌输过当时盛行的封建思想，给我们留下了一个比较自由的空间。在我上小学四、五年级的时候，那还是20世纪30年代初，正是共产党快被国民党斩尽杀绝的时候，偶然间听到父亲对母亲说："将来中国的天下是共产党的天下。"我当时听不懂这是什么意思，却牢牢地记住了这句话。我并不清楚他的这种思想是怎么形成的，但他关心国家大事，身在国、共两党的尖锐斗争环境中，眼前出现的种种乱象，促使他去思考，并做出了自己的判断。

父母还为我树立了两个英雄形象：一个是被奸臣杀死在杭州的南宋爱国英雄岳飞，"精忠报国"四个字深深地刻在了我的头脑中；另一个是被清王朝当街杀头的民主革命女英雄秋瑾，她在狱中写的"秋风秋雨愁煞人"这一诗句，常使我黯然神伤。我小时候受到这两个英雄人物的熏染，爱祖国、献热血的榜样深深地触动了我的幼小心灵。

我曾经在蜜罐里长大，小学时期，家庭生活相对优越，这使我在浑浑噩噩中度过了童年。但好景不长,在我刚上中学时,抗日战争爆发了,当亡国奴的屈辱和家境的衰落,才使我的头脑慢慢清醒。

在朦胧中开始学习思考,是在我上高中一年级,也就是十六岁的时候。鲁迅写的书《彷徨》二字,是我当时的心情写照,我看不到前途,不知道人这样活着有什么意义。

杭州沦陷于日寇以后,各业凋敝,学校停课,我的初中学业都是在补习班上混过来的。到上高中才进入一个算是正式的、却是低水平的杭州市立中学,校长老在闹黄色新闻,语文老师有一个顽固的封建脑袋。老师们都只是在混饭吃,没有人关心学生如何健康成长。在沦陷区里哪能找到一个能读书、学做人的学校,我从这样的老师那里能学到什么?

但我终究已经是一个高中一年级的青年了,又身处这样一个恶劣环境,不得不面对现实。黑暗的政治气氛压得我喘不过气来,抬头前望,觉得未来一片渺茫。因为爱好文学,我便自己找书来看,首先看的是家里书柜里的古典文学《三国演义》《红楼梦》《水浒》《聊斋》《东周列国志》等书,囫囵吞枣地都看了。后来也看了一些鸳鸯蝴蝶派的书,之后逐渐开始看鲁迅、郭沫若、巴金、郁达夫等进步作家的书,对当时中国的社会有了些许了解,但还是不知道希望在哪里、人生的路应该怎么走。回过头来看看自己的周围,是侵略者、卖国贼的天下,是一个汉奸、特务横行的世界,越看越丧失信心。"社会一片黑暗""毕业就是失业"成为身边知心同学常常提到的两句话。我心中的苦闷越积越深,心情日益消沉。眼看着自己一天天长大了,但是,出路在哪里?不知道,心中只有迷茫和惆怅。①

---

① 夏之平.铭心往事:一个广播电视人的记述[M].北京:中国广播电视出版社,2009:132-134.

学校里的老师和学习课程都无法引起我的兴趣,于是我开始把目光转向课外、校外。靠读课外书籍来增长知识、认识外部世界、满足求知的渴望,这是无路可走时的唯一途径了。

当年杭州市图书馆很小,但要是钻进去,却还能从中淘到几本好书,而且它就在我们学校对面。从此,我经常跑图书馆,寻找其中稀有的好书,常常在有些老师讲课时偷偷阅读课外书籍,而且居然敢在伪浙江省教育厅派来的汉奸老师上课时也私下阅读。这样的所谓"老师"即使发现了我对他的不敬,也不敢言语,当汉奸的人对心怀不满的老百姓,即使是学生也不得不惧怕三分。但在关键时刻却给了我一个报复:他教的历史课考试居然给了我一个59分,不及格。我对此满不在乎,因为我从心眼里瞧不起汉奸,遭到他的报复,我不以为耻,反以为荣。此后,我对那些乏味的功课更加不放在心上,注意力全部放到了课外书籍上,并因此把我的阅读范围从文学扩大到社会科学。而我的好朋友邱静谷还是热衷于阅读文学书籍,对社会科学著作不感兴趣,她的文人气质很浓,我与她逐渐走上了不同道路。后来她因为受到感情上的挫折,抑郁得病,在高中还没有毕业时就英年早逝了。

我孤独一人继续在书本的海洋里徜徉。

现在回想起来,阅读巴金的《家》,是我第一次受到青年应该走上一条新路的启发,使我向往书中进步青年觉慧的道路,像他那样离开这个令人窒息的环境,走出去寻找光明。但往哪儿走,光明在何方?书中没有写,我眼前还是一片渺茫!这时候我读到一本俄罗斯的剧本《夜未央》,描写的是一些年轻人,自己组织起来,刺杀那些万恶不赦的权贵。这些青年的满腔热血和英雄气概,曾使我那样激动,我非常崇拜这些人,因为我的心中早已存在着对英雄的仰慕,而且认为只有像他们那样行动起来,为民除害,才是青年应该走的报国之路。后来我又读到《牛虻》,这是一本至今被世界公认的不朽著作,是爱尔兰女作家伏尼契写的。她在青年时期与流亡在外的欧洲革命者长期接触,非常了解他们,《牛虻》的主人公就是一个具有坚毅意志的意大利革命者,过着苦行僧般的生活,游走于各国,从事他的革命事业。故事非常曲折,主人公的精神十分感人,与当代拉丁美洲的英雄格瓦拉相似。在他们那个年代,具有良知的知识分子,面对的是黑暗与腐朽,想作为一个理想社会的拓荒者,在沙漠中走出一条路来,他们所面临的困难与无知,比我们这一代复杂得多、艰难得多。事后知道,我喜爱的这两本书所反映的正是当年在欧洲各国青年中出现的爱国者和革命家。当他们的革命行动在理论上和经验上还处在开拓阶段时,很容易走向无政府主义。"巴金"这个笔名正是著名的无政府主义者巴库宁和克鲁泡特金名字中的头尾两个字合成的。对现实不满,而又找不到正确出路的时候,就容易受到他们的影响。这以后,我继续阅读了一些欧洲各国的名著,特别热衷于俄罗斯与苏联建国初期的文学作品。俄罗斯时期的作品中,屠格涅夫书中描写的革命前夜和俄罗斯知识分子,正符合我当时的心理状态,因而我特别欣赏他的作品。但是对我影响更大的却是高尔基的《母亲》《人间》《我的大学》这三部著作,因为它们打开了我的眼界,使我一个城市知识青年逐渐了解社会基层、了解劳苦大众。而尼·奥斯特洛夫斯基写的《钢铁是怎样炼成的》则影响了几代的中国和世界其他各国青年,锻炼得像保尔那样坚强、推翻旧制度、建设新社会,成为我们不懈的追求。阅读好书确实可以改变人的精神面貌甚至是性格。但这些都是头脑中的空中楼阁,因为没有找到现实的道路。

就在我还站在十字路口、在人生道路的转折关头时,我从杭州图书馆里又借到了一本胡愈之写的《莫斯科印象记》,这本书使我大开眼界:真是天外有天哪,世界上竟有这样理想、光明的地方,而那是苏联共产党、苏联劳动人民浴血奋战取得的胜利成果。这本书更加具体地为我指出了前途。从此,寻找中国共产党、为实现共产主义而奋斗成了我的人生目标。胡愈之先生(革命家、出版家、作家、中共党员,中华人民共和国成立后从事文化出版界的领导工作)对我的人生目标的确立起到了决定性作用,他对我的启蒙教育使我终生念念不忘。①

学者许子东在一次公开演讲中谈道,当年读《新青年》这类进步文学的人只有10%,而90%的人都在读鸳鸯蝴蝶派的作品,但是,不能小瞧这10%,他们虽然人数不算多,但是却在思想和行动中引领着中国发展的正确方向。孟启予、丁一岚、夏之平等六位女性领导者,正是这10%中的一部分。

丁一岚和夏之平的幼年阅读经历非常相似。丁一岚是1921年生人,夏之平是1924年生人,两人确实是同时代的人。在社会教育背景与革命斗争环境的主要作用下,通过阅读进步书籍、对书中英雄人物的崇拜与追随,使得她们看到了自身与社会洪流之间的联系,开始思考自己的人生角色应该在历史中如何定位、如何书写。进步文艺作品所传播的中国共产党的理念与思想,在无形中滋养了她们,促进了她们自觉主动地向党靠拢。丁一岚在高中时期投身革命,夏之平在考上南京的中央大学后,上了一年便投身革命。革命对她们而言,是血与火的青春,是奉献和牺牲,更是年少有为应该去尽情投入和勇敢开拓的旅程,尽管充满了危险,但是富于激情。这种义无反顾的投入,是她们这一代人自觉承担起历史使命的担当与作为。

所有成功人士都必须直面一个永恒的、无处不在的挑战——如果想要成

---

① 夏之平.铭心往事:一个广播电视人的记述[M].北京:中国广播电视出版社,2009:136-137.

为自己想成为的人,怎样才能意志坚定地去完成这个挑战?

夏之平的话代表了她们这一代女性领导者对此问题的回答:"我们这一代人,出生在20世纪20年代,经历了翻天覆地的历史变迁。我国的五千年历史都是在极其缓慢地前行的,而唯独20世纪的中国却在快速地发展着。为了抵御外敌入侵,为了追求社会进步,多少志士仁人、共产党员以及数不清的普通百姓献出了自己的心血和生命。经过一次次惊心动魄的变革以及无数有名和无名人士孜孜不倦的长期努力,终于铸造出当前复兴的中华。国家的跌宕起伏、人间的大风大浪,使我们这一代人生活得很不平静,内心留下了深厚的积淀和许多难以抹去的记忆。当时的年轻人为了心中的理想是那样真挚地奉献出自己的全部,虽然艰难和失败的考验难以避免,但他们绝不会轻易动摇。在敌人高压下进行秘密工作时,生死战友情在我心中留下的记忆刻骨铭心。在战争环境里开创广播事业,对人民的责任心,使这些来自五湖四海的年轻人责无旁贷地挑起了历史赋予的重担,而且信心百倍地投入了这项新兴事业。"①

我们只有了解了夏之平、丁一岚、孟启予等六位女性是在怎样的环境下选择了理想的道路、职业的道路、信念的道路,才能够理解她们在接受党的培养时,是带着怎样的决心、怎样的目标在努力奋斗;才能够理解她们所谓的"与党同心同德"达到了怎样的境界;才能够理解当她们成长为党的干部、投身于具有特殊使命意义的广播电视事业时具有怎样的觉悟和领导力。

---

① 夏之平.铭心往事:一个广播电视人的记述[M].北京:中国广播电视出版社,2009:前言,1-2.

第七章　妇女解放思潮与政治觉悟教育对女性领导力的影响

要想考察中国现当代女性领导力的发展状况,离不开对近代以来中国社会妇女解放思潮与社会运动、政治运动、革命运动相结合、相统一的基本事实的分析。正是在历史发展中多方社会力量共同形成的独特的合作与融合模式,奠定了中国妇女发展所呈现出的不同于西方女权主义的特色与脉络。

美国历史学教授汤尼·E.白露(Tani E. Barlow)在其所著的《中国女性主义思想史中的妇女问题》一书中指出:从20世纪20年代"妇女问题"在普遍的思想进程中真正占据了首要地位起,到20世纪四五十年代共产党革命的发展话语中对爱国的妇女形象的重新塑造,到在社会科学领域对女性主义的广泛宣传和艰苦的重建,以及后毛泽东时期思想领域中的性别公平运动,女性主义理论中的批评潮流持续不断地繁衍蔓延到整个精神生活。无论其问题是纯正民族文化还是对自然文化观的响应,无论关切的是资本和劳动力的动员还是种族改良、国际竞争、全球公平或是对"性别消费主义"的批评,女性主义意识和关注的问题一直都是民族思想批评传统的一部分。① 妇女的出现是启蒙思

---

① 白露.中国女性主义思想史中的妇女问题[M].沈齐齐,译.上海:上海人民出版社,2012:导论,4.

潮和革命思想中的世界历史事件。①

中国的女性意识的崛起是与"家国一体"的中国传统观念一脉相承的。女性力量被唤起是出于保家卫国的民族救亡需求,不可否认的是,在这样的宏大议题之下,女性主义在中国的发展更多的是以批判建设的视角出现的,这与西方女权以尖锐批判父权、男权占主导的社会制度的特色有着截然不同的区别。尽管妇女的行动纲领并没有反复强调这个特色,但是与精英男性共同承担起改变社会面貌、完成包括各个阶级、两个性别的共同改造,是中国本土女权主义发展的基础,也是它继续发展下去的潜在背景。

如果说阶级关系代表的是中国社会主义历程在平等问题上的薄弱环节,那么性别平等的成就则要坚固很多,尽管这两个领域是重叠的。妇女解放从一开始就是共产主义革命的重要组成部分。在这个意义上,中国革命同时也是一场女权革命,中国社会主义事业同时也是一项妇女解放事业。② 这一认知具有十分重要的政策含义和社会文化效应,同时也是研究中华人民共和国性别关系变迁的起点。西方女权主义批评家对此论断持有异议,认为在现当代中国历史发展过程中,女性的利益从属于民族解放、阶级斗争或经济发展。③ 这类批评有一定的道理,指出了革命和社会主义现代化优先于"性别"。但是,如果没有广大妇女投身其中的被压迫人民的独立和发展,妇女解放又如何能成功?④

按照女权主义哲学家阿莉森·贾格尔(Alison Jaggar)在《妇女解放的政

---

① 白露.中国女性主义思想史中的妇女问题[M].沈齐齐,译.上海:上海人民出版社,2012:导论,12.
② KRISTEVSA J. About Chinese women[M]. New York: Marion Boyars,1974:102.
③ STACEY J. Patriarchy and socialist revolution it China[M]. Berkeley: University of California Press; WOLFE M. Revolution postponed: women in contemporary China[M]. London: Methuen,1985:67,71.
④ 平等主义的成就和代价:性别平等[M].林春,单佳慧,译//杨凤城.中共历史与理论研究:第8辑.北京:社会科学文献出版社,2020:1.

治哲学》中的分析,我们可以找到女权主义与共产主义携手行动的理论基础:"根据传统的马克思主义观点,妇女受压迫的历史和当前都是私有制的直接结果,因此,只有消灭私有制,才能终止对妇女的压迫。因此,女权主义应当被看成是争取实现共产主义社会的广泛斗争的组成部分。女权主义就是共产主义的合理性之一。妇女的长远利益就是工人阶级的利益。"[1]

在以政治经济视角为主的社会力量分析框架中,并没有强调中国的妇女发展与国家力量、政府力量以及政党力量之间的同行和同道角色;人们在以西方女权主义框架分析中国的实践时,也常常忽略这一事实。特别是在一些对"女权主义"这个概念抱有刻板印象的话语中,经常片面地以西方女权主义的分析框架来衡量中国的发展现实,以至于将中国的女权主义或妇女发展立场与国家、政府和政党置于对立或对抗的位置上,此乃大错特错。事实恰恰与此相反,中国的妇女发展(包括女性领导力的发展)离不开"家国一体"的传统,更离不开政党的推动与领导。

六位女性领导者是中国现当代广电发展史上的杰出人物,她们的成长都受到了中国近代以来妇女解放思想所积累的社会资源与社会语境的滋养。虽然在历史的各个发展阶段中,各种性别观念此消彼长,但是男女平权观念、女性自强观念在六位女性领导者成长的时代已经生根萌芽,并形成了一支虽然微弱但很有潜力的发展力量,这对于她们身为女性而获得成才的机会、构建出女性领导力培育的条件至关重要。此外,近代以来的妇女解放思潮对随后的现当代中国的社会结构、话语场域、权力关系格局的影响都是不可估量的,而妇女解放思想与中国共产党的发展理念所碰撞出的机制性、结构性的火花,使得一批批女性领导干部的涌现以及女性领导力的培育与发展成为可能。

中国妇女解放的话语资源和力量源泉是在民族和国家奋发振兴的需要

---

[1] 贾格尔.妇女解放的政治哲学[M]//李银河.妇女:最漫长的革命.北京:中国妇女出版社,2007:249.

下,由一部分先进的男性知识分子率先催动的。这样的起点决定了中国妇女发展的独特性,即它不是与国家、民族割裂的一支单独的力量,因此它从来不会站在国家、民族利益的对立面或矛盾面上加以发展,更不会单纯为了发展自身而批判和摧毁国家、民族,也不会单纯为了女性群体的发展而割裂妇女解放思想与男性群体的联系;它也不是一支女性自身单打独斗的力量,而是依靠与团结社会主流的话语和资源从而发展自身,并将自身汇入主流话语资源来共同发展的一支力量。这些特点决定了中国主流的妇女解放运动与西方的女权主义/女性主义思潮是截然不同的。

如果梳理晚清以来中国妇女思想发展的脉络,我们便可清晰地看到中国近现代以来女性领导力的发展所基于的社会思想基础。

戊戌维新时期,弱小的资产阶级势力向社会各个方面寻找支援。他们朦胧地意识到,占全国人口一半的妇女是不可忽视的力量。他们承担起妇女解放运动的领导责任,把妇女运动纳入维新变法的轨道上。他们以西方妇女为参照,对中国妇女问题进行严肃认真的思索。他们首先重视的是兴女学,认为应当由此入手,"妇道由是而立,其才由是可用。轻视妇女之心由是可改,溺女之俗由是而自止"[1]。而兴女学的办法是要求清政府通饬各省广立女塾,使女子皆能入塾读书。[2]

早期维新派还试图从"三纲"的整体上来挖掘妇女受压迫的根源。他们尖锐地指出:"君臣不言义而言纲,则君可以无罪而杀其臣,而直言敢谏之风绝矣;父子不言亲而言纲,则父可以无罪而杀其子,而克谐允若之风绝矣;夫妇不言爱而言纲,则夫可以无罪而杀其妇,而伉俪相庄之风绝矣。"[3]他们认为,"三纲"之间可以类推类比,"夫为妻纲"正是"假君权以行私说"的结果。把"三纲"

---

[1] 李圭.环游地球新录[M].长沙:湖南人民出版社,1980:238.
[2] 吕美颐.晚清妇女解放思潮的兴起[M]//郑永福,吕美颐.近代中国妇女与社会.郑州:大象出版社,2013:28,40.
[3] 何启,胡礼垣.新政真诠五编:《劝学篇》书后[M].上海:格致新报馆,1901:12.

作为一个整体进行批判,把妇女问题与整个封建制度联系起来,可以说找到了中国妇女问题的关键所在。而维新派能从制度上思考男女平权的问题,中国妇女解放观念的起点无疑是深刻的。

中日甲午战争是中国近代史的转折点。妇女问题首次作为一个重要的社会问题被提上了历史日程。康有为、梁启超等资产阶级维新派十分重视妇女在挽救民族危亡中强国保种的作用,把解放妇女视为维新事业必不可少的组成部分。

尽管中国妇女的解放进程是在民族国家的生死存亡背景下、是站在"强国保种"的高度上,由男性知识分子提出和倡导的,但是妇女参与社会变革、参加革命却并非都是被动的、追随性的。在妇女解放与国家振兴相统一的语境下,女性的自主性、独立性一点一点地、越来越广泛地被激发出来。在恰当的社会运行机制下,更多的女性意识到权利与义务需要匹配,在"家国一体"的历史发展框架下,真正促进女性自我发展的可能性和外部条件也在一点一点地累积起来。正如严复所强调的——男女的差别是人为造成的,"中国妇人,每不及男子者,非其天不及,人不及也"。要使妇女自强,"必宜与可强之权,与不得不强之势"①。女性自我的觉醒,再加上社会文化的普遍认同以及相关的制度保证,中国妇女的解放进程得到了进一步的推动。

正式创刊于1897年7月24日的《女学报》公开提出了女子参政要求。有些文章即提出,"设贵妇院于颐和园""荐拔高等女学生及闺媛,入贵妇院受职理事"②。还有人提出设女学部大臣12人以分任各省。这些要求远远超出了维新派男子对妇女解放提出的要求,反映了初步觉醒的女性对自身政治利益的关心。③ 戊戌时期的妇女解放思潮具有鲜明的阶级性和时代烙印。重义

---

① 严复.论沪上创兴女学堂事[M]//严复集:第2册.北京:中华书局,1986:468-469.
② 卢翠.女子爱国说[J].女学报,1898(5).
③ 吕美颐.晚清妇女解放思潮的兴起[M]//郑永福,吕美颐.近代中国妇女与社会.郑州:大象出版社,2013:45.

务、轻权利,号召女性加入时代洪流,强调女性在建设家国的过程中实现自身价值,是这一时期妇女解放思潮的显著特点。虽然这个时期有少数的女性已经觉醒,但女性在参与妇女解放的过程中仍主要表现为男性的追随者,男性(尤其是男性知识分子和社会革命的引领者们)扮演了重要的启蒙者和引领者的角色。

不可否认的是,号召女性自强、勇于承担家国责任的舆论风潮对于女性整体观念的启蒙以及社会认知的重构起到了重要的社会推动作用,它是女性勇敢站出来要求自身权利的重要起点,它也使得日后妇女解放运动中的女性从跟随者的角色逐渐向着具有主导权力的引领者的角色转变成为可能。在这个时期,时代的主题主要还是对妇女观念的启蒙和行为的引领。

为妇女权益而奋斗是中国推翻"半封建半殖民统治"的现代意识和现代运动的组成部分。激进的改革者和革命者把19世纪中叶以来中国不断深化的危机归因于外来帝国主义和中国自身保守、压迫的传统社会。这个传统的特点包括儒家的父权制关系、严格的性别分工以及把妇女整体看成依附性群体的道德观念。在反抗过程中,进步的知识分子从经典自由主义、乌托邦社会主义、欧洲无政府主义、美国实用主义、西方女权主义,特别是经由俄国革命和日语翻译进入中国的马克思主义中获得启发。① 在1925—1926年大罢工中,尤其是1927年之后的土地革命时期,共产党人的意识宣传和政治鼓动向基层发展,形成了两性都包括在内的大众动员。许多妇女承担起自身组织的领导职

---

① BARLOW T. The question of women in Chinese feminism[M]. Durham, N.C.: Duke University Press,2004; LIU L. Translingual practice: literature, national culture, and translated modernity: China, 1900-37 [M]. Stanford: California Stanford University Press,1995;WANG Z. Gender, employment and women's resistanc[M]//PERRY E, SELDEN M. Chinese society: change, conflict and resistance. New York: Routledge, 2000.

务,并从此成为中国共产党的一个重要传统。①

中国革命对世界现代史的一个重要贡献,就是使性别关系的革新成为社会革命的必要组成部分。反封建是这一事业的主要目标之一。中国共产党借用"封建主义"这一欧洲术语来指称陈旧、黑暗、不公正的前现代社会,即毛泽东类比的"四条绳索":政权、族权、神权和夫权。因为女性的被压迫植根于这些相互依存的权力,女权主义内附于中国革命并吸引女性的直接参与正是历史的逻辑。通过参加中华人民共和国成立前后的革命性社会改造,中国妇女改变了在家庭内外的地位。父权关系的政权根基瓦解后,她们开始重新定义性别角色,尽管这一改变并不容易,政策有时不得不屈服于保守的传统。值得一提的还有国民政府在两性政治平等合法化方面所做的一些工作,包括禁止缠足、颁布民法允许妇女投票等。的确,"至少在文件层面上,中国妇女取得投票权和大量的合法权利要早于西欧天主教国家"②③。

女性成为领导的前提是女性具有平等的政治权利/权力,女性首先要有参政权。这一点在晚清时期已具备一定的认知与实践基础。20世纪初,西方资产阶级妇女解放理论开始传入中国,中国的妇女解放运动也发展到一个新的阶段,涌现出一批著名的妇女活动家,比如秋瑾、张竹君、陈撷芬、林宗素、吕碧城等。因为当时的英国兴起了大规模的妇女参政运动,所以中国国内各类报刊也纷纷倡导女子的参政权利:"冲决男子与女子之罗网,则男子有参政权,即

---

① DAVIN D. Woman-work: women and the party in revolutionary China[M]. Oxford: Oxford University Press,1976; JOHNSON K A. Women, the family, and peasant revolution in China[M]. Chicago: University of Chicago Press,1983.
② CHRISTINA G. Engendering the Chinese revolution: radical women, communist politics, and mass movements in the 1920s[M]. Berkeley: University of California Press, 1995:11.
③ 林春,单佳慧译.平等主义的成就和代价:性别平等[M]//杨凤城.中共历史与理论研究:第8辑.北京:社会科学文献出版社,2020:2.

女子亦有参政权。"①

对女性政治权利/权力的要求,在辛亥革命前后形成了具有一定影响的声势。比如清末著名革命家金天翮于1903年出版的《女界钟》,着力宣扬了女子应恢复的六种权利:入学之权利、交友之权利、工农业之权利、掌握财产之权利、出入自由之权利、婚姻自主之权利。此外,他又特别提出了女性参政的权利,这是他最为看重的问题。他认为,即使目前尚不具备条件,也要为将来女子参政做准备。他驳斥了所谓女子与小儿同权、男治外女治内、女子无参政之才能等谬论,大胆提出:"吾祝吾女子之得为议员,吾尤愿异日中国海军、陆军、大藏、参谋、外务省皆有吾女子之足迹也。吾更愿异日中国女子积其道德、学问、名誉、资格,而得举大统领之职也。"②

《女报》《女学报》等出版物比《女界钟》出现得早,而且它们都是由中国女性发起的。但是《女界钟》被认为代表着中国女权运动的开端,主要是因为它的主旨与内容体现着占据了社会话语权的男性对妇女解放运动在国家民族命运中应发挥的作用的思考。金天翮在《女界钟》中写道:"梦想欧洲白色子,当此时日,口卷烟,手槟杖,肩随细君,挈带稚子,昂头掉臂于伦敦、巴黎、华盛顿之大道间,何等快乐,何等快乐!何等自在!吾恨不能往!"面对崛起的欧洲帝国主义的强势,中国的社会政治、经济、文化各方面均在发生急剧变化,而种族、阶级和社会性别的议题也自然而然地交织在了一起。国家女权主义在许多方面发挥了重要的作用,如女性受教育、受立法保护,以及参加社会生产等。

正如历史学家、社会性别理论家王政教授所说:"'民权与女权如蝉联附萼而生,不可遏抑也。'推崇女权既表达了处于种族等级结构劣势的汉族男性对平权理念的追求,也是出于动员女子加盟国族主义革命的需要,同时,这也成为标志他是现代男人的一个很重要的内容。当时不是一两个人在做这样的

---

① 说国民[J].国民报,1901(2).
② 金天翮.女界钟[M].上海:上海古籍出版社,2003:64-65.

事,金天翮不是一个绝无仅有的天才在讲这些话。在国际上的权力结构中,中国的地位在下降,使知识男性受到威胁,感到自己不如'白色子'。西方女权当时根本就不是一个主流的运动,而是面对非常强大的阻力的。不要说那些公开声称自己是女权主义者的,就是那些想要职业不想要婚姻的女性,都常常被精神病医生界定为不正常的人。但是在20世纪初的中国,女权被表现为现代文明的一个重要组成部分。"①

在历史上的大多数时期,西方政治理论一直是忽略女性的。那些掌权者和即将掌权者所做的分析极少提及女性;当女性有幸被注意到时,他们又总是对女性被排除在公共事务之外并被局限在家庭之内的状况大加辩护;女性极少有幸被当作值得郑重加以看待的政治动物。时至今日,对人类这一半的排斥不是被当作不可更改的事实,就是被当作不值一提的小事;男女之间可能存在的不平等往往被视为在实践上是不重要的,在理论上也是毫无趣味的。然而,女权主义政治理论却认为,女性及其状况是政治分析的中心论题,它提出一项质询:为什么几乎一切已知社会中的男性都拥有凌驾于女性之上的权力?怎样才能改变这一状况?因此,女权主义政治理论又是一种"参与政治"的理论,它所追求的是去理解社会,以便向它提出挑战,进而将其加以改造;它的目标不是抽象的知识,而是那种能够被用来指导和造就女权主义政治实践的知识。② 正是因为女权主义政治理论中强调参与挑战,所以女权主义被近代社会革命自然地吸纳进来。女权主义所强调的女性政治独立,亦成为女性领导力发展的重要话语资源。

近代中国的女权运动和民族主义运动是现代性追求的两个侧面,③正如

---

① 王政,陈雁.百年中国女权思潮研究[M].上海:复旦大学出版社,2005:1-29.
② 布莱森.女权主义政治理论引论[M]//李银河.妇女:最漫长的革命.北京:中国妇女出版社,2007:43.
③ 宋少鹏.民族国家观念的建构与女性个体国民身份确立之间的关系[J].妇女研究论丛,2005(6).

戴锦华所说:"女权主义和民族主义的并置似乎十分合乎逻辑又不无荒诞。"之所以荒诞,是因为两者在理论表述系统中形同水火。从女权主义立场来看,民族主义尤其是其典型形态——"国家民族主义",无疑是父权结构的集中体现,是社会压抑与暴力之源。而从民族主义立场上看,女权主义或是一种女人的无事生非或奢侈之想,或是一种极端危险、极度可疑的鼓噪,或二者兼有。① 然而在实践层面上,两者却又彼此介入、相互渗透:"女权主义作为妇女运动的一种策略,在实际行动中提供介入民族主义的可能性……妇女的实际处境不仅不能脱离民族/国家的语境加以理解,而且其根本上就是民族/国家计划的重要组成部分。"实践层面的这种奇特的勾连使女权主义和民族主义常常纠缠在一起,形成既互构又碰撞的关系。② 女权主义的目标是建立一个性别平等的社会,必然会质询以国家主权为统御性前提的国家建制中的妇女所面临的新的压抑。在历史上,妇女一直在做协商较量,用各种运作方式,争取自己的空间和利益,但始终限于男权框架之内。直到女权主义诞生,才开始挑战、质疑男权大框架。20世纪前后,尤其是在新文化运动时期,中国女权开始质疑和反对儒家大框架中的男尊女卑,要求改变社会性别等级关系,但是这类议题很快在民族主义话语、党派政治以及后来的无产阶级革命的笼罩下边缘化了。③

女权主义反对男权框架与男权统治,这被一些别有用心的人等同于女权主义反对国家、民族。这种简单化的批判是没有逻辑基础的。男权并不等同于国家、民族,这是两个不同范畴的概念。正是因为男权统治害怕女权主义所提出的尖锐问题,所以默认了那种将男权等同于国家、民族的说法和做法。同

---

① 戴锦华.导言二:两难之间或突围可能? [M]//陈顺馨,戴锦华.妇女、民族与女性主义.北京:中央编译出版社,2004:27.
② 万琼华.在女性与国家之间——20世纪初女性主义与民族主义的互构与碰撞[J].中国特色社会主义研究,2007(2):67.
③ 万琼华.在女性与国家之间——20世纪初女性主义与民族主义的互构与碰撞[J].中国特色社会主义研究,2007(2):71.

样类型的错误还包括将男权等同于全体男性。所以,任何以这些作为借口打压女权主义发展的都是在这个问题上存在盲点、误区甚至根本性谬误的。

为了改变国家落后、挨打的局面,实现民族的复兴和社会的进步,近代的一些男性精英不懈地寻求着各种救国救民的道路和手段。女权之不兴,被他们视为国力衰弱的重要原因之一。在他们看来,为了国富民强,必须提倡女权。掌握话语权的男性精英通过各种方式将自己对女性新形象的期盼宣扬出去。[①] 这些男性精英提出的女性新形象在某种层面上达到了提振社会的目的,但是因为男性精英的自身局限性,他们没有触碰到自身的利益,没有同时反思男性形象的问题,没有号召男性同样做出某些层面上的改善甚至改革。所以,从实质上来看,这些女性新形象的号召,尽管有着冠冕堂皇的目标和实际的有益作用,但其历史局限性及其所带来的深刻的不良影响亦是不该被忽略、回避甚至隐去的。

随着妇女解放运动的影响越来越大,女性更广泛地参政、女性成为领导者甚至是最高领导者的愿景也呼之欲出。女性领导力的问题在理论和舆论上获得了一定的话语基础,但在现实层面仍然远远落后于理论层面和舆论倡导,这一愿景的普遍实现还阻碍重重、长路漫漫。

五四运动以后,"女子可以从事工商实业,女议员也能在议坛上慷慨陈词了;政府机构涌入女性职员,旷古未有的大队女兵出现了。这是妇女争取来的"[②]。女性更加盼望着国家层面来保障她们作为国民的权利,而不是仅仅来谈义务。一篇论述妇女选举权的文章这样写道:"我希望我女同胞同心合意一起起来废去这不平等的制度,并得到我们希望的选举权。我们若是一天不达到我们的目的,我们就一天不可以算作民国真国民。既是这样,那民国也不能

---

① 秦方.生活在男权社会中的奇女子——吕碧城[M]//王政,陈雁.百年中国女权思潮研究.上海:复旦大学出版社,2005:201.
② 陈三井,等.近代中国妇女运动史[M].台北:近代中国出版社,2001:251-252.

算一个有名有实的民国了。"①

在不同的年代和不同的文化当中,男性也会受压迫,但是是因为他们属于某个阶级或阶层的成员而受压迫,而不是因为他们身为男性而受压迫。女性则不同,除了因为属于某个阶级或阶层等原因之外,她们还仅仅因为身为女性而受压迫。要改变女性的社会地位,近代女性的探索给出了有益的思路。

在"家庭革命"的风潮下,更多的女性走入了社会,实现了恩格斯所说的局面:"妇女解放的第一个先决条件就是一切妇女重新回到公共的劳动中去。"②近代中国女性在家的形象为贤妻良母、新妇女、新女性,而在政治领域中的形象则为女国民、女同志、女战士。③

梁启超提出了"国民"的概念:"国民者,以国为人民公产之称也。国者积民而成,舍民之外,则无有国。以一国之民,治一国之事,定一国之法,谋一国之利,捍一国之患,其民不可得而侮,其国不可得而亡,是之谓国民。"④辛亥革命前后,先进的知识分子,包括女性,更加重视女国民的权利。五四时期,全民性的思想启蒙取得的成果之一,即承认不论贵贱男女,个体均有个体尊严和独立人格,女子是民国之"国民",是完完全全的人。⑤

因而,尽管女性仍然无法摆脱千百年来所形成和固化的妻职和母职带给她们的责任与思想禁锢,但是在女性的价值观念中,也添加了一个重要的视角,使得女性自身力量与国家建设需求之间产生了直接的价值勾连,即女性不再需要间隔着丈夫、父亲、儿子、家庭这几个层面来与国家形成彼此的关系结

---

① 明慧,独秀.妇女选举权[J].新青年,1920(3):7.
② 恩格斯.家庭、私有制和国家的起源[M]//马克思恩格斯选集:第4卷.北京:人民出版社,1972:70.
③ 吕美颐.晚清妇女解放思潮的兴起[M]//郑永福,吕美颐.近代中国妇女与社会.郑州:大象出版社,2013:52.
④ 李华兴,吴嘉勋.梁启超选集[M].上海:上海人民出版社,1984:16.
⑤ 女子与共和的关系[J].星期评论,1919(7);郑永福,吕美颐.关于近代中国"女国民"观念的历史考察[J].山西师大学报(社会科学版),2005(4).

构。由此,女性的独立意识、自强意识必然能够被唤起,女性的力量必然成长壮大。

20世纪20年代,中国的马克思主义著述提倡把女人作为"妇女"、作为中国历史之现代范畴的民族标志,并把女性主体及其实践置于中国革命事业的中心地位。所有这些在第一次国共合作末期(1923—1927)均已就绪。① 在这一时期,对女国民和新女性的讨论是社会的主要风潮之一,对于女性与国家、政府的关系,最为广泛的倡导之声是:政府应该领导、组织她们,让她们去担负教育二万万妇女民众的事情。把98%的在家庭的妇女喊出来,组织她们、训练她们,使她们知道爱她们的国家,使她们有公民的常识和技能。若是全体中国妇女都受了公民教育,明白了她们职责所在,那么无论她们在哪里,她们却(都)能忠实勤恳地尽她们国民的责任。中国共产党妇女部用历史词语把普遍的主体妇女重塑为历史的主体。主体妇女本身就是历史的,从而是可以解放的。②

不过需要注意的是,当时并不是所有的女性都被裹挟在了这个时期的妇女解放运动和思潮中。女性参与社会运动并不是无条件、无阻碍的,这也一定程度上影响了妇女解放进程,决定了它必须在一定的阶段内有层次、有步骤地推进,而不会出现狂飙突进的局面。

正如王政教授对此作出的判断:"这里涉及一个比较大的问题:谁被从家庭里拉出来? 这涉及西方的工业化模式。在西方工业化之前,西方女人也是在家庭之中,男人也是在家庭之中,家庭是个手工作坊,是个生产单位,走出家庭、走向社会是同西方工业化模式分不开的。而中国当时的这种女权设想只适合大城市中的一批女性,她们是有可能走出家庭、进入城市的工业化过程之中的。在上海、广州和天津这几个有西方工业的大城市中有一批女性在搞女

---

① 白露.中国女性主义思想史中的妇女问题[M].沈齐齐,译.上海:上海人民出版社,2012:208.
② 白露.中国女性主义思想史中的妇女问题[M].沈齐齐,译.上海:上海人民出版社,2012:212.

权,北平也有一批女学生,这都是在城市空间里能够脱离家庭而生存的女性。所以这是和工业化、城市化相关的。在这几个大城市中,女权运动、女权组织相当活跃。"①

年轻的马克思女性主义者邓颖超意味深长地说:"要求政治权利和融入历史并没有错。尽管事实上中国妇女运动要采取印度或苏维埃俄国而不是欧洲模式,女性主义的核心观念——普遍的人权、妇女权利、对默许的不平等的即时批评——仍然是欧洲启蒙的传统部分,资本主义自身的进步触发了中国政治和历史的发展。"②

妇女与无产阶级专政制度的融合是如何发生的呢?在国外待了五年之久近年刚刚回国的蔡畅,在1925年的一篇重要文章《俄国革命与妇女》中,描述了布尔什维克是如何把自主独立的妇女工人运动和列宁主义革命联系到了一起的。自主独立的妇女运动所进行的宣传努力和直接游说的结果,是使妇女与无产阶级专政制度融合了起来。她认为,在理论和实践上,这一事件实际上把妇女变成了民族重建的中心。蔡畅本人目睹了"现在俄国妇女在政治上,一切男女平等自由"。中国妇女也可以期待着同样的事情发生。在历史上,"十月革命"前的俄国妇女的情境和中国妇女当前的环境在战略上是无差别的。两个背景都在类别上把妇女划归成不生产的家庭成员或亲属,如"贤妻良母"。蔡畅介入辩论还引发了一种特有的逻辑。她写道,在俄国,你找不到一个独立的劳动妇女运动或独立的工人妇女运动,因为劳动妇女运动是和更大的无产阶级运动结合起来的。把社会主义运动连接在一起的,是为巩固无产阶级专政而斗争的努力。因此,所有政治工作的目的都把劳动看作建设新社会的基础。这就是"仅有联合的无产阶级,而无所谓男女两性的区分"的原因。③

---

① 王政,陈雁.百年中国女权思潮研究[M].上海:复旦大学出版社,2005:1-29.
② 邓颖超.在汕头妇女联欢会上的演说[R].妇女之声汇报资料,1926.
③ 蔡畅.俄国革命与妇女[J].光明,1925.资料,301.

向警予在20世纪20年代早期和中期的文章中指出,正是民族主义和民族革命把妇女和国家维系到了一起。她写道:"妇女运动是跟着国民运动起来的。没有国民运动便无所谓妇女运动。"她的这一观点直到1942年都一直是中国共产党妇女政策的理论基础。①

准确来说,有条件和有意愿扮演好"女国民"角色的女性一般出现在工业化的城市中,而且她们不可避免地陷入了将家庭与社会二元对立的思潮之中。走入社会的代价是出离家庭,将家庭作为一个纯粹的压迫象征,将社会作为一个纯粹的解放符号,这种决绝被当作是对女性的解放意愿和革命意志的考验。但是毫无疑问,这种具有时代特色的价值观对于妇女长远的发展而言是利弊兼有的。

另外,"女国民"一词并不能概括当时中国精英女性的整体状况。1923年,中国共产党最引人瞩目的妇女解放理论家向警予把有文化的中国女精英们划分成了三种类型:(1)生活在小型的现代主义家庭中的;(2)发誓要靠职业手段为社会服务,"生活独立……皆意志坚强"者;(3)"浪漫派",她们寻找绝对的自由使自己快乐,头脑中充满虚幻的渴望,沉迷于自我陶醉的感情中,最终成为"感情狂"。②

"女国民"意识的普及,再加上民国初年以来对"新贤妻良母"的女性角色的规范,社会要求女性要既有相夫教子的能力,也要承担社会义务,为强国善种做出贡献。这些社会思潮渗透进社会生活的方方面面,对青年女性产生了重要的变革意义,推动着她们积极参与社会进步的各项活动,以更加热情和投入的状态投身国家建设的潮流之中。

"新女性"也是20世纪二三十年代流行起来的一种妇女形象,孟启予的母亲就是一位"新女性"。这个概念主要是指这样一类女性:她们具有新的社会

---

① 白露.中国女性主义思想史中的妇女问题[M].沈齐齐,译.上海:上海人民出版社,2012:210.
② 白露.中国女性主义思想史中的妇女问题[M].沈齐齐,译.上海:上海人民出版社,2012:206.

风貌、有思想、有追求、具有谋生的一技之长,而且在生活的各方面,包括衣食住行都很时尚,与传统家庭主妇有着鲜明的角色差异。她们是社会进步过程中女性逐渐获得部分权利的受益者,一定程度上体现了女性自尊、自立的精神,是时代进步的产物。值得注意的是,"新女性"并不是一个固定的称谓,人们对其内涵有着很不同的理解。①

马克思主义女权主义认为,在阶级社会中,同等的政治法律权利只能使少数中产阶级妇女受益,而大多数妇女还会像大多数男人一样受压迫,直到资本主义经济体系被共产主义取代。这种观点认为,妇女解放的关键在于妇女进入有偿劳动市场,在于妇女参与阶级斗争;只有到了共产主义社会,作为妇女受压迫基础的经济依赖性才能消失;孩子的公共抚养和家务劳动的社会化将免除妇女的家务劳动苦役,允许她们充分就业并参与生产。仅仅通过寻求正义并不能带来这一变化,因为这种变化是经济发展的特殊阶段的产物。因此,性别之间的平等不是意志的产物,而是特殊历史环境的产物。②马克思主义女权主义提出了妇女解放的重要条件,除了意志上的启蒙以外,在社会经济、政治、文化等各个方面均需要做出相应的调整,才能解除女性被束缚的种种机制性障碍。

隶属于政治领域的词汇"女国民",与社会生活领域的"贤妻良母""新女性"相遇时,既相互抵触,又在彼此的碰撞中逐渐整合。比如五四时期对妇女独立人格的追求以及女权观念的提升,让"女国民"和"新女性"的内涵出现了重合的部分。近代知识分子建构的"优秀"妇女形象,既要自尊自立,也要为国家尽责。当政府和政党的公权力介入后,国家意识建构的"优秀妇女"的内涵逐渐累积,既要有个人的主体性,也要承担家庭的责任和国家的使命。也就是

---

① 吕美颐.晚清妇女解放思潮的兴起[M]//郑永福.吕美颐.近代中国妇女与社会.郑州:大象出版社,2013:57.
② 布莱森.女权主义政治理论引论[M]//李银河.妇女:最漫长的革命.北京:中国妇女出版社,2007:45.

说,家庭与社会/国家不再被置于对立的两端,不能是二中选一,而必须是两者兼顾。这种话语奠定了女性在家庭与社会角色中均衡并重的发展模式,而且这种发展模式被视为女性角色价值得以实现的"标准"。

除了以"女国民""新女性"身份参与国家发展和社会生活之外,广大觉醒的女性还以"女同志""女战士"的形象参与着中国社会的解放运动。① "九一八"后,全国掀起救亡高潮,妇女救国团体纷纷成立,其成员以中上层知识女性为主,包括政府女职员、官员夫人和女学生等。华北事变后,妇女救国团队的建立进入高潮,参与者逐渐扩大到家庭妇女、职业女性等阶层。② 抗日救亡时期,女性组团奔赴前线,深入战区,以文艺宣传、慰劳、救护等多种形式为参战将士服务、为抗战作贡献,这是当时女性的一种直接参战形式。这些"女同志""女战士"形成了一个为了革命理想与事业而勇于奋斗的女性人群,其中部分人成了职业革命者或参加了军队。她们以救国救民为己任,有崇高的理想和使命感,有高昂的革命热情,在中国历史舞台上演绎出很多惊天动地的历史篇章。在她们身上,多数人完成了从新女性向革命者的转化。③

20世纪三四十年代,在抗日战争和其后的国内战争中,女性开始在更广泛的范围内争取自身的权利。以参政权为例,国统区轰轰烈烈的女子参政运动与根据地妇女的广泛参政相映生辉。1939年4月,陕甘宁边区第一届参议会通过了《提高妇女政治经济文化地位案》,提出了参议会应有25%的女参议员的要求。1947年,国统区妇女在国大代表、立法委员、监察委员的选举中,也获得了10%—20%的保障名额。④ 在这一时期,在毛泽东理论、革命战争实

---

① 柴家禾.中国女解放运动之问题[N].(天津)大公报,1934-03-04.
② 周蕾,刘宁元.抗战时期中国妇女运动研究(1931—1945)[M].北京:首都经济贸易大学出版社,2016:19.
③ 吕美颐.晚清妇女解放思潮的兴起[M]//郑永福,吕美颐.近代中国妇女与社会.郑州:大象出版社,2013:59-60.
④ 吕美颐.晚清妇女解放思潮的兴起[M]//郑永福,吕美颐.近代中国妇女与社会.郑州:大象出版社,2013:59.

践和中国共产党于陕甘宁边区开创的社会动员中,妇女成为能够获得社会政策制约的基本力量。[1]

在领导人方面,1951年,党和政府的各级机关中约有15万女干部。1954年,第一届全国人民代表大会中,共有女代表147人,占总代表人数的12%。[2] 地方上,20世纪50年代合作社时期,我国妇女参政出现了第一次高峰期,除了中央方面有女部长、女人大代表外,地方上亦有女省长、女县长。例如,江苏省建湖县出现第一位女县长魏福宝。[3] 1956年,全国共有超过756 000个农业合作社,当中70%—80%的社有女性正副社长,约有50万人[4]。以福建及广东省为例,全福建省45 000多个农业合作社中,担任社长、委员和技术员等职务的妇女约有5万人。[5] 在广东省梅县龙坪乡中的一个"红旗"农业社中,正副主任全是妇女,9个社务委员有7个妇女,6个正副生产小组成员也全是妇女。[6] 还有较实在的例子是山西平顺县李顺达农林畜牧生产合作社副社长申纪兰、陕西大荔县马廷海农业生产合作社副社长侯玉琴等也均为女性。[7] 有此成绩,是因为中央要求各社要有女性正或副社长。这种做法是为了确保有适当数量的女性代表及领导人员,以逐步提高妇女干部的比率,提高妇女的参政意识与机会。[8]

自晚清至20世纪三四十年代,有识之士和最先觉醒的男女知识分子所倡导的女性权利的社会观念启蒙是一脉相承、不断发展的,正是基于妇女解放运动不断积累下来的资源与传统,基于前辈开拓者所奠定的社会普遍认知基础,

---

[1] 白露.中国女性主义思想史中的妇女问题[M].沈齐齐,译.上海:上海人民出版社 2012:227.
[2] 托马拉.妇女在中国社会中的地位[M]//沙吉才.当代中国妇女地位.北京:北京大学出版社,1995:32.
[3] 建彬,凯音文,肖星图.女县长魏福宝[J].中国妇女,1982(4):5.
[4] 张桂华.妇女参政的心态调整[J].中华女子学院学报,1996(4):69.
[5] 燕凌.合作化是农村妇女彻底解放的道路[J].新中国妇女,1955(12):4.
[6] 燕凌.合作化是农村妇女彻底解放的道路[J].新中国妇女,1955(12):4.
[7] 燕凌.只有实现农业的社会主义改造,农村妇女才能彻底解放[J].新中国妇女,1954(1):8.
[8] 黄嫣梨.建国后妇女地位的提升[J].清华大学学报(哲学社会科学版),1999(3):20.

当妇女在中国共产党的领导下获得了更广大的施展舞台时，便会顺理成章地脱颖而出。本书所聚焦的孟启予、丁一岚、夏之平、黄惠群、崔玉陵、周婕这六位女性领导者，便是这种启蒙风潮和党所创建的男女平等发展机制的受益者的代表。

1902年，梁启超创作了政治幻想类小说《新中国未来记》，发表在小说期刊《新小说》上，这部小说被誉为20世纪最早发表的小说。① 小说中提出了很多"神预测"，其中最重要的一个"预测"便是提出"一个党对中国百年发展的重要性"。从中国现当代的发展史来看，此预测无疑是确切的。若从女性领导力发展的角度来看，这个预测更是无比重要、无比准确的。

抗战时期的国统区和根据地培养了大量的妇女干部，对干部的培训强调民族意识教育。邓颖超在战时妇女工作谈话会上作了《关于陕甘宁边区妇女运动概况的报告》，提出要使妇女从政治上了解、认识并服从于抗日的民族最高利益，使其认识抗战的长期性和困难，养成吃苦耐劳、为民族为国家服务与牺牲的精神，培养勤俭廉洁的作风。除了各种妇女组织开展的各种形式的干训班，延安的中共中央党校、马列学院、陕北公学、延安鲁迅艺术学院都招收女生，为抗日培养了大量妇女干部。②

前文已经提到，在强化妇女政治地位与社会地位方面，中国共产党制定了一系列的制度、政策与措施，开辟了女性进入革命中心、获得领导身份的通路。在女性参与社会革命的进程中，中国共产党对妇女开展的政治觉悟教育更是迅速提高了她们的领导素养与水平。

首先，六位女性领导者均在青少年时期加入了革命队伍。她们在革命的风暴中锤炼价值观与理想信念，通过种种磨难与生死考验，承担并履行了女性

---

① 李天纲.海上文学百家文库·梁启超卷[M].上海：上海文艺出版社，2010.
② 成仿吾.战火中的大学——从陕北公学到人民大学的回顾[M].北京：人民教育出版社，1982：46.

发展与国家民族发展相统一的政治责任与使命。她们在革命的洪潮中勇挑重担,发挥了女性领导的作用,促进了现代中国女性领导力的发展。

孟启予,1936年参加革命,时年16岁。

丁一岚,1935年12月参加革命,时年14岁。

夏之平,1944年参加革命,时年20岁。

黄惠群,1949年参军,时年18岁。

崔玉陵,1948年8月参加革命,时年16岁。

周婕,1948年参加革命,时年16岁。

1935年冬,孟启予瞒着祖母来到上海,参加了全国各界救国联合会组织的救亡歌曲大合唱,亲身经历了"七君子"事件。1936年,孟启予考入南京汇文女子中学高中部。这是一所教会学校,学生中有不少国民党高官和富商家的女孩,孟启予所在的班里就有段祺瑞的孙女。但是其中也不乏与孟启予志同道合的同学。孟启予在校刊上发表了《妇女们积极参加抗日救亡运动》后,南京地下党组织的学联组织就找到了她。

平津陷落后,党组织安排孟启予留在南京将宁县佘建村小学当教员,在那里主要做抗日救亡工作。正是此时,党组织决定吸收孟启予加入中国共产党。这所小学是地下党的一个据点,孟启予在那里除了教小学生,还办起了妇女识字班和青年补习班。随着战事的严峻,孟启予不得不前往南京,幸而她和另一个女孩在该校校长的带领下逃到了汉口,躲过了南京大屠杀。

1938年,孟启予到武汉八路军办事处报到的时候,接到的第一个任务就是了解抗敌剧团里每一个人的思想情况,然后发展党组织。这一年是日本侵略者疯狂进攻的一年。孟启予随着战斗部队,从长江中下游平原到长江三角洲、江南丘陵,转战湖北、安徽、山东、上海、广东、广西、湖南。大江南北、高山平原,都留有她的足迹;战火硝烟、枪林弹雨之中,都有她年轻的身影。1938年5月19日,徐州突围的时候,她们剧团急行军一天一夜,跑了五六十公里,期间遭遇了日本兵部队,剧团的同志就牺牲在她的身旁。经过苏北敌占区时,许多随部队突围的学生军都被吊死在树上。经历了九死一生,抗敌剧团才回到汉口。当时,抗敌演剧一队有四名党员,可以成立党支部。在党员会议上,孟启予被大家推举为党支部书记。剧团在武汉宣传抗日救亡时,敌机时常来轰炸。有一次,孟启予和大家躲进防空洞,突然一股气流冲进来,几乎把人冲倒。后来,她发现对面一个大学附近好几个人都被炸死了。在这样的条件下,孟启予带领抗敌演剧一队奋战在抗日救亡的第一线。她的体会是要以革命的、抗日的、高质量的演出去征服观众,才能牢牢地占领文化阵地,这是党交给演剧队的任务。直到1941年孟启予离开重庆奔赴延安,她已经在革命的大潮里历练了整整六年。

丁一岚加入革命队伍时比孟启予还要小两岁。

1921年10月,丁一岚出生于天津塘沽,她的祖籍是福建省福州市。她的祖父和父亲都是知识分子,母亲亦是温厚纯良之人。1930年,丁一岚入读天津很有名气的扶轮小学,由于她在塘沽时已经读过几年私塾,所以直接插班到了三年级。扶轮小学师资力量雄厚,尤其是国文教员董秋芳、王余杞是那时天津的著名作家。而且该学校有着光荣的革命传统和优秀的文化传统。建校之初,时值国难当头,扶轮师生积极参加"五卅运动""一二·九运动"。1936年6月,该校学生中诞生了第一个中共党支部,有党员15人,是当时天津中共地下党在大中学校中最大的组织。在这样的环境熏陶下,丁一岚度过了她的少女时代。她既熟稔古典诗词,又对新青年一代的文章很感兴趣,巴金的散文和鲁迅的檄文,她常常会不自觉地吟诵。1934年,丁一岚以考试第一名的成绩入读天津三八女子中学,经学生们推举,她担任了学生会副主席。她时常读鲁迅、巴金、萧军的作品,以及学生党支部偷偷流传的书。

1935年,天津的"一二·一八运动"爆发,它是北平"一二·九运动"不可分割的一部分,同样是在党的领导下发动起来的。年仅14岁的中学生丁一岚,自始至终参加了这次运动。正如毛泽东所言,"一二·九运动"是准备思想和干部的运动,这一点在丁一岚身上得到了体现。若干年后,谈及自己参加天津"一二·一八运动",丁一岚说:"我的政治上的成长过程,应该说,始于'一二·九',就是天津的'一二·一八'。"①

如果说"一二·九运动""一二·一六运动""一二·一八运动"时的丁一岚还是一个只有朦胧的爱国意识的好学生,那么,短短半年时间,民族危亡导致的急剧动荡的社会现实,则使她很快成为有自觉爱国主义思想、参加到民族解放斗争行列的新战士。

"五·二八"游行当天,我负责携带宣传片、传单。那天一早,我便坐了一辆三轮车出去,我把传单压在三轮车座板下,穿淡蓝旗袍到游行集会地点。党组织来宣传时,曾要求我们要坚决斗争,我心里很清楚,参加游行,而且还算是游行的组织者之一,很可能被反动政府抓捕。但我已经下定了决心,即使如此,被抓进监狱也要坚决斗争,绝不泄密。我自己觉得参加游行就像赴汤蹈火、英勇就义一样。

尽管那时我已经是学校学生会的副主席,但毕竟自己年纪小一些,对很多事情还没有很深入的了解,特别是不懂政治理论,只是有一颗火热的爱国的心,有一股不怕牺牲的实干精神。②

1938年三八妇女节那天,天津妇女救国会正式成立。成立大会在三八女中礼堂举行,由学生会主席徐克力和副主席丁一岚主持。这可以说是丁一岚

---

① 成美,陈道馥,薛夏原.丁一岚传[M].北京:中国国际广播出版社,2011:25.
② 成美,陈道馥,薛夏原.丁一岚传[M].北京:中国国际广播出版社,2011:27.

的一次重要的革命实践,是她认识中国共产党、认识中国革命的具体实践的开始。天津的党组织很重视妇女的工作,丁一岚在党的指导和领导下,开始了抗日救亡的宣传。年仅15岁的她去卷烟厂给女工做义教、普及时政、组织教唱救亡歌曲、演出救亡话剧。"七七事变"后,平津沦陷。丁一岚开始准备投奔延安参加革命。1937年9月到10月间,独自离家的丁一岚过了一个多月的流亡生活。幸而有当地安排,一路走到哪里都有平津流亡同学会的帮助。

> "听说延安没有学校了,我和刘承兰决定去南京找先期离开天津的薛明等人。当时有一批青年受党的委派打入国民党青年干部政治学校,薛明便在其中,但校方控制很严,根本不可能开展党的工作,这些同学都很苦闷。一心想着脱离这环境,到延安去。"

> "我们在南京时,看到了抗日战争初、中期中共中央的政治理论机关刊物《解放周刊》,上面刊载了陕北公学、抗大的招生简章,更坚定了我们去延安的决心。"

> "在这以前,我只有民族觉悟,还没有阶级觉悟。记得在天津时,徐克力问我,抗战胜利后你干什么,我那时还有一些小资产阶级自由主义思想,不愿意受束缚,不愿意入党,抗战胜利后还想上学,于是说,没考虑,等抗战胜利再说吧。"

1937年11月,在经过了两个多月的颠簸劳顿之后,丁一岚终于到达了延安。16岁的丁一岚选择加入中国革命的实践,开始崭新的生活。丁一岚的政治生命,始于民族觉悟的觉醒,成长于民族救亡的过程,成熟于延安革命熔炉的锻炼。[①]

[①] 成美,陈道馥,薛夏原.丁一岚传[M].北京:中国国际广播出版社,2011:37-38,40.

夏之平因为受到家庭和进步书籍的影响，对党的追求特别强烈。在她就读省立女中的时候，遇到了她的"共产主义思想的领路人和同路人"——夏汝南老师：

> 她不仅指导我的学习，而且与我一起参加了共产党的地下组织，走上了革命道路。我不是她班里的学生，听到同学们传说，她上课的主要特点是：摆脱课本，向学生介绍进步文学作品，并鼓励、指导学生自己去读进步书籍。她在课堂里声泪俱下地唱《流浪三部曲》，宣传抗日思想，鼓励学生争取妇女解放。在黑暗的沦陷区长大的学生，第一次听到这样的课程内容，都被这位老师深深吸引住了，开始思考自己的人生，其中一批学生后来成为共产党员。其实，夏老师自己当时还不是共产党员，她正在急切地寻找党，正在寻求去解放区的途径。她经常在课外与我接触，把她从上海带来的进步书籍借给我阅读，其中有艾思奇的《大众哲学》、苏联人写的《社会发展史》、斯诺的《西行漫记》等。这些书籍，使我从理论上逐渐认识了社会发展的必然规律，知道了中国共产党，也逐渐明确了国家和自己的前途在哪里。她还让我下课以后到她那里学习马克思的《资本论》。对于这本经济学巨著，我的水平根本就不可能学懂，但积极性却很高，生吞活咽地往下读。她还秘密向我讲述有关共产党和解放区的许多情况。
>
> 1943年，我高中毕业，考上了南京的中央大学。父亲在1942年已经去世，家里并不富裕，母亲好不容易从相当拮据的开支中抽出钱来支持我去读大学，当时我选的是外语系，因为我不喜欢理工科，而文科的许多科目是可以自修学习的，因而我选择了读外语，学的是英文，我认为唯有外语是文科中的一门技术课，需要经过学校培养。上了大学一段时间以后，我对当时的中央大学很不满意。在课堂上，一

个很简单的概念，一看课本就能明白，而教授却要翻来覆去地讲上两个小时，听得我心烦，实在是浪费时间。因此我不常去听那些课，把时间花在图书馆里阅读课外书籍。我觉得母亲为我花钱读大学很不容易，但并不值得，于是决心回杭州去寻找参加革命的机会，与自己熟悉的老师、同学在一起，争取去解放区，因而中止了大学生活，回到杭州，与夏汝南老师在一个中学里教书，私下的活动则是力求早日去解放区。

同学傅琪英与上海的进步同学有联系。1944年上半年，她收到上海同学董佶池的一封来信，知道董即将去苏北解放区。我把这个消息告诉了夏汝南老师。我们三人商量，想与董一起去解放区。于是，我们悄悄去了上海，希望董能把我们带到解放区去。董经过请示，答应只能带一个人去，那当然是先让夏汝南老师去，我们商量好等她在那里站稳脚跟以后，再想办法把我们带去解放区。夏老师如约赶到上海，随他们曲曲折折地进入了解放区。可时机不好，恰恰遇到当时的战争形势不利于我方，解放区正在实行精兵简政，他们一到解放区就被动员回城市工作。组织上要夏汝南回到城市里来，寻找地下党组织，参加革命工作，她只好回到了杭州。可是共产党的地下组织是绝对秘密的，在茫茫人海里，我们怎么能找到共产党呢？我们向往的路，暂时是走不出了。于是我们把精力用在了演出进步话剧上。

这一段时间，我们的行动确实是盲目的。我们似乎非常勇敢，居然敢在日本鬼子统治下，大张旗鼓地宣扬进步思想，虽然它确实产生了一定的社会影响，但是却在敌人面前公开暴露了自己，后果只能是做无谓的牺牲。幸运的是，因为我们的公开暴露，党的地下组织发现了我们。在我们陷入了黑暗隧道看不到一丝亮光的时候，党的意外出现使我们如获至宝,欣喜若狂。当时杭州还没有建立党的领导机构,苏南新四军派出的一位老红军罗希明同志常常来到杭州活动,并且已经在杭州建立了只有三个党员的支部。这个支部的同志发现了我们,经过他们汇报研究,罗希明同志决定把我们这批进步青年领导起来,他对我们的第一个要求就是:立即转变形象,伪装灰色,转入地下。

从此,党组织把我们带上了革命的正确道路,黑暗中的艰苦摸索一去不复返了。①

其次,不同形式的、系统的政治学习,加强了这些女性领导者的政治觉悟,锤炼了她们的政治品格,增强了她们的格局观念,丰富了她们应对挑战的经验与智慧,提高了她们的领导能力与水平。

1941年,孟启予离开重庆八路军办事处,经周恩来的安排去了延安鲁艺学习。延安鲁艺全称延安鲁迅艺术研究院,创建于1938年4月10日,是抗日战争时期中国共产党创办的培养革命文艺干部的学校。毛泽东、吴玉章、周扬先后担任院长。当时鲁艺设有戏剧、文学、美术、音乐四个系和研究室、实验话剧团,招收来自全国各地的进步青年知识分子。在鲁艺的成立大会上,毛泽东提出要在民族解放的大时代去发展广大艺术运动,在抗日民族统一战线方针的指导下,实现文学艺术在今天的中国的使命和作用。鲁艺培养了大批革命文艺工作者,对抗日战争做出了积极的贡献。王昆、穆青、贺敬之、冯牧、于蓝、李焕之等一大批优秀的艺术家,歌剧《白毛女》、歌曲《南泥湾》《黄河大合唱》等一大批在抗战时期富有影响力的作品,都是在鲁艺诞生的。②

---

① 夏之平.铭心往事:一个广播电视人的记述[M].北京:中国广播电视出版社,2009:137-142.
② 成美,陈道馥,薛夏原.丁一岚传[M].北京:中国国际广播出版社,2011:49.

孟启予在鲁艺学习革命理论,学习音乐知识和声乐,参加了整风运动和大生产运动。离开鲁艺后,孟启予通过面试,成了延安新华广播电台的一名播音员。当时要求播音员的基本素养是具备较高的政治和文化素养、高尚的职业道德、较高的语言艺术修养和敏捷的反应能力。后来的中央广播事业局局长梅益曾经说过:"播音员不是一部机器,而是向千千万万人进行宣传鼓动的宣传家。"①

孟启予对广播的威力的理解不光是理论性的,更是现实性的:

> 国民党空军上尉刘善本由于经常收听延安新华广播电台的广播,提高了觉悟,冒着生命危险,于1946年6月驾驶飞机起义到达延安,震撼了美、蒋反动派。第二天,毛泽东就亲切地会见了他。1947年,在延安杨家岭礼堂举行的春节晚会上,毛泽东勉励参加晚会的播音员说:"你们广播得很好,广播工作很重要,你们要努力工作。"
>
> 刘善本到延安后,被请到裴庄的延安新华广播电台的播音室,向全国广播讲话。他说:"延安新华广播电台的革命声音——毛泽东思想的声音,把我引向了革命的道路,坚定了我飞向延安的决心。"
>
> 广播讲话之后,刘善本对孟启予说:"我看到了声音熟悉而未见其人的广播员同志们,我钦佩你们在极端困难的条件下把毛泽东思想播送到了遥远的地方,使茫茫大海中的人们在暗夜中看见了远方的灯塔,产生了希望,认清了方向,增强了奋斗的力量。"
>
> 孟启予顿时明白了,这小山沟里传出的声音,真是威力无比。
>
> 后来到了河北省涉县,第二位男播音员齐越播的《敦促杜聿明投降书》等文告传出之后,一个月内,杜聿明所部就有14 000人来降。

---

① 周迅.大海的一朵浪花:孟启予的广播电视生涯[M].北京:中国广播电视出版社,2008:79.

一个被俘的蒋军高级将领感慨地说:"你们的政治攻势,真比张良的楚歌还厉害,弄得我们内部上下猜疑,惶恐不安,兵无斗志,一击即垮。"

杜聿明投降后,一下飞机,就说要见延安新华广播电台的播音员。①

如果说在抗日演剧团里,孟启予这个支部书记和歌唱演员锻炼的是革命意志,那么在延安新华广播电台做播音员、播音组组长的孟启予锻炼的则是政治觉悟和政治品格。通过亲眼见证党的领导者、党组织对思想政治工作的重视,孟启予在大局观方面有了更深刻的体会,这对于她的领导力水平的提升发挥了至关重要的作用。

中共中央转战陕北期间,虽然与陕北新华广播电台远隔千山万水,但是陕北新华广播电台的工作却不断得到毛泽东的关怀和指导。当时,陕北新华广播电台播出的许多关于政局的评论和消息,有不少都是经过毛泽东的审阅、修改,然后用电报发到太行山麓的。

毛泽东转战陕北期间,陆定一带着一部干电池收音机。毛泽东经常和同志们一起收听陕北新华广播电台的广播。据当年毛泽东的警卫员阎长林回忆,毛泽东在一个暂住的农家小院里,收听陕北新华广播电台关于蟠龙大捷和真武洞祝捷大会的广播,毛泽东热情地称赞了陕北新华广播电台女播音员义正词严、爱憎分明的播音风格,赞叹不已地说:"这个女同志好厉害,骂起敌人来真是义正词严,讲到我们的胜利也很能鼓舞人心,真是爱憎分明。这样的好播音员要多培

---

① 周迅.大海的一朵浪花:孟启予的广播电视生涯[M].北京:中国广播电视出版社,2008:82.

养几个!"①

1948年1月,毛泽东的报告《目前形势和我们的任务》发表了。连日来大家都投入学习和播出这篇文件的紧张战斗中,陕北新华广播电台编辑部主任温济泽亲临第一线指挥战斗,辅导学习,安排播出。从1948年元旦起,陕北新华广播电台用了六天时间连续地、反复地播送毛泽东的这一报告。报告共有9 000多字,分为八个部分,为了便于收听,编辑部组织人力赶着编写每个部分的"内容提要"。由齐越播"内容提要",孟启予播正文。

陕北新华广播电台关于《目前形势和我们的任务》的宣传,在全国听众中引起了广泛的反响。当时南京、上海、北平、重庆等地的地下党员和进步人士,曾经一字一句地抄录陕北新华广播电台播出的这个文件。他们冒着生命危险秘密印发传递,鼓舞人民投入争取解放的斗争。1950年夏天,一位在上海做了多年地下工作的女共产党员(姚溱同志的夫人)来北京时,专门到中央人民广播电台来看望在延安新华广播电台和陕北新华广播电台工作过的播音员。一见面她就紧紧握着几位播音员的手,热泪盈眶,激动地说:"《目前形势和我们的任务》播出时,我在上海一间地下室里,一字不漏地全文抄写下来,交给地下党组织印发出去。那是我一生中最幸福的一个新年。感谢你们,是你们把毛主席的报告、党中央的声音传播给我们。在白色恐怖下紧张工作的时刻,我就盼望着将来有一天能见到你们,向你们道一声'辛苦',今天可见到你们了……"②

作为老播音员,孟启予认为,不论有多么优秀的条件,都不能忘掉和丢掉

---

① 周迅.大海的一朵浪花:孟启予的广播电视生涯[M].北京:中国广播电视出版社,2008:85.
② 周迅.大海的一朵浪花:孟启予的广播电视生涯[M].北京:中国广播电视出版社,2008:89.

一个共同的、基本的条件,那就是对作为党和国家的喉舌的播音工作的热爱和忠诚,对亿万公众的强烈的责任感!

我国从电视诞生的那天起,就注重加强宣传引导,注重思想教育。1960年1月,中央广播事业局正式下文,电视技术部门和电视编辑部门合并,成立北京电视台。1960年9月15日,中央广播事业局党组向中央报告了全局组织机构和干部工作调整安排意见,决定任命孟启予为局党组成员。1963年12月3日,中央广播事业局党委书记丁莱夫在全局干部大会上宣布:"孟启予任北京电视台代理台长,负责全台工作,重点抓宣传业务。"足见孟启予的政治素养和领导水平的出类拔萃。

丁一岚接受系统的政治觉悟教育与政治理论学习是在陕北公学。

"卢沟桥事变"后,大批爱国青年从全国各地来到革命圣地——延安。当时延安仅有的一所抗日军政大学已经不能满足抗日战争的需要。为了把大批爱国青年培养成优秀的抗战干部,以满足抗日民族解放战争的需要,中共中央于1937年7月底决定创办陕北公学,由林伯渠、吴玉章、董必武、徐特立、张云逸、成仿吾等人筹办,并于同年8月任命成仿吾为陕北公学党委书记兼校长,开始招收全国各地及海外华侨青年入学。1938年,中共中央又派李维汉任副书记兼副校长。

陕北公学直属中央组织部、中央宣传部领导,实行党团领导下的校长负责制,是中共中央直接领导创办的一所革命大学、一所战火中的大学,它坚持教育为持久抗战服务,培养谋求民族解放和社会解放的大批抗战干部。毛泽东于1937年10月23日为陕北公学题词:要造就一大批人,这些人是革命的先锋队。这些人具有政治远见。这些人充满斗争精神和牺牲精神。这些人是胸怀坦白的、忠诚的、积极的与正直的。这些人不谋私利,唯一地为着民族与社会的解放。这些人不怕困难,在困难面前总是坚定的、勇敢向前的。这些人不是狂妄分子,也不是风头主义者,而是脚踏实地的、富于实践精神的人们。中国要有一大批这样的先锋分子,中国革命的任务就能顺利地解决。

1937年9月1日,陕北公学开始编班上课,同年11月1日又正式举行了开学典礼。陕北公学最初的学员有5个班约300人,他们来自四面八方:有共产党员,也有国民党员;有工人,也有农民;有汉族,也有少数民族;有红军,也有国民党统治区的干部;有十几岁的青年,也有年过半百的老人。丁一岚有幸成为这所全新的革命大学最早的一批学员。①

陕北公学课程设置的主要内容有社会科学概论、抗日民族统一战线与民众工作、游击战争与军事常识、时事演讲。每天学习八小时,上课与自习各一半。为加强陕北公学的师资力量,中共中央陆续从国统区抽调了一批知名学者和文化名人来校任教。陕北公学初期的主要教员有邵式平、周纯全等人。毛泽东、张闻天、陈云、李富春、王若飞等中央领导同志及中央机关干部也经常来校讲课或作报告。有一段时间,毛泽东几乎每隔几天就到陕北公学作报告,讲授中国抗日战争的战略与策略。这是丁一岚成长的关键时期。

丁一岚的班主任是学校的教育长邵式平。他曾和方志敏一起发动了弋(阳)横(峰)农民武装起义,丁一岚说:"邵式平同志是我的革命引路人,是他给我以阶级斗争的教育,给我以阶级分析的教诲,使我得以从一个普通的民族主义爱国青年,成长为有着崇高理想的共产党人,是他引导并介绍我加入中国共产党。"②

1938年3月,丁一岚离开陕北公学前往抗日军政大学继续她的学业,后又被选拔到中央党校继续学习。

中央党校成立于1935年11月的陕北瓦窑堡,由董必武任校长。在中央党校的学习,让丁一岚的思想有了更进一步的提升。

借助政治理论知识的积累和政治觉悟的提升,丁一岚在党的建设与革命

---

① 成美,陈道馥,薛夏原.丁一岚传[M].北京:中国国际广播出版社,2011:43.
② 成美,陈道馥,薛夏原.丁一岚传[M].北京:中国国际广播出版社,2011:44.

工作中的领导能力逐渐被培养出来。丁一岚回忆道：

"记得1938年9月，我们党校的两个班快要毕业了，毛主席到我们住的小院里给毕业班同学讲话。他穿着一件很宽大的、已经发白的灰布军装，裤腿上还补着一块方补丁。毛主席对我们说，你们到地方上工作，头一条要深入群众，首先要当群众的学生，向群众学习，其次才是当群众的先生，启发群众，引导群众……毛主席的话是那么通俗易懂，像嘱咐儿女远行一样，那么平和亲切。时间过去将近60年了，当时的情景还深深印在我的记忆中。特别是毛主席所说的学生和先生的关系，我是终身得益的。一是刚解放时筹建北京人民广播电台，还有就是改革开放以后出任国际广播电台台长后。但是，我的政治理论尤其是哲学理论的提高，是在这个时期。当时，哲学在中央党校的各门功课中，可以说占有最重要的地位，从中央领导到学校的各位老师，对哲学的重视是显而易见的。"

"在党校，社会发展史是党校五门课程之一，由成仿吾同志主讲，从猿到人的演变讲起，讲到原始社会、奴隶社会、封建主义社会、资本主义社会到社会主义社会和共产主义社会。毛主席在延安中央党校亲自为我们讲过哲学。"

"中华人民共和国成立以后，在学习党史时我才知道，中央党校实行'彻底改组'后，基本上是由毛主席主讲哲学。可惜的是，毛主席在中央党校讲授哲学的具体情况记录甚少。不过，他为中国人民抗日军政大学讲授哲学的情况则比较清楚。从1937年4月到7月上旬，毛主席曾在抗大讲授哲学长达3个多月，110多个小时。那时，我还没到延安。听说，他每个星期二、四上午到校授课，下午还参加学员的讨论。课前，他发给学员油印的讲课提纲，人手一册。毛主席讲哲学深入浅出,旁征博引,且通俗易懂,课堂内外往往都挤满了人。从1940年起,毛主席更注重中央党校的教学。可惜我已经到晋察冀前线了。"①

中央党校的哲学教材便是毛泽东亲自撰写的《辩证法唯物论讲授提纲》。丁一岚指出,这份讲稿是她马克思主义哲学的启蒙,不仅使她提高了理论水平,更使她逐渐认识到长远的责任,开始树立为中国革命长远利益奋斗终身的觉悟。

"特别是'唯物论与唯心论',讲哲学史上唯心论与唯物论的斗争,唯心论与唯物论的根本区别,以及唯心论与唯物论发生与发展的社会根源;'辩证法唯物论'讲辩证法唯物论是无产阶级革命的武器,'唯物辩证法'讲辩证法的诸法则和范畴,法则如矛盾统一法则、质量互变法则、否定之否定法则等,可以说使我受益终身。毫不夸张地说,无论是在晋察冀时期,还是在报社,以及后来进了城到了电台,几十年的工作中,同志们说我始终没有书斋式的、空洞的说教习气,就是得益于那短短几个月的学习。"

在夏之平从事地下工作的那段时间里,她的上级给她进行过系统的理论讲授:

从1944年夏秋之交到1947年4月,即我二十岁至二十三岁那段时间,我在杭州从事党的地下工作。在这三年中,我先后接触到四

---

① 成美,陈道馥,薛夏原.丁一岚传[M].北京:中国国际广播出版社,2011:51.

位地下组织的领导人,那就是罗希明、翁迪民、李雪君和方晓同志。我们从他们的教育和要求中逐渐懂得了党的地下工作方针:"隐蔽精干,积蓄力量,长期埋伏,以待时机。"

记得是在1945年二三月间,邱韵华来通知,某月某日某时,手里拿一份报纸,到杭州金城饭店某一个房间,领导人要约见我们,还告诉我们见面时的一句暗号。这可是我们生命中的第一次,党的领导人要面见我们了,这是多么重要而又多么神秘的一件事情。我们怀着兴奋而又战战兢兢的心情,准时来到这里,轻轻叩门。开门出来的人,瘦高个儿,戴着一副眼镜,穿着一身长褂,年龄大约二十七八,一副知识分子模样。他与我们对了暗号以后,让我们进屋坐下。那是一间大约15平方米、相当阴暗的小房间。后来才知道,金城饭店的老板是我们地下党党员虞振辉的父亲,所以翁迪民同志有条件利用这个饭店进行活动,这次见面的主要目的在于,翁迪民同志要直接向我们了解情况,掌握第一手资料。他向我们作了详细询问,也对我们进行了地下工作的方针政策教育。这次谈话大约进行了两个小时。给我们留下了极深印象。他是一个十分严肃、不苟言笑的人。中华人民共和国成立后我才知道,他在1938年入党后就从事"特科"工作,在党的绝密战线上经过锻炼,有丰富的地下工作经验,因而对我们的要求也非常严格。抗日开始后,他在江苏南部农村参加根据地的开辟工作,是新四军一师的干部,曾经被派到日伪军队中去工作,因而是京剧《沙家浜》中郭建光的原型之一。在这段时间里,翁迪民同志常常约我单独见面。有一次,翁迪民同志约我到城隍山上,用了两个多小时向我详细讲解当前的形势和任务。这可是我第一次这样全面地听到一个老党员给我上党课。我如饥似渴地吸取他的讲话内容,因为这正是我渴望的学习机会。听完以后,我由衷地发出了感慨:"你怎么讲得这么好啊!"翁的回答是:"我给你讲两个小时,我自己准备了四个小时。"一个多么认真负责的老党员啊!从此他成为我的严师,虽然相处只有一年多时间,但我们一直保持联系,他对我的影响贯穿了我的终生。①

再次,通过与党内高层及各界名人的直接交往,增强了她们的领导力素养。

1941年,孟启予在重庆受到了周恩来的接见。当时她面临着是报考重庆音乐学院,还是去延安学习的抉择。周恩来说了一句话决定了孟启予一生的命运:"你就去延安鲁艺吧!"孟启予在重庆八路军办事处时,多次见到周恩来和邓颖超。令孟启予难忘的是,"不论隔多久,不论在什么地方,周恩来都能把我认出来"②。在孟启予被"四人帮"迫害的时候,她也受到了周恩来的关怀。据后来几位了解情况的领导同志回忆,1969年10月19日夜晚,周恩来总理召集中国人民解放军总参通信兵部、邮电部、新华社和中央广播事业局的负责人,主持研究战略工作。谈到中央人民广播电台的战略工作时,周总理问道:"延安时期的那几位播音员的声音,现在想起来还很亲切,不知道她们现在都到哪里去了?孟启予、齐越现在在哪里?"周恩来还深情地说:"我们不能忘记他们!"正是由于周恩来总理的亲切关怀,孟启予得以从农场回到北京接受审查处理。③ 周总理对广播电视一线人员的关心、对宣传工作的重视,令孟启予始终牢记工作的性质与自己的使命。孟启予是中国广播电视事业的重要参与者与推动者,她之所以能够利用好党所创建的妇女干部成才的条件,发挥出女性领导力,正是因为她历经考验的、坚定的政治信念。

---

① 夏之平.铭心往事:一个广播电视人的记述[M].北京:中国广播电视出版社,2009:149.
② 周迅.大海的一朵浪花:孟启予的广播电视生涯[M].北京:中国广播电视出版社,2008:55-56.
③ 周迅.大海的一朵浪花:孟启予的广播电视生涯[M].北京:中国广播电视出版社,2008:180.

丁一岚在陕北公学和中央党校学习期间,已经广泛接触了党内高层和一些文化界的著名人士,向他们学习了很多,他们给丁一岚的启发也很大。在1946年丁一岚任张家口新华广播电台播音科科长期间,由于工作关系接触了一大批革命者及领导同志,他们的广播讲话不仅教育了广大听众,也使丁一岚直接受益、深受启发。

1946年7月1日,中国共产党成立二十五周年,电台自6月30日至7月7日举办了特别节目。在这一周的时间里,电台邀请了张家口市市委书记刘秀峰、晋察冀边区行政委员会主任宋邵文、边区参议会副会长于力、边区总工会主席陈用文、边区农委会副主任郭强、张家口市市长杨青甫、边区文协主任沙可夫等领导同志到电台发表演讲,边区的模范党员韩玉也发表了"我永远跟着共产党"的讲话。"八路军介绍"专栏播送了"狼牙山五壮士"的英勇事迹。这一周的特别节目,使听众对中国共产党的性质、任务、主张、政策以及它所领导的军队和解放区有了概括的了解。

张家口解放一周年时,丁一岚按照领导的指示,特别邀请了市长杨青甫同志来电台发表广播讲话。这期间还连续播出了包围解放区的节目,播送对国民党军官的广播讲话,对当时的形势产生了很大的影响。①

1965年年初,时任广播事业局对外部(国际台的前身)办公室主任和外国专家工作室主任的丁一岚出于工作的需要,组织了政治学习报告会:

> 1965年年初,我们组织专家政治学习报告会,包括7个专题:中国社会性质的变化与发展;中国共产党领导下的新民主主义革命;农民问题;党的建设问题(集体领导和分工负责制);中国的武装斗争与我党我军的军事战略战术;民主革命时期我党统一战线工作中的几

---

① 成美,陈道馥,薛夏原.丁一岚传[M].北京:中国国际广播出版社,2011:121-122.

个主要经验;我国当前的经济政策。

主讲人都是特邀的教授、学者和有关方面的负责人。对所讲题目都很有研究,能够理论联系实际。从第二讲开始,外文局、外语学院的专家有十几人也来听,时间大约延续到了秋季。

1962年年初,原中共中央书记处书记、中央联络部部长王稼祥同志在谈到对外工作经验时说:"在对外政策上要采取和缓的方针,要有进、有退,有攻、有守,有争、有让,有拖、有解,这都是对外斗争中不可缺少的手法。"

按20世纪60年代的观念,我们也将专家分为左、中、右。中苏关系恶化后,一些专家拒绝翻译、播出反苏文章。但我们在生活上很照顾他们,让他们住在友谊宾馆专家楼。为使专家了解中国,每个月办一次讲座,请专家学者介绍中国的历史文化、党的发展和民族政策……我则通过李敦白了解了外国专家的思想状况,有针对性地做思想工作。对左派专家,除每月一次讲座外,还请梅益讲话。他记忆力很好,对国家建设、经济发展的各种数据讲得很清楚,观念也开放,讲得也很详细。梅益讲话时,也请各部主任来听,回去后向不能参加小范围学习的其他同志传达。①

最后,在党内"无名英雄"的鼓舞与帮助下,她们提高了奉献意识,增强了以党员的先进性来组织领导的意识。

夏之平曾写文章回忆帮助过她的、活跃在长江南北的新四军交通员:

解放战争时期,为了把我们这样一些需要撤退的党员和进步群

---

① 成美,陈道馥,薛夏原.丁一岚传[M].北京:中国国际广播出版社,2011:150.

众带入解放区,解放区的党组织派出了一批交通员,他们冒着生命危险,穿梭于解放区和白区之间,把已被国民党追查、通缉、盯梢、列入黑名单的"危险人物"绝对负责地一个个送进安全地区,他们自己却不得不为此而面对国民党的屠刀,把生命置之度外,而且从来都不留下他们的姓名。

党的地下交通员真是来无影去无踪啊!在需要的时候突然地涌现出来,在完成任务后即默默地隐身而去。他们从革命的人民群众中走来,又回到了人民的海洋中去。

他们是真正的无名英雄。

1948年4月,当我按党组织的要求从上海撤往解放区时,我第一次接触到了我们党的交通员。我前后遇到的有两类交通工作人员:一类是带着党所交托的任务来往于苏北根据地和上海之间的地下交通员;另一类则是坚持在长江以北、我们的根据地与国民党占领区犬牙交错的边沿地区,日夜与敌人周旋的新四军的交通工作人员。

我原是新四军一师于抗日战争时期在杭州发展的地下党员,由于公开的活动较多,与我有过接触的另一共产党员被秘密逮捕,党组织为安全起见,决定让我立即撤离杭州,暂时在上海隐蔽,等待组织做好安排后即撤往解放区。我在上海等了近一年,撤退的条件具备了。我经过了杭州党组织的批准,通过交通大学的同学、交大地下党支部负责人王嘉猷的安排,与当时已经公开暴露了的、正在陆续撤退的同志一起撤往解放区。

1948年4月中旬的一天,王嘉猷让交大的另一个同学曹天忠告诉我,几日几点钟到上海的襄阳公园某处等待,手里必须拿一本书,届时会有人来和你接头,并要我记住见面时核对身份的暗语。我按照规定的时间到了襄阳公园,不一会儿,有一个中年男子走上前来。

记忆中,他的个子不高,中等身材,年龄在三十岁左右,穿着一件布制长衣,看起来像是一个做买卖的小商人。他态度和蔼,主动走到我的跟前,以约定的暗号前来与我对话。我按事前得到的通知与他对答,确认了他就是党派来的人。我们立即一见如故,坐在公园的椅子上,轻轻地交谈起来。按党的秘密工作原则,他没有告诉我他的姓名,我也不能向他询问。我只能掩饰内心的迫切心情,静静地听他对我说的每一个字、每一句话。

他轻轻地告诉我,这次由他带入解放区的有三个人,除我以外还有一男一女。男的是一个学生,进步群众;另一个是二十岁出头的女同志,共产党员。我比他们大几岁(当时我二十四岁),他要我一路上配合他共同做好工作。他叮嘱我要买一些香烟、肥皂,用一个网兜明显地装着,身上再带上一些钱以备不时之需。一路上我们将扮成跑单帮、做小买卖的人。我们四个人的关系则说成是同乡、表兄妹,从上海贩货一起回家乡。他还编好了一个家乡的地址要我牢牢记住。万一遇到麻烦,被国民党人员纠缠不放时,带着的香烟、肥皂和钱就是对他们的贿赂之物,让他们得到好处,争取放我们通行。在约好了动身的日期和见面的地点后,他就站起来与我告别。这一位不知姓名的同志就是我生平第一次接触到的党组织派来的地下交通员,我即将与他生死与共,走向解放区。

临走的前几天,我住在交大同学曹天忠的家里,交大的几个地下党员利用晚上时间前来为我送行。当谈到一路上我将扮成一个跑单帮的生意人时,他们给我出主意:最好不要戴眼镜,否则总是个知识分子模样。但我当时已摘不下眼镜,因为摘了眼镜仍然可以看到眼睛周围有一圈浅浅的印儿,是前几天在外面奔走时晒出来的。他们还认为我的名字(当时身份证上的名字叫余之平)不是一个跑买卖的农村妇女通常用的名字,最好改一个名。于是他们帮我在我的身份证上刮去原有名,改了一个比较俗气的名字。原以为可以改得天衣无缝,却不料留下了明显的涂改痕迹。第二天王嘉猷看到这个身份证时,非常担心地说:"路上如果出问题的话,可能就会出在这个身份证上。"我自己也为身份证的明显涂改痕迹而提心吊胆。我们一起想了一个办法,用预防流行病的打针证明、一张小方纸盖住我的名字,只露出身份证上我的照片,以此来掩盖涂改痕迹。

1948年4月下旬的一天晚上,我按交通员的规定时间,记得是在9点钟前后,来到上海外滩海关大钟底下等他,他按时如约到达,其他两个同行者也陆续在那见到。我把身份证的事对交通员讲了,他沉思了一下,说:"先上船吧,到时候再想办法。"他带着我们三人来到十六铺码头,在晚上10点多钟,挤进了熙熙攘攘的人群,踏上了一艘小客轮,沿舷梯下到轮船的最底层,进入价钱最便宜、乘客最拥挤的四等舱。当时从上海运货到苏北做小买卖的人很多,船里人挤人,密密麻麻地坐满了舱底,大家都蜷曲着腿,肩挨着肩,准备就这样坐到天亮,一直坐到目的地。这是我第一次坐船在黄浦江里航行,第一次坐轮船驶向海洋。在黑洞洞的夜色中,坐在闷热的船舱里,我难以克制内心的激动——终于快要离开这黑暗的国民党统治区了,我向往多年的解放区正在船行前方。一个崭新的、光明的、不用提心吊胆的我们自己的天下就要展现在我面前。

这一夜我几乎没有合眼,我清楚地知道船已经驶出了黄浦江,沿崇明岛转西北方向,直向长江北岸航行。到第二天下午4点钟左右,在海门靠岸。交通员轻轻告诉我们,要在旅客最拥挤的时候挤出验票口,目的是让混乱的人群来掩护我们过关。我们照办不误,使劲地在人群中往前挤,总算顺利闯过国民党军警严密把守的这一关。走出船码头以后,交通员让我们等在路旁,他走向前面,到停着许多独轮车的地方,向其中的推车人递烟、说话。从表面上看,他好像是在谈雇用独轮车的价钱,但我猜测可能是找到了"自己人"。我们静静地但又是十分焦急地等在一边。不一会儿,他招手让我们过去,我们四人分乘两辆独轮车,轮子两边的木条上各坐一个人,推独轮车的农民则凭着两只有力的胳膊掌握独轮车的两个手把,以挂在肩上的那根带子作支撑,推着车子前行。我们逐渐离开了码头,走上了农村小路。

这时,交通员让我把身份证交给与我同行的女同志保管,当时我并不理解为什么,但我毫不犹豫地接受了他的建议把身份证交给了她。看样子,交通员一路上都在考虑如何掩饰我身份证上存在的问题。

独轮车慢慢行进,两边都是农田,一路上遇不见几个人。这已是长江北岸,与苏南相比,显得人迹稀疏。走了一个多小时,我满以为我们已经一路顺风地走出了国民党严密控制的区域,因而安全感正在逐渐上升。万万没有料到,正在这时,突然从树后蹿出一个身穿警服的人,高声喝住我们停步,说是要检查身份证。我的心立即紧缩起来,不知将发生什么事情。

我与那位同学同坐一辆独轮车,走在前面。警察首先走向学生,查看他的身份证,把身份证从塑料套中抽出来,从左到右,从上到下,从正面到反面来了个彻底检查,没有查出什么破绽,就把身份证还给了他。接着他伸手向我索取身份证,我指着后面那位女同志对他说:"我的身份证在她那儿。"警察走向第二辆独轮车。那位女同志首先拿出了自己的身份证,警察又照例仔细查看了一遍,没有发现什么问题。女同志接着拿出了我的身份证,这已经是第三个被查的身份证,警察居然没有像查看前两人那样抽出来仔细查看,只从表面核对了一下照片,没有发现我那被涂改过的地方,就把身份证还给了那位女同志。接着是查看交通员的身份证,也只是从表面上看了一下。四个人的身份证都查看了,没有看出什么问题,他只好放行了。一场虚惊!总算是闯过了这一关。我好庆幸,幸亏把身份证交给了那位女同志,而且她首先交出的是她自己的身份证。她为什么这么做,当时我没有问明,到目的地以后,我们又很快分手了。事后我想起来,两种可能都有:一是交通员叮嘱她这样做的;二是出于自己的悟性,因为她知道我的身份证有点问题。能平安地闯过这一关,我一直都非常感谢他们二人。

紧张的情绪逐渐平静下来,两辆独轮车继续慢慢前行,直到天色已近傍晚。长江两岸,都是水乡,河流交错如网,到处都会遇到小河沟。独轮车在一条小河边停下来。向对岸望去,一些稀疏的树木,一座小茅屋孤零零地坐落在树木后面。

交通员隔河向对岸喊话,只见从河那边的茅草屋里走出来两个青年男子。他们一看见交通员,二话没说,马上走到河边,放下用竹条编成的一个吊桥,我们四人从吊桥上晃晃悠悠地走了过去。等我们四个人一跨上对岸,他们又立即把吊桥拉回原状,树立在河边。这条河不过五六米宽,但它如同一条界河,跨过了这条河,我们就进入了自己的地方,这里就是临敌第一线的地下交通站。

天色已经黑下来了,他们把我们带进了茅屋。交通员问我们:"你们看他们俩像不像?他们是弟兄俩。"我这才仔细地打量了他们二人,果然长得很像,都是二十岁上下的年轻人,而且显得很精干。他们一身农民打扮,一口苏北乡音。我们一到,他们就热情地招待我们,忙着为我们烧洗脚水。待我们在那昏暗的油灯下洗完脚,他们弟兄二人就为我们端上了晚餐:四方桌上每人一大碗棒茬饭,桌子中间放了一小碗咸菜。这就是我进入解放区后吃的第一顿饭——棒茬干饭就咸菜。过去,我从来没有见过棒茬饭,那是将玉米碾成粗粒煮成的干饭,是这一带的老百姓的日常主食。这顿饭我终生也忘不了。在江南的城市里,再穷也不会吃这样干粗的棒茬饭,我真有点难以下咽。但肚子确实是饿了,我三扒两咽很快就把这碗饭吃了下去。

晚饭以后,交通员说:"把你们带来的香烟、肥皂和钞票都交给他们吧,你们用不着了。"于是我们三人围着那张小木桌,把带来的东西和钱全部交出,他们弟兄二人还认真地点收和记下了我们交出的钱物账目。

这时,大概已经是夜里10点多了。昨晚一夜没有睡,今天又一整天都在赶路,我确实已经感到非常疲劳了,满以为这下可以在自己的"家"里睡上一夜,好好地休息一下了。万万没有想到,交通员对我们说:"马上准备出发!"我愣了,这么晚了,还要出发?他们从我们惊愕的目光中发现我们没有丝毫思想准备,就赶快向我们解释:"这里有国民党的驻军,随时都可能发生情况,你们在这里不安全,我们必须连夜把你们往后方送。"那时正是国民党做垂死挣扎的时候,蒋介石派出的现代化武装部队、汤恩伯所辖队伍正在准备向苏北解放区重点进攻。这里是最边沿的一个交通站,周围散布着不少国民党的据点,因而随时都可能受到袭击。虽然按体力来说确实不想再走了,但听了他们的解释,我们马上拿起各自装衣物的小包,跟着他们弟兄二人走出茅屋,在茫茫的黑夜里,忍着两天来的疲劳,开始了生平的第一次夜行军。

交通员把我们送到茅屋门口。一日一夜的休戚与共,如今突然要告别,双方都有点恋恋不舍。他对我们叮嘱一番,站在茅屋门口,望着我们走向后方,而他自己却继续留在危险地带,因为,还有工作在等待着他,还有许多处在危急之中的白区同志在盼着他去把他们接回来。

于是，我们随同解放区的交通员开始了另一段生死与共的行程。夜色是那么深沉，真是伸手不见五指啊！

两位交通员，一人在前领路，一人在后护行。我们来自上海的三个人，紧紧地跟着他们，一脚高、一脚低地行走在农村小路上。我是一个近视眼，白天戴着眼镜，感觉还不明显，一到晚上，视力不强的弱点就显现出来，看不清道路，落脚不稳，常常歪倒摔跤。这可是到达解放区以后对我的第一次考验，也是这以后随着军队连续进行了五千多里长途行军的一次锻炼。交通员走在前头，我们不管有多么不适应，有多么困难，都只能一步不落地跟着行进。疲劳和困倦的感觉早已一扫而尽，唯一的目标是跟在交通员身后急步行进，绝对不能掉队。

那时，靠近长江以北的许多地方都有敌人设的碉堡，夜间还经常派士兵出来巡逻。交通员带着我们绕过敌人的严密防守地带，时刻警惕着躲开值夜巡查的国民党士兵。他们不让我们说话，他们对我们发出的每一个指令，都是在我们耳边轻轻传达的。

走了不到一个钟点，前面的交通员突然弯下身来，极其严肃地轻声说："我听到声音，前面有情况。"后面的交通员马上对他说："你带着他们往东去，我把他们引走。"说着，他就离开我们向西面走去。

当年的交通员虽然身处对敌第一线，但他们身上并没有配备武器，只能赤手空拳地在敌人的眼皮子底下活动。在黑夜中，我听到脚步声，知道后面的交通员已离开我们朝另一方向走去。我真为他的安全担心，万一被荷枪实弹的敌人发现，他一个人，没有自卫的武器，将如何应付？为了我们这三个素不相识的人，他把危险揽在自己身上，却把安全留给了我们。这个交通员，我此后再也没有机会见着，不知道他离开我们而去以后的遭遇如何，但他的勇敢、机智、坚定的形象却已深深地刻在我的脑中。

走在前面的交通员继续带着我们向北行进,我知道,我们正从长江北岸向解放区的纵深地区行进。走了一段时间,只觉得脚下的土地软绵绵的,而且越走越湿,后面简直是在浅水中行走了。为了避免出声,我们紧紧地跟在交通员身后,不问现在是在哪个地方。交通员似乎感到了这个问题,他轻轻地告诉我们:"走海边比较安全,我们现在是沿着海岸向北走。"走在海边的沙土地上,感到脚下比较平坦,踩下去稳实,比农田小道好走多了。我们就这样沿着海门东部的海边一直北上。

从夜里10时出发,大约走了五六个小时,黎明后,交通员把我们带到一个小村里的一户农家茅屋门口,轻声敲开了门,一个农民出来。交通员把我们三人交给了他。而带着我们走了一夜的交通员却一转眼就不见了。我明白,他完成了任务,已经把我们送到了连接后方的第二个交通站,他已经回去了。

这以后,因为已是自己的后方了,我们就改在白天行走。当天傍晚我们即来到了江苏北部射阳县的农村,那是华中工委(当时的工委书记是陈丕显)的所在地,穿着军服的城市工作部的同志接待了我们。

我们在那里住了下来。隔几天就有一批从上海撤退下来的学生、工人、教师来到这里,逐渐地聚集了二十多人。城市工作部的同志为我们办起了一个学习班,我们这些刚撤回来的年轻人,开始了进入解放区以后的最初的学习。

从那以后我再也没有机会见到这三位交通员。

最近读林立同志(战争时期是新四军七师的军政人员,曾在安徽地区长江两岸打游击,中华人民共和国成立后长期在上海工作,担任民政局局长等职,离休后回原籍浙江乐清,2000年病故)写的

《幸存回忆——参加革命斗争六十年》,其中提到皖中地区的交通员时有这样一段话:"我们的交通员都是经过挑选的,不仅要求他们熟悉地理,而且要胆大心细,机警灵活,对革命无限忠诚;执行任务不管是严寒酷暑,还是披星戴月,都随叫随到,遇到危险即使牺牲生命也不出卖党,只有这样的人才有资格当我们的交通员。"他又写道:"一路上集镇都驻有军警和国民党政工人员,如何躲过敌人耳目?如何安排好吃饭住宿?如何选择同行线路?如何确定行走时间,都需要交通站的同志事先进行周密的侦查、布置和安排,不允许有任何差错。就是由这样精选出来的交通员和由他们组成的交通站,曾通过皖中地区把两千多名需要转移的抗日战士安全地送到了目的地。"

我曾经遇到的正是从新四军的干部、战士和苏北的革命群众中精心挑选出来的党的交通员。这样的无名英雄在中国革命历史上,在抗日战争和解放战争中是数不胜数的。他们是普通的老百姓,在完成了自己的任务以后,又悄悄地隐没在工农群众或革命干部之中。

史书上不一定有或者说根本就没有他们的名字,但他们的英雄形象,他们那平凡而伟大的业绩却深深地刻在党和人民群众的心中。①

考察中国女性领导力的发展情况,若离开了对中国历史的发展现实的关注、离开了对中国妇女解放思潮的分析、离开了对中国共产党政治觉悟教育影响的重视,那简直是无从谈起的,也是无法深入的。广播电视是中国革命发展中的一支重要力量,广电的领导人亦是党和国家着重培养的、具有革命意志和

---

① 夏之平.铭心往事:一个广播电视人的记述[M].北京:中国广播电视出版社,2009:208-216.个别原文病句作者略有改动。

坚定信念的领导干部,孟启予、丁一岚、夏之平、黄惠群、崔玉陵、周婕这六位女性领导者的经历,很好地诠释了中国女性领导力在现当代广电发展史中的状况与特色,尽管有着极为鲜明的时代特征,但是亦为后世广电工作者以及女性领导力的研究者和实践者提供了无可替代的宝贵财富。

参考文献

阿顿.哈佛经典谈判课[M].张亮,译.北京:北京联合出版公司,2018.

白露.中国女性主义思想史中的妇女问题[M].沈齐齐,译.上海:上海人民出版社,2012.

成美,陈道馥,薛夏原.丁一岚传[M].北京:中国国际广播出版社,2011.

戴维斯.论领导力[M].侯贝贝,译.北京:电子工业出版社,2018.

福克斯.哈佛谈判心理学[M].美同,译.北京:中国友谊出版公司,2019.

高斯林.看人的艺术:11种以物识人方法 看人看到骨子里[M].宋媛媛,译.北京:北京联合出版公司,2018.

戈尔曼.高情商领导力[M].陈佳伶,译.长沙:湖南文艺出版社,2019.

赫特,戴伊.深度管理:突破管理困境的25条黄金法则[M].苏健,译.北京:中国友谊出版社,2018.

桦泽紫苑.为什么精英这样沟通最高效[M].郭勇,译.长沙:湖南文艺出版社,2019.

金武贵.为什么精英都是方法控[M].朱安宁,译.长沙:湖南文艺出版社,2019.

李银河.妇女:最漫长的革命[M].北京:中国妇女出版社,2007.

刘红,刘光永.妇女运动史话[M].北京:社会科学文献出版社,2012.

马丁,戈尔茨坦,西奥迪尼.细节如何轻松影响他人[M].苏西,译.北京:中信出版集团,2016.

马庚存.中国近代妇女史[M].青岛:青岛出版社,1995.

南勇.管理就是搞定人[M].南京:江苏凤凰文艺出版社,2018.

王政,陈雁.百年中国女权思潮研究[M].上海:复旦大学出版社,2005.

希凯.深度思考:不断逼近问题的本质[M].孔锐才,译.南京:江苏凤凰文艺出版社,2018.

夏之平.铭心往事:一个广播电视人的记述[M].北京:中国广播电视出版社,2009.

杨凤城.中共历史与理论研究:第8辑[M].北京:社会科学文献出版社,2020.

尤费,库苏马罗.战略思维[M].王海若,译.北京:中信出版社,2018.

詹森.高难度谈判[M].戴莎,译.北京:中国友谊出版公司,2018.

郑永福,吕美颐.近代中国妇女生活[M].郑州:河南人民出版社,1993.郑永福,吕美颐.近代中国妇女与社会[M].郑州:大象出版社,2013.

中国广播电视人物词典编辑委员会.中国广播电视人物词典[M].北京:北京广播学院出版社,2000.

周迅.大海的一朵浪花:孟启予的广播电视生涯[M].北京:中国广播电视出版社,2008.

后 记

日本神经科医生、已经出版了近30本畅销书的作家桦泽紫苑曾断言:不管在什么领域,只要是能够不断创造出重大成果的人,他们对沟通输出的重视程度绝对高于输入。只是单纯地向大脑中输入知识,并不能改变现实。只要有所输入,就一定要以某种形式进行输出(沟通)。事实上,当我们在"使用"某种知识的时候,大脑会把这种知识认定为"重要信息",并将其作为"长期记忆"存储在大脑中,以便日后在现实中发挥重要作用。这样一个过程,是我们大脑运转的基本流程,也是人类脑科学中的一个重要法则。[1] "自我成长"与输入量不成正比,和沟通输出量成正比。[2]

近十年来,感谢中国传媒大学老校长刘继南教授对我的信任,尽管我自身有诸多不足,所有项目也均是在工作之余利用闲暇时间开展的,她仍非常坚定地一直给我提供科研与出版的机会,让我可以比较系统地参与女性领导力的深入研究与学术输出。特别是在我还是助理研究员的时候,她就陆续委托我开展了多个女校长传记的研究项目,按照桦泽紫苑的说法,我的学术发展与自我成长当然离不开老校长的引路与提携。对于老校长于我个人以及我的学术

---

[1] 桦泽紫苑.为什么精英这样沟通最高效[M].郭勇,译.长沙:湖南文艺出版社,2019:前言,2.
[2] 桦泽紫苑.为什么精英这样沟通最高效[M].郭勇,译.长沙:湖南文艺出版社,2019:5.

上的再造之恩,无论我说多少次致敬与感谢都不为过!

本书的写作虽然我尽了最大努力,但仍有很多遗憾之处。最大的遗憾是没有机会走访书中人物所在的机构、调取相关的资料、访谈相关的人员。[①] 本书的素材基本上来源于出版物、网络、相关论文等。由于研究方法的限制,所以本书的风格便呈现为以宏观背景和人物的微观行动交互印证为主。掩卷沉思,其实这个项目若以走访、调研和访谈为主,必将会浮现出更多"历史的细节",这些人物的形象和生命历程也将被抽取和呈现得更加细腻和鲜活。这个遗憾如果以后有机会通过其他的项目加以弥补,便是太好了。毕竟,目前我所能看到的资料,都是经过历史筛选后呈现出的内容,被书写和诉说的历史与当事人所经历的历史相比,实在存在太多的"可说却未说""虽说却未说尽、说透"了!

另一个遗憾是我自己的经验、经历、阅历、境界还是太单薄、太浅陋,与本书中这些女性领导者无法匹配,这就造成了我对她们的研究难免出现判断的偏差,对历史资料的捕捉难免挂一漏万。所有研究的结论就如历史的结论一样,只可能是当时当下基于现有的资料和理解而得出的,一旦时过境迁,也许又会有新的发现甚至完全不同的结论。我希望日后能就这个项目的一些研究问题一直展开深入的讨论,不断挖掘这个课题中蕴含的对当代女性领导力发展有益的内容。

还有一个遗憾也许永远无法弥补,也暴露了我个人作为一个研究者的不足:我是一个会带着情绪展开研究的人,研究过程完全无法避开我的喜怒哀乐,而这本书的正式写作正始于新冠疫情暴发期间,心理上的脆弱、情绪的起伏、悲观绝望常常令我的研究中断。本来这种个人情绪性的东西不值得拿出来展示,不过这种经历、这个研究项目成书的过程全部沉浸在这样的情绪中,

---

① 其中几位研究对象和相关人员虽然都具备被访谈的身体条件,但是出于种种原因已经不愿意再接受采访。

是我此生绝无仅有的,对于读者而言,也许这也是他们应该知情的内容。

　　李小江曾经对女性所经历的社会形态进行过大胆概括,她认为,如果从生活是否发生了根本性的变化来看,"女性只出现了三个划时代的阶段,它们是妇女主持社会的母系时代、妇女陷入家庭的奴隶时代和男女共同主持事务的解放时代"①。写作期间,我不幸陷入了这样的"奴隶时代",并且和千千万万的女研究者一样,每天有干不完的家务、担不完的责任。在密闭的空间中,我的个人时间和空间被无限挤占,这让我也真切地感受到列宁所说"家务劳动是妇女所从事的最无生产性、最无人性和最艰巨的工作"为何意。1920年列宁就讲过:"让妇女参加社会生产劳动,使她们不要做'家务的俘虏',不要永远把自己仅仅限制在做饭和照料小孩的圈子里(这会使她们脑子变笨和受人鄙视)。"②我的确深陷正在变笨的苦恼之中。当然,尽管居家,我也在正常地开展单位的科研、教学和研究生辅导工作。每日时间安排之不定,事务之繁杂,不夸张地说,在研究开展过程中的我,经历了此生从未感到的狼狈与无力。这份难忘,恐怕日后再无可及。

　　另外,本书并不在我的单位所布置的工作范畴之内,它是在我完成本职工作之余抽空写就的,因此它是不断中断、不断接续的产物。再加上这个项目的研究时间由于种种原因被压缩了整整一年,所以时间的仓促也使得研究的深度难免有所不及。虽然在写作时我尽量让语言和表达平实一些、客观一些,文气连贯一些,虽然此书亦是我比较喜爱的一本著作,但它难免有瑕,在此我将种种情况如实提出,恳请读者见谅!

　　最值得感恩的一点是,本书部分章节内容的写作出于研究的必要使用了女性主义政治学的研究视野,这种视野强调政治、经济与女性发展的内在关

---

① 李小江.夏娃的探索[M].郑州:河南人民出版社,1988:44.
② 列宁.迎接国际妇女节[M]//马克思、恩格斯、列宁、斯大林论共产主义社会.北京:人民出版社,1958:211.

系,强调女性个体和群体在社会进步中的作用与角色。在我以往的著作中,没有意识到政治学与性别研究的内在关联是如此具有社会阐释力。通过考察孟启予等六位现当代广电领域的女性领导者的成长经历,让我认识到了中国妇女、中国妇女的女性领导力与中国共产党的同生互动关系。这一点在以往的领导力相关研究中甚少被涉及和深入研究过。正是在我的研究过程中,我对党员身份之于女性发展的重要意义有了更深入的认识;对党员身份、责任和使命与女性领导力的成就和发展、女性的自我价值实现和共同发展之间的关系有了更深刻的感悟。六位现当代广电行业的女性领导者给出的这份政治上的"遗产"和女性领导力发展方面的"财富",我希望能通过此书传递出去,让更多的人有所受益。

另外,本书的写作过程也是我不断"补课"的过程,为了弥补自己对相关背景知识的无知,我阅读了一定数量的有关中国近现代妇女发展史、革命史和广电发展史等方面的专门著作与相关文献。史学家们的学问深厚,其研究成果尽在追求"究天人之际,通古今之变,成一家之言",前辈学者的学风与成就,令我深感震撼,亦受益匪浅!

本书的出版要感谢我的研究生团队,她们是邹靓、梁媛媛、靳雪林、巩婧妤、程哲、李悦宁、周菁岚、陈佳。借助我作为导师辅导她们学习和科研的机会,她们帮助我查阅了中国现当代妇女发展的很多资料,为我的这项研究提供了充分而有力的帮助。另外感谢两位是年毕业的研究生黄瑞婷、崔雪放,她们在硕士毕业论文的写作中很好地配合了我的指导,她们的优秀也是成就本书顺利进展的重要支撑。

感谢我的工作单位中国传媒大学协同创新中心及中心的各位领导对我的科研一贯的支持与鼓励,特别是居家办公期间领导发来的微信、打来的电话,其意义于我而言已经无法用语言来表达。感谢媒介与女性研究中心的领导和同事们,正是大家的彼此鼓励、一起吐槽、相互开解,带给了我很多豁然开朗的瞬间。

感谢项目协调人阮婕妤，她的耐心和不厌其烦的推动，给我的写作增加了很多"燃料"。感谢这个项目的审稿人之一杨旭东教授，有关中国女性高等教育的发展情况，他给我提供了很多具体的帮助。感谢中国传媒大学出版社及其领导、责编多年来对我的包涵、支持，尤其感谢初稿审稿责编，本着对此书高度负责的态度，给我提出了非常中肯和详细的修改建议，在此一并致谢！

写作，说到底还是自我实现的过程，它与我的母职身份常常是相矛盾的。胡适曾说："女子也应该是堂堂的一个人，有许多该尽的责任，有许多可做的事业，何必定须做人家的贤妻良母，才算尽我天职，算作我的事业呢。这种超于'良妻贤母的人生观'，便是'自立'的观念。"[①]但平心而论，对于一个母亲而言，这种"自立"太过奢侈。为了实现我的这份"自立"，我六岁的儿子被迫在很短的时间内明白并且逐步适应"每个人皆须保有自己的独立时间和空间、有自己的生活和任务，每个人的这种权利神圣不可侵犯"的道理。所以，此书在此处，务必留下一点空间感谢我的儿子王久之，以此来弥补我写作期间对他与我亲密时间和空间的挤占之遗憾。

罗马城创建者埃涅阿斯相信"时间无尽，伟大无极"。我相信这个信念，也将这个信念通过此书带给读者朋友们。

张敬婕

2020 年 10 月

---

① 胡适.美国的妇人[J].新青年,1918,5(3).

图书在版编目(CIP)数据

中国当代传媒杰出女性个案研究/张敬婕著.--北京:中国传媒大学出版社,2025.2

ISBN 978-7-5657-3082-5

Ⅰ.①中… Ⅱ.①张… Ⅲ.①女性－新闻工作者－人物研究－中国－现代 Ⅳ.①K825.42

中国版本图书馆 CIP 数据核字(2021)第 216158 号

中国当代传媒杰出女性个案研究

ZHONGGUO DANGDAI CHUANMEI JIECHU NÜXING GEAN YANJIU

著　　者	张敬婕
策划编辑	李水仙
责任编辑	姜颖昳
封扉设计	大鹏设计
责任印制	李志鹏
出版发行	**中国传媒大学**出版社
社　　址	北京市朝阳区定福庄东街 1 号　　邮　编　100024
电　　话	86-10-65450528　65450532　　传　真　65779405
网　　址	http://cucp.cuc.edu.cn
经　　销	全国新华书店
印　　刷	唐山玺诚印务有限公司
开　　本	710mm×1000mm　1/16
印　　张	17
字　　数	234 千字
版　　次	2025 年 2 月第 1 版
印　　次	2025 年 2 月第 1 次印刷
书　　号	ISBN 978-7-5657-3082-5　　定　价　85.00 元

本社法律顾问:北京嘉润律师事务所　郭建平